中世港町論の射程

港町の原像 (下)

Takao Ichimura Susumu Ueno
Keiichi Shibuya Kazuhiko Matsumoto

市村高男・上野進・
渋谷啓一・松本和彦……【編】

岩田書院

はしがき

四国村落遺跡研究会が主催するシンポジウム「港町の原像―中世港町・野原と讃岐の港町―」が開催されたのは、二〇〇七年(平成一九)一〇月のことであった。そして、このシンポジウムの成果をもとに、論文集『港町の原像 上 中世讃岐と瀬戸内世界』が刊行されたのは、それから二年余り後の二〇〇九年一二月であった。

四国村落遺跡研究会は、四国とその周辺地域の行政内の考古学研究者が、蓄積された村落遺跡の調査成果を持ち寄り、改めて現場を歩き回りながら検討を深め、新たな中世村落像を描き出そうとすることを目的に出発した研究会であった。折しも二〇〇六年は、歴史学研究会編『シリーズ港町の世界史』全三巻の刊行、中世都市研究会三重大会「都市をつなぐ」の開催、日本中世土器研究会シンポジウム「大阪湾岸の流通をめぐって」「中世瀬戸内の流通―岡山・香川を中心にして―」の開催などが相次いで、中世の港町論や海運・流通論の節目となった年であったが、香川県でも高松城内外やJR高松駅周辺の発掘調査によって、中世港町野原《のはら》の実態がかなり明らかにされ、香川からの情報発信の機が熟していた年に当たっていた。そこで、大きな研究のうねりに刺激された香川を中心とする四国村落遺跡研究会の若手・中堅メンバーが、一念発起して企画・立案したのが前述のシンポジウム「港町の原像」であった。

このシンポジウムが目指したのは、第一に野原という「場」がどのように構成されていたのか、第二に野原という「場」が周囲の海域世界とどのような関係をもっていたのか、そして、第三に中世港町野原の要素がどのように近世都市(城下町)高松へと継承されていったのか、の三点であった。『港町の原像 上 中世讃岐と瀬戸内世界』は、このときの関係者一〇人が、右の三つの課題をそれぞれ分担し、執筆した論考を収録したものであり、「中世港町野原の実像」「野原を取り巻く海域世界」「讃岐の港町を歩く」「中世都市から近世都市へ」という四つの編別構成からも明らかなように、中世港町野原とその周辺地域・海域を中心とした内容になっている。

これに対して、本書すなわち『港町の原像 下 中世港町論の射程』は、「中世港町研究の現状と課題」「中世港湾施設の実像」「中世讃岐の諸相」という編別構成から窺えるように、中世讃岐の領域構造、港町の景観復元、中近世移行期の高松の中心地形成過程についての考察、近世高松城下町の成立過程の考察など、讃岐に軸足を置いた論考を配置する一方、中世港町・海運論を構造論的な視点から捉え直した論考、土器研究から瀬戸内流通と港町について新たな光を当てた論考、伊勢大湊に関する新事実を提示した論考、さらにはこれまであまり検討されてこなかった港湾施設の実態・特質について究明した諸論考を収録し、中世日本の港町・海運論を少しでも前進させようと努めたものである。当初、私たちが計画したシンポジウムの成果を世に問う試みは、本書の刊行によっておおむね完結することになる。

もとよりこれで、私たちが目指した目標を実現させることができたどうかは、すべて読者諸賢の判断に委ねざるを得ないが、地方の小さな研究会の努力の結果が、ともあれ、このような形で世に問うことができた点は素直に喜びたいと思う。今後も地域へのこだわり、地域の側から見る視点、「場」へのこだわりを持ち、研鑽を重ね、新たな成果を発信すべく努力していきたいと考えるとともに、こうした私たちの試みを、次の世代が受け継ぎ、発展させてくれることを期待したい。

最後に、これまで支援してくださった四国村落遺跡研究会のメンバーとその関係者に、改めてお礼を申し上げたい。

編集委員会

中世港町論の射程　目次

中世港町研究の現状と課題

中世港町の成立と展開
—中世都市論の一環として—

市村　高男

はじめに

これまでの中世港町の研究は、海運論や流通論との関わりの中で論じられることが多く、個別事例研究を除けば、中世都市論の一環として港町の実態や特質に迫った試みは、意外に少ないのが実情である。その理由の一つは、海岸部や河口部に立地する港町が、自然埋没や地震に伴う地形変化、あるいは人為的埋め立てなど、様々な地形環境の変化によってかなりの変貌を遂げており、古代・中世当時に機能した港湾の実態復元を試みると、想像以上に困難を伴うことにある。

それゆえ中世の港町の実態については、博多・堺・草戸千軒・阿濃津・十三湊など、発掘によって明らかにされた事例を中心に論じられることが多く、未発掘の港町については、その実態や景観にまで踏み込んだ議論をしにくい状況にあった。もとより発掘によって港町研究が前進したことはまちがいないが(1)、それらの研究は、調査区域から検出された遺構・遺物からの検討が中心であり、調査区域外については他の方法で究明せざるを得ないという難しさを有しており、それゆえ未発掘の港町の研究が、それ以上に困難を伴っていたことは容易に察知されるところであろう。

そうした状況の下で、千田稔氏は、早くから古代の主要港湾である国津《くにづ》・国府津《こうづ》に着目し、国衙・郡家(郡衙)との関係や地形環境・水陸の交通事情など多面的な考察を加え、全国レベルでの現地比定を試みつつ、その実態と特質に迫ろうとする研究を進めた(2)。これと前後して杉山宏・松原弘宣・木下良氏らによって、国府・郡衙と水陸交通との関わりから古代の公的港湾の研究が進められ(3)、中世については、新城常三・綿貫友子・宇佐見隆之氏らが文献史料を中心とした海運・流通・交通論との関わりの中で検討を進め、種々成果を上げてきたというのが実情であった(4)。

かつて私が港町の類型化を行うとともに、港町とその背後に広がる後背地との関連を考えようとしたのは、古代の港湾研究を意識しつつ、中世の港町研究を海運論・流通論から自立させ、その実態と特質について考えようとする試みの一部であったが(5)、それからまもなく、個別事例研究の進展に呼応して、宮本雅明氏が、中世都市としての港町の構成や特質に迫る研究を推進し、新たな方向性を示すことになった(6)。すなわち宮本氏は、全国各地の事例を広く検討する中で、中世のタテ町から近世のヨコ町への転換という図式を提示し、港町のかたちの背後に存在する経済の論理や共同体の問題にまで言及することによって、当該分野の研究に少なからぬ刺激を与えたのであった。

私も港町の空間構成や内部構造については、いくつかの事例研究を通じて複数の港湾集落の複合体として捉える見方を示してきたが(7)、ここでは宮本氏の所論に学びつつも、改めて中世都市としての港町のあり方や特質について私見を提示してみることにしたい。その際、単なる港町の形態論にとどめず、その成立・発展や構造についての検討とあわせて、港町を成り立たせた条件についても考察し、最後に中世港町から近世港町への転換の有り様とその特質、それを必然化させた要因について探っていくことにする。

一　中世港町の成立と展開—時代と階層—

1　古代の港湾施設

人工の港湾施設の形成が弥生時代に遡ることは、発掘調査を通じてつとに報告されており(8)、港湾の存在が「クニ」という領域形成に大きく関与したのではないかとの指摘もなされている(9)。その可能性は十分にあるとしても、原始・古代のそれについての報告事例はまだ限られており、その有り様が多少なりとも明らかになってくるのは律令制の時代に入ってからのことである。

この時代の港湾を意味する用語は、津・済、船瀬・泊と水門《みなと》であり、このうち津は海上交通の港湾、済は河川の渡し場的なものを意味し、ともに令制下での港湾の呼称であった。つぎの船瀬は、防波堤など人為的施設を伴った港湾であり、建設や修造など維持管理に関する場面で使用され、しばしば泊という言葉で置き換えられていた。泊は停泊する場である点に重点を置く言葉であるが、津とほぼ同じ意味で使用されることが多い。一方、河口部に立地する地形条件から水門という呼称が成立し、泊や津とも通じる言葉として使用されていたのであった(10)。

古代の港湾を広く追究した千田稔氏は、新城常三氏の提起を受けて、律令制下では宮都の外港である摂津国の難波津、太宰府の外港である那ノ津、国府の外港としての国府津または国津、そして郡家（郡衙）の港というように、それぞれに港としての規模に階層性があったことを指摘し、その上で、国府津・国津が当該期の史料に見える制度的名称ではないと断りつつ、国府の外港と国府が港湾としての機能を持つものを国府津、貢納物などの輸送のため国ごとに指定された港湾を国津と呼び、精力的なフィールドワークを通じて各国の国府津・国津の丹念な現地比定を試み、その実態と特質に迫っている。[11]

この千田氏の研究は、港湾に階層差があったことを指摘した点で重要な意味を持つ。また、『延喜式』主税上[12]などの史料から、国府の近辺にその外港となる国府津が存在したことも明らかであるが、問題は国府津と区別される国津なる港湾をどう考えるかであろう。国府の外港として国府津が存在したとすれば、当然ながら郡家の外港としての郡津の存在も想定され、実際、高重進・杉山宏氏らは、郡家の正倉から舂米などが平安京へ輸送されるときに使用される港湾を郡津として捉えている。[13] この点、千田氏は、史料上に郡津が明確に確認できないとして、その存在に慎重な姿勢を示し、郡家（郡衙）の中で港湾を兼ね備えたものを挙げるのみに止めている。[14]

こうした理解の分かれ目は、新城・千田氏が国府の外港である国府津と区別して措定した国津と、高重・杉山氏が存在を主張する郡津との関係、とりわけ両者の機能・役割をどのように評価するかにある。この点、杉山氏は、港湾の管理・運営の責務は国司にあったとの理解の下に、新城・千田氏らのいう国府津と国津を区別せず、一括して国津として扱う一方、郡司も国司とともに港湾管理に関与し、郡衙所在地の津や郡衙の外港などの修理を担当していたとの想定の下に、郡津の存在を主張する。[15] すべての郡衙に港湾が付属していたかどうかはともかく、千田氏も港湾を兼ねる郡衙の存在を認めている以上、両者間の大きな相違は、郡衙の外港または港湾を兼ねた郡衙と、国衙の外港としての港湾との間に位置付けられる公的な港湾の管理・運営について、国司・郡司のどちらに重点を置いて考えるか、にあるといってよかろう。

この公的な港湾は、杉山氏の研究からもうかがえるように、国司・郡司の双方が関与しており、「津の修理は国司の責任であり、実際の修理などの業務は郡司が行うこと」[16]があるのであれば、名目的には国司の管轄下にあったことになる。しかし、実際には両者を截然と区別するのは難しいのが実情であり、それゆえここでは、国衙の外港としての国府津、国衙・郡衙の管理下にある公的な港湾、郡衙の外港または郡衙と一体化した港湾を郡津、という理解で捉えておくことにする。

以上のように、古代の港湾は国郡と関わりを持つ公的なものが基本であり、その後に主要な港湾として存続・再生または形成される多くの部分が公的な性格を有していた。それゆえ、古代の港湾はそのすべてが公的なものであったようにも思えるが、現実には国郡の津とは別レベルで、民衆が生活・生業に伴う移動・輸送に際して使用する港湾が存在した可能性があり、それらは国郡の管理下に置かれることがなかったがゆえに、ほとんど史料上に現れてこなかったと考えられる。本稿では、こうした民衆の生活・生業に関わるレベルの港湾までも視野に入れ、中世港湾の成立・展開について検討していくことにする。

2　中世港町の成立

九世紀末〜一一世紀、各地で国衙の変質が進展すると、税所・田所・調所などのように、「所」を付した新たな実務分掌機関の一つとして船所が成立し[17]、一二〜一三世紀には加賀・近江・周防・紀伊・安芸・隠岐・摂津など西日本を中心とする沿岸諸国の史料に散見するようになる[18]。

すなわち、文治元年（一一八五）、源義経が平家攻めに壇ノ浦へ向かうとき、「周防国在庁船所五郎正利、依為当国船奉行、献数十艘」[19]じたとあるように、周防国の在庁官人である船所五郎正利が、同国の船奉行として義経に数十艘の船を提供していた。正利が国衙の付属機関である「船所」を名字とすることからみて、すでに父祖の時代からこの役職に就いていたことをうかがわせる[20]。そして、周防国衙（山口県防府市）の船舶を差配し得る立場にあった正利の帰趨が、源氏の壇ノ浦での勝敗に大きな影響を与えていることからみて、海運・河川舟運の業務を所轄する船所の役割が、かなり大きな意味を持っていたことが察知されよう。

また、建仁三年（一二〇三）一〇月には、紀伊国司が留守所に庁宣を発し、紀伊「国衙船所書生并梶取等」が「御幸渡船料」と称して高野山金剛峯寺領の運上物輸送船に対し、「或切損河船、或入水仏供等」の狼藉を禁じている。[21] これは、紀伊国衙船所の書生・梶取（舵取）らが、後鳥羽院の熊野詣に必要とされる紀ノ川渡船の船舶を、高野山領運上船の点定・徴発によって確保するのを禁じたもので、この国にも国衙船所が存在し、そこに職員として所属する書生・梶取らがおり、彼らが紀ノ川を往反する川船の点定・徴発などに関与していたことが明らかとなる。梶取は船長に当たる運送責任者であり、書生とともに国衙の下級役人の一角を占める存在であった。紀伊国衙は紀ノ川下流域の府中（和歌山市府中）に存在し、それより少し下った川沿いに国衙船所（和歌山市船所）があったが、[22] そこは和歌浦を発着点とする川船の重要な湊であると同時に紀ノ川の渡河点でもあった。

この二例のみからでも、船所が国衙の機関であったことは明らかであるが、各地の荘園においても船所が成立していた。その代表的な事例が、石清水八幡宮領淡路国鳥飼荘（兵庫県洲本市五色町）の船所である。すなわち、弘安元年（一二七八）一二月、鳥飼別宮（鳥飼八幡宮、石清水八幡宮を勧請）雑掌と地頭佐野富綱《さのとみつな》との間で和与が成立し、天福年間（一二三三～三四）の幕府の下知を遵守して領家が検注を行い、地頭得分は新補率法に従うこと、そして荘内にある船所の沙汰は、以前から領家が管領し、預所の計らいとなっていたが、今後は領家と地頭の双方でその沙汰をすることになった。[23] 鳥飼荘船所は鳥飼川河口付近に比定されるが、[24] これは淡路国衙（南あわじ市）の外港とみなされる福良・志知《しち》湊（南あわじ市）等とは別に荘園領主が設置した船所であったと考えて大過なかろう。

同じような事例は、興福寺三面僧坊領讃岐国神埼荘（香川県さぬき市神崎）でも見られる。建武二年（一三三五）一二月、三面僧坊を代表する年預三人の連署下知状[25]によれば、三面僧坊は荘務権を持つ領家であり、三面僧坊が預所を任命し、その下で荘務を行う公文・田所・船所があり、公文職・田所職は百姓中から選ばれていた。神埼荘は公領の神埼郷がそのまま立荘されたもののようであり、荘域は内陸部に位置し、内陸部の米・材木・石材などの輸送のために、津田川河口の鶴箸《つるばし》（香川県さぬき市鶴箸）かその付近に船所が置かれ、その地を中心に船を操る廻船人などが船所職に任命されていたと考えられる。荘園領主（皇室・公家・寺社）にとっても、荘園年貢の積出港を設置・確保し、それを管理・運営する船所や輸送の責任者となる梶取に給免田畠などを与え、荘官として恒常的に編成しておくことが必要であったのである。

さらに文永一二年（一二七五）三月、一条家領土佐国幡多荘（高知県四万十市・宿毛市・土佐清水市等）でも、僧慶心が重代相伝を理由に「船所職付横浜」に補任されている。(26) この船所職は、足摺岬金剛福寺（土佐清水市）の中興の祖南仏上人《なんぶつしょうにん》（南仏坊心慶）が隠居寺とした香山寺東麓（四万十市）の中筋川（四万十川支流）の船所の管理・運営権を指し、それとセットで四万十川河口部の横浜の支配を認めたもののようであるが、文書の形式・内容から当時のものではなく、一五〜一六世紀になって作成された可能性が高く、(27) 一三世紀後半期の船所を考えるなら、中筋川中流域の香山寺北西麓にある具同村《ぐどうむら》（四万十市、当時の荘園の中心）の一角にある船戸遺跡に比定するのが妥当であろう（後述）。おそらくその起源は、土佐国衙船所か幡多郡衙の船所であり、幡多郡の荘園化に伴って幡多荘船所に転化し、金剛福寺院主の管理下に置かれたと考えられる。

今のところ、郡衙の機関としての船所は、史料の上にその例を確認し得ていないが、古代に郡家（郡衙）と関わる港湾が存在したとすれば、一一世紀以降、それが郡衙に付随する公的な津・湊に転化し、郡司・郡地頭らの管理下に置かれるようになった蓋然性は高いといってよかろう。土佐国幡多荘の船所をはじめ、荘園に見られる船所の中には、そのように郡衙の管理下にあった津・湊が荘園領主（直接には荘官）の支配下に置かれ、それに伴い梶取・船頭らも給免田畠などを付与されて、荘官の一角に編成されていた場合が少なからずあったと推測される。
また、その性格上、史料には現れないが、各地域の民衆が、日常の生活・生業レベルで使用する小規模な津・湊も存在した可能性が高く、その中には鎌倉幕府の定着と各地に展開する武士の本拠と結びつきながら、成長を遂げていった津・湊があったと考えられる。

3　中世港町の展開

一三世紀末以降、諸国の国衙は守護権力に吸収され、事実上、守護の本拠である守護所の中に解消し、国衙船所も守護所の外港として性格の変化を遂げていく。郡衙に付属した公的港湾も、一二～一三世紀には郡司・郡地頭や荘園領主らの支配の下で、守護所の外港とともに地域の主要な港湾として機能するようになる。それに伴って、国衙の機関としての船所や船所職は史料の上から消滅していくが、それと入れ替わりに、各地の海岸部や河川沿いに船所・船戸・船津・船渡などと呼ばれる多様な港湾が並び立ってくる。

前述のように、紀伊国衙には船所があり、その比定地には現在でも船所の地名が残存するが、さらに紀ノ川を遡り、大和街道から分岐して根来街道に向かう渡河点にも船戸(和歌山県岩出市)の地名がある。ここは根来寺という大寺院の存在と関わりながら成立した川湊であった。播磨国では、市川上流の渡河点に船津(姫路市船津町)、揖保川の支流栗栖川にも船渡(兵庫県たつの市新宮町船渡)があり、旭川上流の美作国加茂郷(岡山県吉備中央町)の一角にある船津は、近世には「年貢津出場の機能を持つ船頭集落的な存在」となっていた(28)。また、高梁川上流の備中国新見荘西方の金谷村の一角にも船津村(岡山県新見市金谷)があった。一七世紀前半、ここは金谷村枝村の船津村となっているが、一三～一四世紀段階に遡れば、新見荘領家方・地頭方の両政所や市庭に隣接した交通の要衝となっており、荘園年貢の積み出し場として盛んに使用されていたといい、一五〜一六世紀まで下ると、地域民衆も巻き込んだ内陸水路の拠点として発展を遂げ、近世新見藩の時代には城下の中心の一角を構成するようになっていた[30]。

さらに注目されるのが、前述の土佐国幡多荘船所の後身と見られる船戸遺跡（高知県四万十市森沢字船戸）である。限られた範囲ではあるが、その発掘調査で出土した遺物・遺構を通じて、中世船所の実態と変遷について貴重な知見を得ることができるようになった。すなわち、この遺跡は、①官衙と関わりのある具同中山遺跡群・風指遺跡、古代中世寺院である香山寺跡に近接し、②四万十川支流の中筋川南岸（中筋川支流森沢川との合流点、一〇・一三世紀頃の森沢川旧流路も検出）に直接し、中世を中心に見ても、③一間×二間を中心とした多くの掘立て柱建物跡や、柱穴の底で再利用された砂岩性砥石、土錘・漆碗・貿易陶磁器・瓦器碗・土師質土器、木製品（下駄・曲物・箸・呪符・人形・刀形）など多様な遺物・遺構が確認され、④盛衰を伴いつつ長期にわたって存在し、おおむね八〜九世紀、一二〜一四世紀、一五〜一六世紀の三つの盛期があったことなどが明らかになった[31]。

このうち④の第二の盛期、すなわち一二〜一四世紀は幡多郡が幡多荘となり、一三世紀半ばに九条氏から一条氏へと伝領され、一条氏領荘園として管理・運営が本格化していく時期に当たるが、それに合致する一三世紀後半、南仏上人が足摺岬金剛福寺を復興し、退院後に入寺した香山寺とともに一条氏の庇護を受けて発展する時期とも重なっている。すなわち、船戸遺跡の盛期は、一条氏が幡多荘の支配を本格化すべく、金剛福寺・香山寺を再興・庇護し、これらの寺に信仰の心を寄せる地域の武士・民衆の掌握を図っていた時期と一致しており、船所が国衙・郡衙の外港から荘園政所の外港へと変容し、地域の基幹港湾として定着していく様子を示している。

しかし、金剛福寺は一五世紀末の明応の南海大地震で倒壊・断絶し（一六世紀前半に土佐の一条房家によって復興）、香山寺も一五世紀に衰退、香山寺山の山頂から境内を縮小させて、中腹東側の平場と麓に下り、そして土佐一条氏滅亡後に大きく衰退し、廃寺同然の状態となっていくが、注目されるのは、船戸遺跡の第三の盛期が一五～一六世紀であった点である。この第三の盛期の前半は、船戸が地域の基幹港湾として定着・発展する第二盛期の流れの延長上にある一方、幡多荘の中心が具同村から四万十川東岸の中村に移り（両者を結ぶ渡し場の重要性が高まっていた）、船戸の役割が相対的に低下する時期に当たっており、そして後半の一六世紀は、一条房家の金剛福寺再建に象徴される震災復興政策とも重なって、より地域に密着した港湾へと変容する時期であった。[32]

この船戸遺跡と関わって注目されるのが、香山寺山の東側約三㎞にある坂本遺跡（四万十市坂本）である。坂本遺跡は、一五世紀に山頂から中腹に降りた香山寺が、それ以前から存在した山裾の瓦窯や仏堂の敷地を合わせて寺域としたところであり、その盛期は一三～一四世紀と一五～一六世紀、とりわけ後者の段階でピークを迎えている。[33] この遺跡は、四万十川と中筋川の合流点近くに位置し、船着き場と見られる部分も存在するが、天正一七年（一五八九）の「幡多郡坂本村地検帳」[34]によれば、その隣接地に五代（二五歩）と三代（一五歩）の「船戸ヤシキ」が登録され、また、遺跡の中心近くから舟形の木製品も出土するなど、[35]付近一帯が船戸関連施設であったことを示しており、その稼働時期は第二の盛期に重なりながら一部近代まで機能していた形跡もある。

このように見ると、坂本遺跡に付随する船戸関連遺跡は、具同中山遺跡群に付随する船戸遺跡より後発で、一三～一四世紀に香山寺との関連で成立し、船戸遺跡が地域の港湾に変容する一五～一六世紀（とりわけ一六世紀）に、これと並存しつつ地域の港湾として本格的に発展・定着したことを示している。西日本各地に船戸・船津などの地名が増加するのもこの頃からであり、河川水運のネットワークが内陸の奥深くにまで張りめぐらされるに伴って現れた現象であった。そして、同時にそれは、列島をめぐる海運の発展とも連動する動きであった。

周知のように、「兵庫北関入船納帳」[36]は、一五世紀半ばの瀬戸内沿岸に大小様々な港町が成立していたことを示しており、摂津・播磨・肥前・淡路・讃岐など兵庫津に近い地域では、基幹港湾ばかりでなく地域に根ざした港湾までが登場する。史料の性格上、安芸西部・周防・長門・紀州・土佐・伊予や九州などでは、一部の基幹港湾を除けば、地域密着型の港湾はほとんど登場してこないが、遅くとも一六世紀まで下れば、これらの諸地域でも多数の地域港湾が勃興していたことを確認することができる。

すなわち、『長宗我部地検帳』を通観すると、一六世紀末の土佐では、甲浦《かんのうら》・佐喜浜・奈半利《なはり》・田野・安田・安芸・手結《てい》・赤岡・改田《かいだ》（浜改田・十市）など、浦戸湾に至るまでの沿岸部に港湾・港町が数珠状に連なっていた。それらは河川の河口部に位置するか陸路の発着点に存在し、内陸の水陸路を核に形成された地域経済圏と土佐沖航路との結節点となり、海路を介して他の地域経済圏と結びつけ、人や物の流れを広域化させることになるが、こうした動きに対応して、各地に船戸・船津・船渡などと呼ばれる港湾をつぎつぎと成立させていったのである。

こうした土佐湾東岸部の港湾・港町のあり方は、浦戸湾以西においても同様であり、宇佐・須崎・久礼・佐賀などを経て宿毛《すくも》（深浦）と並ぶ土佐西部の代表的な港町であった下田横浜（四万十市下田）に連なっていた。下田横浜は四万十川河口部にあり、一五世紀後半に細川氏絡みの遣明船が瀬戸内航路を避けて寄港した頃から重要性を高め、とりわけ一六世紀以降、和泉堺（大阪府堺市）の急成長に対応して、土佐沖を往反する船舶が増加するようになると、その寄港地として本格的な発展を遂げるようになる。それに伴って、それまで瀬戸内海―豊後水道から大隅・薩摩・琉球への玄関口となっていた宿毛と並び立つ、四万十川流域の物資の集散地としての位置を獲得するようになったのである。

以上のように、一三世紀末以降、国衙船所も守護所の外港として性格変化を遂げ、それとほぼ軌を一にして、郡衙に付属した公的港湾が守護所の外港とともに地域の主要港湾として機能するようになる。これらの港湾の中には、程度の差があるとはいえ、守護や有力国人と密接に結びつき、その特権を享受しつつ繁栄したものが少なくなく、さらに一五～一六世紀には、各地の海岸部や河川沿いに多様な港湾が並び立つようになるが、地域権力の城下町建設に伴う交通・流通体系や地域経済圏の再編が進むと、それらの港湾群も淘汰と再編を伴いつつ、地域権力と密接に結びついた港町、権力との繋がりよりも廻船商人らの自治と富による自律的な港町、地域住民の生活と結びついた海浜集落的な港町などに分化していくことになる。

二　港町の構成と構造―港町を構成するもの―

それでは、古代から中世への転換の中で成立した中世港町は、どのような構成をとり、どのような構造を有していたのであろうか。これまでは、こうした視点から中世の港町について検討されたことはあまりなかったので、本節ではこの点について具体的に検討してみることにする。

1　中世港町の構成について

中世の港町の構成について、重要な知見を与えるのが、一四世紀後半成立の『庭訓往来』四月状の往・返である。(37) まず、四月状往では、領地の繁栄と為政の心得について言及する中で、「市《イチ》町之興業、廻船着岸《チャクガン》ノ津、幷狩《カリ》山・漁捕《スナドリ》・河《カワ》狩《カリ》・野牧《ノマキ》之事、定メテ被ン遵行セ歟」、「可招キ居《スエ》輩者、鍛冶《カチ》・鋳《イ》物師・（中略）・廻船人・水主・梶取《カントリ》・漁客《スナウド》・海人《アマウド》」と記し、市町の振興、廻船が着岸する津、狩山・海河の漁場、牧などを整備することが必要であり、そのためにも鍛冶・鋳物師や廻船人・水主・梶取（舵取）・漁客（漁人）・海人らを招き寄せ、定着させることが不可欠であるとしている。これによれば、廻船が着岸する津は市町の興業に必要な施設の一つであり、本来、津と市町とは別物であったことが明らかとなるが、その津を有効に機能させるためには、廻船人や実際に船を操る水主・梶取らの存在が不可欠であり、そこに漁人・海人らも定着するようになれば、津を核とした海浜集落化が促進されて、領地の繁栄が実現するとの認識が示されている。

また、四月状往を受けた返では、「就テ先度ノ御事書《カキ》ニ、芸才《ゲイサイ》七座之店《タナ》、諸国ノ商人、旅客ノ宿所、運送《ウンソウ》売買之津ニ、悉ク令遵行候畢」と、商取引の施設の整備と「売買之津」への運送を遵行すると記し、その上で「定役《ヤク》ノ公事・臨時之課《クワ》役《ヤク》・月迫《ハク》之上分《アゲブン》・季節《キセツ》ノ年預《ヨ》」は逃れられないこと、京商人・浜商人をはじめ「室《ムロ》兵庫ノ船頭《センドウ》・淀河尻《ヨドカワジリ》ノ刀根《トネ》・大津《オオツ》坂本《サカモト》ノ馬借《マカセ》・鳥羽《トバ》白河《シラカワ》ノ車借《マカセ》・泊々《トマリトマリ》之借シ上《アゲ》・湊湊《ミナトミナト》為銭《カエセン》・浦々《ウラウラ》ノ問丸《トヒマル》」は、「以割符《サイフ》ヲ、進上ス之ヲ」していること、さらには「伊予簾《スダレ》・讃岐《サヌキ》円座・同ク檀紙・播磨《ハリマ》椙原《スギハラ》・備前太刀《タチ》」や「土佐《トサ》材《ザイ》木・安芸《アキ》ノ榑《クレ》」など、周知の諸国名産が列記されている。これによれば、当時の港湾は「売買之津」と位置づけられて、店・商人・旅宿の物や人が運送されるところであり、所定の公事・臨時の課役・月ごとの上分などが課されること、各地の津・泊・湊・浦では、借上・為銭・問丸らが割符で取引していることなどが記される。『庭訓往来』が成立した一四世紀後半、すでに主要な津は市町と一体化し、廻船人・船頭・水主・舵取や漁人・海人らの海民、借上・為銭・問丸や馬借・車借らが定住する港湾都市に成長していたのである。

この『庭訓往来』の記載との関わりで興味深いのが、正安二年（一三〇〇）に書写された「備前国上道郡荒野絵図」[38]に見える鹿田川（旭川）河口部の海浜集落のあり方である（図1）。上道郡荒野（岡山市平井一帯）は、鹿田川河口西岸に拡がる殿下渡領荘園鹿田荘（岡山市街地南東部）の下司村主《すぐり》氏が、その対岸にある上道郷《こうつみちのごう》・幡多郷の荒野（鹿田川河口部のデルタ）を春日大社に寄進し、開発したところであり、絵図の中央部の舌状の区画に「麦作十丁　田畠十余丁　家十五宇　但此内新開也」と記された上道荒野と、その東端部に「□（幡）□荒野」とある幡多荒野から成っていた。これらの荒

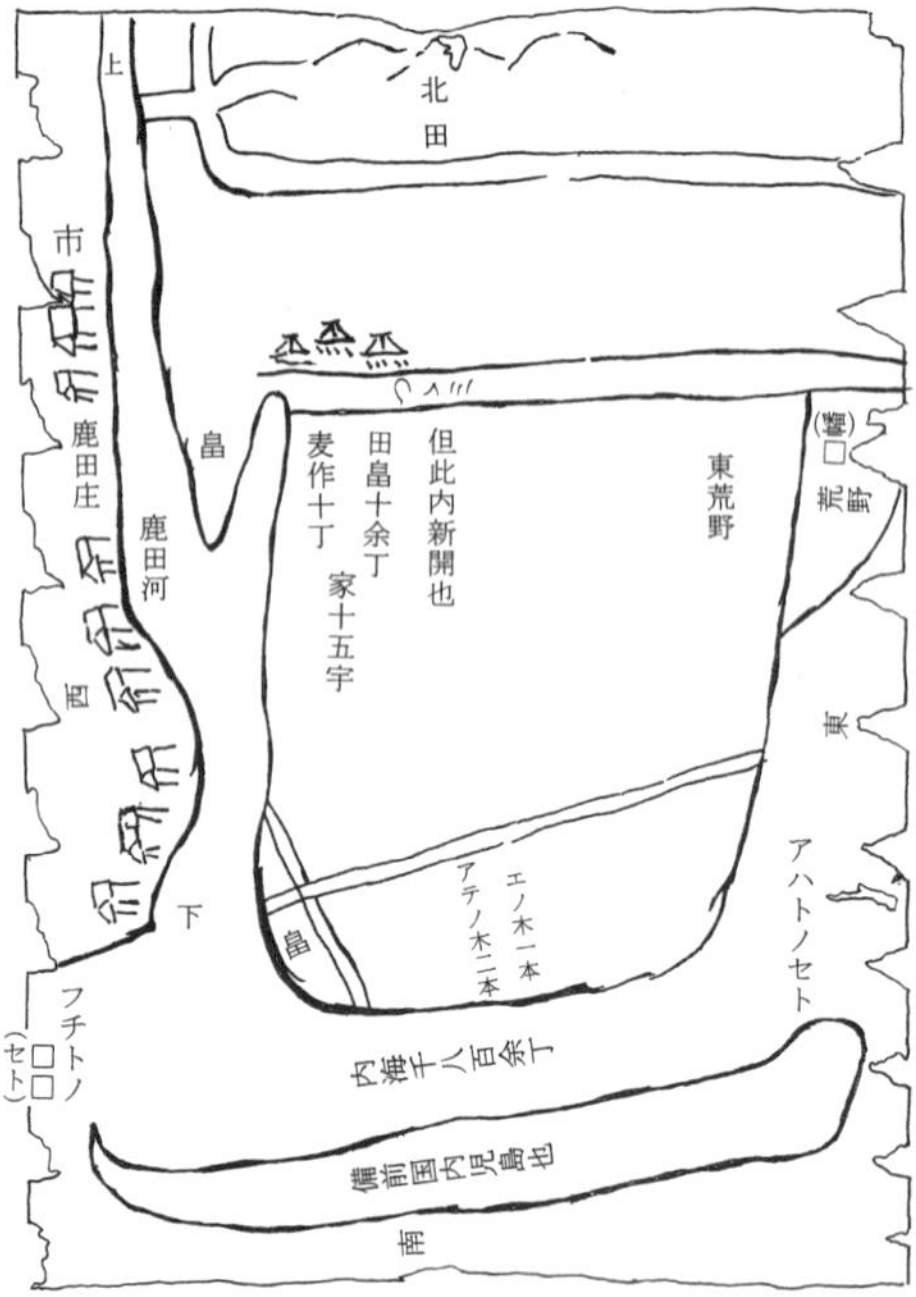

図1　備前国上道郡荒野絵図（トレース）に見る河口の湊

野の南側には、「アハトノセト」(穴戸之瀬戸か)と「フチトノ□□」(藤戸の瀬戸)に画された内海(瀬戸内海の一部、穴戸之海)があり、さらにその南には細長い区画に「備前国内児島也」と記された児島(岡山県倉敷市)が見える。当時の児島は文字通りの島になっており、この児島と二つの瀬戸に囲まれた内海に「鹿田河(川)」が注ぎ、その河口部西岸一帯が鹿田荘であった。

注目されるのは、鹿田川沿いの「鹿田庄」の一角に「市」の文字記載と集落の存在を示す家々(九軒)の描写がある点である。

鹿田荘の荘域に重なるのが大供本町遺跡・鹿田遺跡・新道遺跡・二日市遺跡などであり、それらの発掘調査による遺物・遺構のあり方から、これらの遺跡群はおよそ四段階の推移があったこと分かってきた(39)。

すなわち、第一の八〜一〇世紀、鹿田川河口付近に公的港湾(国府津)があり(集落の拡がりは限定的)、藤原氏の鹿田荘建立とともに国府津から荘園の流通拠点として位置づけられ、第二の一一〜一二世紀と第三の一三〜一四世紀には集落が拡大し、瀬戸内海運の広域流通拠点に発展するが、第三期を中心に屋敷地の区画溝が拡大・整備され、港湾集落の構造分化と格差の顕在化が進み、第四の一五〜一七世紀になると、集落の発展が停滞し、一六世紀後半〜一七世

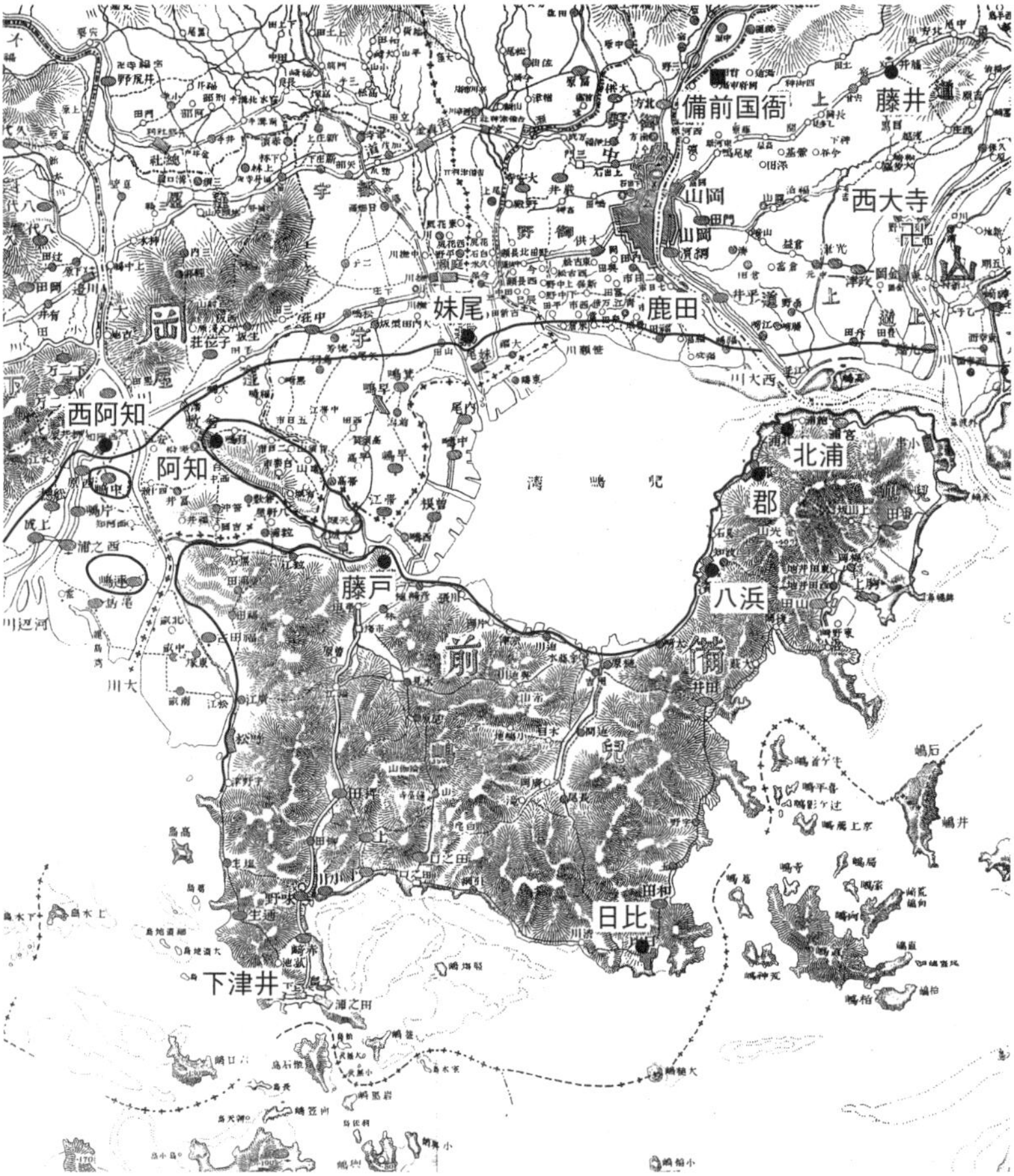

太線は中世前期の推定海岸線

図2　明治期の地形図から見た鹿田周辺（『日本歴史地名大系 岡山県の地名』付録図より）

紀前半には、岡山城下町の建設と絡んで集落群の移転・縮小が進行する。正安二年書写の荒野絵図に描かれた「市」は、第三期頃の鹿田の港湾集落を表現していると考えて大過なく、それに隣接して国府津に系譜を引く港湾が存在したと指摘されている。

これまでの発掘では、これらの遺跡群から港湾施設が確認されたという報告はなされていない。しかし、すでに長徳四年(九九八)二月には、「鹿田御庄居住梶取」佐伯吉永が、大和国の秋篠寺(奈良市)から美作の米一八〇石、備前または備中の塩二〇籠の輸送を請け負って、鹿田荘別当の渋河幸運の船を借用し、水主の秦米茂らと大和へ向かい、その途中の摂津国武庫郡小港(神戸市付近)で難破しており[40]、少なくとも一〇世紀末の段階で、この鹿田川河口付近に米や塩など内陸・沿岸部の諸物資の集散地となる主要な港湾があり、海運と深く関わる梶取・水主らが住んでいたことは間違いない。また、弘安二年(一二七九)二月には、仁和寺宮が東大寺へ下向する際、宇治川渡船のために鹿田荘からも船一艘がチャーターされた事実があり[41]、この荘園の一角に多くの船舶を擁する港湾が存在し、チャーターする余裕を持っていたことがうかがえる。その港湾が鹿田川河口の市付近にあり、港湾集落としてかなり発展していたことが容易に察知されよう。

このように、鹿田荘の中心地域に存在した港湾集落は、国府津と見られる公的港湾から荘園の物流拠点となる港湾へと変質した事例の一つであった。おそらく当初の港湾施設には、備前国衙の役所としての船所が置かれ、その一員としての梶取らが居住し、荘園化と港湾機能の高まり、物流の拡大の中で市が建てられ、さらに既存の漁人・海人らに加え、廻船人・借上らをはじめとする各種の商人、海運労働者としての水主、港湾と内陸との物資輸送に従事する陸運労働者の定住によって、港湾都市へと成長していったと考えられる。前述の土佐国幡多郡の船戸遺跡も、幡多郡衙(または土佐国衙)の外港から出発し、その管理役所として船所が置かれた公的港湾であり、幡多郡の荘園化に伴って幡多荘の中心港湾へと性格を変化させ、しだいに地域経済を巻き込みながら、流通・交易の規模を拡大していった。その点では鹿田遺跡と共通する点が少なくない、といってよかろう。

もとより港湾都市は、その成り立ち（国衙・郡衙の外港としての公的港湾から出発したかどうか）、立地の自然的環境（海岸・河川・島などの地形とその変化）、政治的環境（国衙・郡衙や守護所・寺社などの盛衰）、経済的環境（政治的中心の移動に伴う交通体系の変化）、社会的環境（各地域の個性や伝統のあり方）などによって多様な展開を遂げるが、さらに一五～一六世紀の新興港湾都市・港湾集落の簇生、拠点城郭の築城などと相俟って、構造・機能・景観ともに単純に一括し得ない多様な展開を見せるようになる。しかし、それでもそこには、次のような共通の構成要素を見出すことができる。

その第一は船着場・貨物の積み卸し場などの港湾施設であり（その起源が公的港湾なら船所などの港湾管理施設が存在）、第二はそれに伴う廻船人・梶取・船頭や水主らの港湾労働者の存在とその居住地であり、そして第三は交易に関わる人々や彼らの生活物資を供給する商人・職人らの住む市町・宿、海水面を生産の場とする海民らの集落などであった。これらの諸要素は、時代が下るにつれて一体性を強化することになるが、港湾施設に隣接したところに梶取・水主らが住み、管理施設や船倉・倉庫があり、その背後の道路に面して交易に関わる商人らが居住するというように、それぞれの成り立ちの違いや機能の違いによって、一定の緩やかな住み分けがあったと考えるのが妥当であろう。その点では、戦国期城下町が城と家臣屋敷群と市町・宿の緩やかな住み分けによって成り立っているのと共通する。(42)

2　港町の形態論の現在

それでは、こうした港町・港湾都市は、どのような形態を取り、どのような景観を見せていたのであろうか。この点について、重要な指摘をしているのが宮本雅明氏である。宮本氏は都市の建設には計画目的があり、必ずそれは空間を通して具体化されるとの前提の下に、①中世港町は、内陸と海・川とを結びつける道路沿いに町筋が存在し（タテ町）、その突き当たる所に船着き場があり、それを管理する問（問丸）らによる限定的・点的な取引が町筋で行われる、②近世港町は、川・海と並行し、際立った中心のない均質な町筋が形成され（ヨコ町）、水際線・掘割・道など線を介した面的取引が実施される、③①から②への変換（タテ町からヨコ町へ、限定的で管理された港町からフラットな社会構成を前提とした均質な港町へ）は、社会の均質化を促し、市場原理の導入を可能とする競争社会の枠組みを用意した、などの重要な論点を提示したのであった(43)。

それと前後する時期に、わたくしも播磨の室津（兵庫県たつの市）、備前の牛窓（岡山県瀬戸内市）、備中の尾道（広島県尾道市）、讃岐の宇多津（香川県歌多津町）・仁尾（同三豊市）など、港町の形態・景観に関する検討を試み、中世の港町は、複数の市町・海浜集落・集落の複合体・集合体として存在したこと、それが中近世の移行過程で集約されて近世港町に変容していくとの粗い図式を提示したことがあった(44)。これは、中世の多元的な社会の中から成立した中世港町が、必然的にその内部に起源と性格の異なる複数の構成要素を含み込むようになったこと、そしてそれは、中世前期の府中・宮中や戦国期城下町においても観察できる構成と同じ流れであることなどを示したものであった。

もとより中世港町は、それを取り囲む諸環境・時代の違いによって多様なあり方を示しており、すべてが自律的な海浜集落の複合体として存在しているとはかぎらないが、一五～一六世紀には、そのような構成的特徴を持つ港町が各地で広く見出され、その中には宮本氏が指摘するタテ町型の港町が存在することは間違いない(45)。しかし、そのタテ町型の港町が、近世への移行過程ですべてヨコ町型の港町に変化していくわけではないし、中世にヨコ型の港町がまったく存在しなかったわけでもない(46)。また、中世の港町が、その中心となる船着き場とそれを管理する問らの限定的・

図3　中世の港町野原とその周辺

点的な取引の場であったかといえば、前述の鹿田遺跡群や備後の草戸千軒遺跡からうかがえるように、港湾集落内に格差（屋敷や区画溝のあり方や出土遺物の質など）が顕在化し、問（問丸）をはじめとする有力者の存在が指摘されるのが一四世紀後半〜一五世紀前半からであり、一部の国家的・公的港湾を除けば、当初から問（問丸）などの有力者による独占的・寡占的な管理が行われていたのではなさそうである。また、それらの中には、海浜集落が寺院や神社とともに港湾管理を行っていた讃岐の野原（香川県高松市）のような事例も見られる（図3）。

讃岐の野原は、近世高松の前提となる港町であり、船着き場跡を検出した浜ノ町遺跡など一連の遺跡の発掘調査を通じて、その実態と変遷が明らかにされている。その詳細は松本和彦氏の論考[47]に委ね、ここではその要点のみ示すると、古代末〜中世の野原は、二本の河川に挟まれた中洲と海際の複数の砂堆からなっており、その成立・発展の過程は、①一二〜一三世紀前半、②一三世紀後半〜一五世紀、③一六世紀〜一七世紀前半、の三つの段階に分かれる。第一段階は、中洲北東部と西側の二地点に港湾施設があり、不安定な地形に規定され、集落は離れて存在し、隣接する岩瀬尾八幡宮《いわせおはちまんぐう》（石清水八幡宮を勧請したもの）とともに港湾の管理や流通に関与していたようであり、(48)第二段階は、ほぼ同じ位置に港湾施設が存続する一方で、中洲周辺の地形の安定化に伴い、集落が内陸部から港湾部にまで展開し、岩瀬尾八幡宮やその門前集落に代わって、この港湾集落が港湾管理や流通を主導するようになっていく。第三段階は、それまでと同じ場所にあった港湾施設の背後に性格や成立の異なる五つの集落（町場的集落・海浜集落）が発展し、それらが密接に結びつきながら港町野原を形成するようになった、とされる。

このことから、野原は地形条件に規定されたとはいえ、港湾施設と海浜集落が別個に存在し、その発展過程で一体化していくこと、港湾施設に対する管理や流通の主導権は、岩瀬尾八幡宮とその門前集落から海浜集落に移っていくことが明らかとなる。この地には弥生時代から集落が存在し、石清水八幡宮の勧請（岩瀬尾八幡宮の成立）後に港湾施設が出現することから見て、石清水八幡宮が港湾築造に関与していた可能性が高く、②以降の海浜集落の発展（住人たちの活動の活発化）とともに、そこの住人らがその管理・運営の主導権を掌握するようになったと考えられる。一五世紀前半〜半ばの備後尾道（広島県尾道市）では、船主・船頭や問らの個別的活動に加えて、彼らの経営組織（集団）が成立しており、そこに属する同族や関係者を瀬戸内沿岸の要地に配置し、海運・流通を支えるネットワークを形成していたが、讃岐の野原でもそのような組織が成立していた形跡がうかがえる。(49)おそらく野原の海浜集落で複合的生業を営みつつ、海運・流通の主導権を掌握していたのは彼らであろう。

3　パーツとしての海浜集落論

そこで問題となるのは、そうした海浜集落の内実がどのようになっていたかであろう。前述のように、中世の港町は、複数の海浜集落・市町などの複合体として存在するのが一般的であるが、これまでその実態についての検討は、発掘調査事例が少ないこともあって、あまり試みられてこなかったのが実情である。そこで本節では、中世港町を構成する個々の海浜集落・市町などの内実を具体的に検討していく。その事例として、前節に引き続いて発掘成果と文献史料の両面から検討することが可能な讃岐野原を取り上げる。

中世港町野原の内実を示すのは、永禄八年（一五六五）に伊勢御師《おんし》の岡田大夫が、縄張りの東讃岐を回って初穂料を集めたときの記録「さぬきの道者一円日記」[50]（以下「一円日記」と略記）であり、その中に野原中黒里《のはらなかぐろのさと》・野原浜《のはらはま》・（野原）西浜・野原天満里《のはらてんまのさと》・野原中《のはらなか》ノ村《むら》という、当時の野原を構成する五つの集落群とそこに居住する住人・寺庵の名が書き連ねられている。これらの集落は図3のように分布しており、野原中黒里は談義所（無量寿院）を核とした寺院群と商人宿または船宿を営む武装商人からなる港湾集落、野原浜・同西浜は旧香東川（摺鉢谷川）河口の西側に拡がる漁撈・海運など複合的生業を営む人々の港湾集落であった。また、野原中ノ村は、香西氏の家臣団や岩瀬尾八幡宮の供僧などが多く居住する室山城（香西氏の支城）の城下集落（野原最大の町場的集落）であり、香西氏の家臣らが住む野原天満里も同じような性格を持った集落であったと考えられる。[51]

このように五つの町場的集落は、港湾集落の野原中黒里・野原浜・野原西浜と、城下・門前集落である野原中ノ村・野原天満里に大別することができるが、前者は同じ港湾集落でも、野原中黒里と野原浜・野原西浜ではその内実に大きな違いが見られ、野原中黒里に香西氏や寺社の影響が色濃く見られるのに対し、野原浜・野原西浜は同じ砂堆上に連なって、漁撈・海運など海と不可分な生業を営む住人らの集落であった。すなわち、「一円日記」によれば、野原浜には紺屋の太郎三郎・宗太郎、鍛冶屋の与三左衛門・五郎兵衛ら職人の存在が確認されており、また、野原浜・野原西浜に相当する浜ノ町遺跡の発掘では、一四世紀前半のトイレ遺構や結桶を転用した井戸枠、灯明具、畿内・備前・備中方面からの土器・陶磁器・砥石などの搬入品が出土しており、讃岐の一般的集落とはかなり異なる様相を有していることから、京都や鎌倉にも見劣りしない都市的な生活スタイルを取り入れた集落であったと評価されている(52)。

その一方、浜ノ町遺跡からは、九〇〇点を超える中世の土錘が出土しており、その形状や大きさから、讃岐の他の海浜集落に比べてかなり大規模な漁撈が行われていたこと、それは鰯を主な捕獲対象物とし、その加工によって交換価値を高め、畿内方面へ特産品として移出するものであったことなどが解明されている(53)。すなわち、野原浜・野原西浜は魚介の捕獲・加工・移出の全過程に直接関わる漁撈集落でもあったが、畿内方面への移出は、その生活・生産環境から見て、自前の船を利用しての海上輸送であったと考えるのが自然であり、それゆえこの海浜集落の住人らは、漁撈集団であると同時に瀬戸内海運の担い手でもあったといってよかろう。浜ノ町遺跡で検出された都市的な生活スタイルは、彼らが畿内や瀬戸内海沿岸地域を往反する中で接触し、いち早く受容することになったものであろう。

しかし、まだそこには問題が残っている。野原浜・野原西浜の住人が、都市的な生活スタイルを受容したとしても、彼らは漁撈と海運、そしておそらくは製塩をも行う存在である。そこには鍛冶屋・紺屋などの職人らの居住が確認されるとはいえ、富の象徴としての蔵を持ち、短冊形地割りの屋敷に住み、金融業も行うなど、多角的な営業を展開する有徳な商人らが存在した形跡は希薄である。もとより野原中黒里に、香西氏らと結びついた特権商人がいた可能性はあるが、少なくとも野原浜・野原西浜では発展期の一四〜一六世紀においてさえ、同時代の都市・宿・市町などで確認される商人たちの存在は、必ずしも明確ではない。おそらくそれは、野原浜・野原西浜が、海浜部の港湾施設を核として、漁撈・魚介の加工・移送に関わる人々によって形成された集落であったからであり、彼らの生業のあり方が、自ずと港湾施設に隣接した海浜に居住空間を求めさせたのである。それゆえ、彼らの生産・生活に関わる一部の商職人の居住が認められたとしても、街道を核として成立した市町・宿、城下の市町・宿のように、多くの商職人が蝟集する町場集落とはかなり異なる内実を示すことになったのである。

それでは野原浜・野原西浜は未熟な港町であったのかといえば、ここの住人らが都市的な生活スタイルを享受していた事実が示すように、各地の有力な港町に見劣りしない内実を持っていた(54)。確かに野原全体の中では、岩瀬尾八幡宮の門前町、室山城の城下でもあった野原中ノ村が最大の町場集落であり、商職人の基本部分もここに居住していたが、野原浜・野原西浜はそれと機能的に一体化しつつ、商業・金融部門の不足分を補完し、港町野原として存在していたのであった。野原中ノ村が岩瀬尾八幡宮の門前集落でもあったことを想起すると、ここが早くから石清水八幡宮神人らの活動拠点となっていた可能性が高く、住人の中にはその系譜を引く者が存在したと考えるべきであろう。

以上のように、港町野原は成り立ちと性格の異なる五つの町場集落の集合体であり、海浜集落である野原浜・野原西浜や野原中黒里のみを取り出して観察しても、その全体像は容易に見えてこないであろう。もとより五つの集落の空間的一体性は、いささか緩やかであり、一見すると越前敦賀(福井県敦賀市)・若狭小浜(同小浜市)・備後尾道・和泉堺(堺市)・筑前博多(福岡市)などとかなり異なるようにも見えるが、それぞれの地形・自然環境や港湾の成り立ち、性格の違いに規定されながら、港湾施設とそれに関わりを持つ廻船人・港湾労働者の居住地、寺社群、商職人の居住地からなるという原理的共通性では変わるところがないといってよい。

この点、筑前博多について見ると、香椎・箱崎・博多・荒津・姪浜・今津・唐泊などからなる広義の博多の中心であった狭義の博多は、古代の遺産を継承しつつ、一二世紀前半には、①海岸部の港湾施設、②①に隣接して貿易全般を仕切った宋商人(博多綱首)らの居住地(唐房)、③櫛田神社と承天寺・聖福寺などの寺社群、④①②と③の間に存在した日本人の居住地からなっていた。一二世紀後半になると、②の拡大とともに④との混在化が進展し、そして一四世紀初頭には、六波羅探題による道路割・町割が実施され、都市としての整備が一斉に進んで①〜④の一体化が顕著となり、戦国期の博多に繋がる港湾都市博多が形成されていったのである。(55)

もとより、日本を代表する国際港湾都市博多と港町野原を同列に論じることはできないが、成り立ちと性格の異なる部分の集合体である点とそれらの機能的一体化、そして港湾都市としての充実化による空間的一体化の進行という点では共通するといってよかろう。港町野原が博多に比べてやや散漫な空間構成を取っていたのは、五つの集落を統合する集団・権力の勢力バランスが保たれており、外部権力の進出による統合の契機も強くはなかったからであり、その結果、それぞれの町場集落が独自な発展を遂げ、相互に連携しながら港町野原を形成していたのである。そして、天正一六年(一五八八)の生駒親正による高松城築城と城下町建設、寛永一九年(一六四二)の松平頼重の東讃岐入部と高松城改築・城下町の本格的整備の中で、野原浜・野原西浜は浜ノ町に、野原中黒里は高松城内とその東南に隣接した城下町の一角にそれぞれ組み込まれ、商職人居住の町々との空間的一体性を強化することによって、大きく景観を変化させていったのである。

三　港町を成り立たせる諸条件

1　港町の立地条件と存立基盤

ここでは港湾を成り立たせる立地上の諸条件と、港湾施設を含む港町の一般的な存立基盤について、その主な要件を挙げておくことにする。(56)

まず、港湾立地の自然条件としては、大河の河口や沿岸部の湾・瀬戸など風波・潮流の直接的な影響を受けずに入港できること、そして、岩礁が少なく一定の水深を有していて、容易に着岸しやすいところであることが挙げられよう。その点で、大河の河口とその周辺は、本格的な普請なしでも港湾となし得る有利な条件を有しているが、その反面、川が運ぶ土砂の堆積によって港湾が埋没しやすいという欠点を持っている。一方、沿岸部の湾・瀬戸は、風波・潮流の影響を直接受けず、適度な水深を持っており、港湾としての安定度はあるが、そうした条件が整っているところは限定され、一定の普請が必要となる場合が少なくない。その意味で、両者には一長一短があるといってよかろう。

それに加えて、その港湾の所在地が基幹航路に面しているか、あるいはそこに出やすいところかどうかも重要な問題となる。例えば、船舶の停泊に適した大きく深い湾があったとしても、そこがあまりにも深すぎる場合には、外海との出入りに時間を要し、幹線である外洋航路との接続という面ではマイナスとなる。反対に、幹線である外洋航路との接続の面では優れていても、風波や潮流の影響を受けやすい浅い湾や小さな瀬戸であれば、良港となり得る条件を備えているとはいえない。実際、良港として知られる駿河の焼津（静岡市）・播磨の室津（兵庫県たつの市）・備後の鞆浦（広島県福山市）・出雲の三保ヶ関（島根県松江市）などは、いずれもコンパクトな袋状の湾内に立地し、風波・潮流の影響はきわめて少ない上、外海の基幹航路との接続という面でも好条件を備えている。また、瀬戸内海に多く見られる瀬戸の港湾も、備後の尾道・安芸の瀬戸田（ともに広島県尾道市）・音戸（同呉市）のように、自然条件と基幹航路との接続で有利な条件を備え持っていた。

一方、河口に立地する港湾は、土砂の堆積によって移動・衰退するところもあったが、陸奥の石巻（宮城県石巻市）・常陸の那珂湊（茨城県ひたちなか市）・越前の三国湊（福井県坂井市）・日向の美々津《みみつ》（宮崎県日向市）などのように、それぞれの地域における役割と、他の港湾をもっては変えられない重要性を踏まえ、河口に堆積し続ける土砂の継続的な除去によって、基幹港湾としての機能維持が図られていたのである。

こうした港湾は、ほとんどが港町として発展を遂げているが、それを支えていたのは後背地の存在であり、その有り様によって港町のあり方も規定されていた。一般に大きな後背地が存在すれば、港町はそれのみでも地域経済の拠点、物資の集散地となり得るものであり、主要な港町には必ず大きな後背地が存在したといってよい。そして、港町と後背地とを結びつけていたのが、河川の水運と陸路の陸運であり、港町と後背地が大きければ大きいほど、内陸水運・陸運も活発化し、海から内陸に拡がる地域経済圏・流通圏も拡がりを持つのが普通であった。

しかし、中には後背地を持たない港町も存在した。それは瀬戸内海の島嶼や五島列島などで多く見受けられものであり、港町間を結ぶ海運によって成り立つ交易の中継港としての本質を有していた。一五世紀半ば過ぎの「入船納帳」には、このタイプの港町を少なからず見出すことができる。すなわち、そこには安芸の瀬戸田をはじめ、讃岐の塩飽《しわく》（香川県丸亀市本島）・備前の犬島（岡山市犬島）・安芸の蒲苅《かまかり》（広島県呉市上下蒲苅島）・伊予の弓削（愛媛県上島町弓削島）・備後の田島（広島県福山市内海町田島）・周防の上関《かみのせき》（竈ノ関、山口県上関町長島）など一〇を超える島の港が登場しており、このほか備中の真鍋島（岡山県笠岡市）や伊予の大三島《おおみしま》（愛媛県今治市）など、「入船納帳」に登場しない島嶼部の港町が少なからず存在する。

もとよりこの中には、伊予の弓削島や備後の田島のように塩を生産し、その積み出し港として登場するところもあるが、瀬戸田・塩飽・蒲苅・上関などは、塩ばかりでなく多様な農産物等の輸送も広く行っており、単なる島内生産物の輸送としては説明することが難しく、瀬戸内海沿岸地域さらには中国・四国地域の物資輸送に深く関わっていたと考えるのが妥当であろう。「入船納帳」は、その史料的性格から、瀬戸田のある生口島《いくちじま》から蒲苅のある上・下蒲刈島にかけての芸予諸島の西半分や、上関のある長島を含む防予諸島に立地した港町・港湾の記載頻度は少ないが[57]、一五

～一六世紀の瀬戸内海航路の中で枢要な位置を占めていること(58)から見て、これらの島々の港町・港湾もかなり重要な役割を担っていた可能性が高い。

その点で興味深いのは、芸予諸島の見近島《みちかじま》の出土遺物の有り様から見える瀬戸内海航路の変遷である。柴田圭子氏によれば、瀬戸内海の小島にある見近島城跡・能島《のしま》城跡（ともに愛媛県今治市）などの遺物の出土状況は、河野氏の本拠であった湯築城《ゆづきじょう》跡（愛媛県松山市）と同じく一五世紀後半～一六世紀半ばに盛期を迎えるのに対し、同時期の山陽側の貿易陶磁器や備前焼の出土がかなり限られるようになるといい、その背景には、三島村上氏ら「海賊」集団の瀬戸内海流通に対する大きな関与があったとする(59)。すなわちこの事実は、一五世紀後半以降、瀬戸内海の海運ルートが山陽沿岸部を辿るものから島嶼部を通るものへと変化していったこと、そしてその変化は、島嶼部に本拠を持つ「海賊」集団が、瀬戸内海運・流通の主たる担い手となることによってもたらされたことを示している。前述のように、「入船納帳」に島嶼部の港町・港湾が多く見えるのは、まさしく山陽沿岸部の航路が島嶼部を経る航路に移行しつつあった状況を明示するものであった。

こうした変化の背景には、柴田氏が想定するように、三島村上氏らの「海賊」集団の活動が密接に絡んでいることは間違いないが、ここでは別の側面からその要因を考えてみると、何よりも考えなくてはならないのは環境の変化であろう。周知のように、瀬戸内海は多くの島々が浮かぶ多島海であり、水深平均は三八ｍ、東に行くほど浅くなっているが、山陽沿岸地域と四国北岸地域は浅瀬が多く、古代・中世の段階から自然埋没や埋め立てによって海岸線が前進し、近世以降には児島湾・笠岡湾・福山湾など各地で新田開発が進められた(60)。児島湾について見ると、一三世紀頃まで児島は湾内に浮かぶ島であり、それゆえ航路も島の北岸の藤戸の瀬戸を通過していたが、そこが埋没して児島が半島になると、その南岸に下津井《しもつい》（岡山県倉敷市）・日比《ひび》（同玉野市）などが発展し、航路も児島南岸に移行するようになる。(61)「入船納帳」は、そうした航路移行後の港町・港湾の立地と分布を具体的に示すものであった。

もとより摂津の兵庫（神戸市）・備前の牛窓（岡山県瀬戸内市）・備後の尾道・周防の柳井《やない》（山口県柳井市）をはじめ、沿岸の湾や瀬戸に立地して埋没の可能性の少ない港町は、内陸部の後背地との関係にも規定され、主要港として存在し続けるものがあった一方で、播磨の高砂《たかさご》（兵庫県高砂市）・周防の三田尻《みたじり》（山口県防府市）・讃岐の宇多津《うたづ》（香川県宇多津町）などのように、中近世移行期までに河口や湾の埋没によって移動または衰退するものも少なくなかったのである。(62)また、水深の浅い沿岸部の港町・港湾は、遠隔地交易の本格化に伴う大型船の増加に対し、弱点を抱え込むことになった。

それに対し、島嶼部の港湾・港町は、複雑な潮流への対応に難しさを抱えるものの、一定の水深を確保しやすい上に、土砂の埋没のリスクも少なかったことから、遠隔地交易が拡大する一五～一六世紀に重要性を増すことになったのである。

2　港町を支える人々と後背地

島嶼部の港湾・港町は、近世になっても重要性を維持し続けるものがあるが、その一方で、中近世移行期に沿岸部の港町の再編が進展し、ふたたび沿岸航路が注目されるようになる。その変化の内容・特質については後述することとして、ここでは中世の港町・港湾を支えた人たちとその変遷、そしてその後背地について簡単に見ておくことにしよう。

前述のように、中世の港町は①港湾施設、②そこに関わる問・船頭・梶取・水主や漁撈者らの居住する海浜の町場的集落、③海運や漁撈には直接関与しないが、②の生活や生産上の需要に応えていた市町・宿に相当する町場集落、④②や③の信仰の対象であった寺社群などからなっている。その組み合わせは、それぞれの港町の成立・展開のあり方によって多様であり、①②のみのもの、①②と④からなるものも存在すれば、①②④と③が空間的に分離して存在するものもあった。しかし、①②は港町であることの最低の条件であり、問・船頭らの交易・流通活動を基本にして、隣接地に居住または雑居する漁撈者が日常的に行っていた魚介類の行商（庶民交易）や、船番匠・鍛冶屋・紺屋ら諸職人の営業によって、一般集落とは異なる内実と景観を有することになった。また、近江の坂本などで広く知られるように、陸路によって後背地と結合していたところでは、馬借・車借など陸上輸送の労働者が居住していた可能性が高い。

寺社群は、②③の信仰対象として建設されたものもあるが、有力寺社がその荘園の領主であった場合には、荘園内に末寺・末社が勧請されて荘園の管理に関わることや、神人らの活動拠点になっていることが少なくなかった。前述のように、讃岐の野原荘では、荘園領主であった石清水八幡宮が分祀・勧請され（岩瀬尾八幡宮）、当初は石清水神人たちの活動拠点として機能していたと考えられるが、彼らがそのまま定着して野原の住人化していったのに対応し、地域の信仰対象として広く受容されていくことになった[63]。同じ讃岐の仁尾でも、一五世紀前半以降、上賀茂社（鴨御祖社）供祭人（神人）が、荘園領主の上賀茂社や守護代（守護は細川氏）香西氏の間で巧みな戦略をめぐらし、自らの利権の拡大を図りながら、「仁尾浦惣中」という独自な自治組織を形成していった。そして、それと軌を一にするように、仁尾浦の港湾とその周辺は、讃岐でも屈指の港町へと発展を遂げ、さらに一五世紀末〜一六世紀初頭までには西讃岐の内陸部を広く後背地に組み込むようになる。その間、港町仁尾には、近世に繋がっていく廻船業者や金融業者をはじめとする様々な商人、大工などの多様な職人たちがはっきりとその姿を現してくるのである[64]。

そのような視点で、永禄八年（一五六五）の「一円日記」を通観すると、野原中ノ村に雑賀名字を名乗る宗左衛門の名を見出すことができる。この雑賀宗左衛門は、香西氏の家臣団の一角を占める存在とみなしてよいが、伊勢御師に納めた初穂料、御師から贈られた土産がともに多いことから、中ノ村の有力者であったことは間違いなく、その名字から見て、おそらくは紀伊雑賀（和歌山市）から移住・定着した一向宗門徒であろう。現在の感覚では紀州と四国との距離感は少なくないが、海の道による中世の紀州と阿波・東讃岐との関係は、想像以上に緊密であり(65)、雑賀宗左衛門も紀伊と東讃岐との間を往反し、交易・商業活動に関与していた存在であった可能性がある。

そもそも「一円日記」を記録した御師《おんし》の岡田大夫も、伊勢から自らの縄張りであった東讃岐にあいさつ回りにやってきた存在であるが、「一円日記」に、

正藤助五郎殿　やと　おひ・あふき　　米二斗　　（野原中黒里分）
いつもあんない者　（おひ・あふき）
三郎左衛門殿　　同　　米一斗五升　　（坂田の土居里分）

などの記載が散見するように、いつも定宿とする宿泊所（町場の場合は商人宿であった可能性が高い）があり、そして案内人をつとめてくれる人たちもいたのである。御師岡田大夫は、野原の港に着岸すると、野原中黒里の定宿である正藤助五郎宅を拠点に縄張りの町や村を回り（東讃岐には他に一〇ヶ所の宿があった）、信者たちに帯・扇・小刀・熨などの土産を配って銭・米・豆・布・綿などのお返しを貰っているが、この布教を兼ねたあいさつ回り自体が事実上の商業活動となっており、すでに永禄八年には、それが定着していた様子をはっきりと読み取ることができる。

こうした伊勢御師の商業活動は、蝦夷島・琉球諸島などを除けば、列島各地で活発に展開されており、その実態の究明は、中世後期の日本商業史の深化のために不可欠の課題となっているが、おそらく東讃岐を縄張りとする岡田大夫の場合も、彼の主導の下に集団で活動していたはずであり、その中には東讃岐の伊勢末社やその近辺に駐留する者があったとしても不思議ではなかろう。熊野の鈴木・榎本氏が、武蔵品川（東京都品川区）をはじめ各地に一族を配置し、広範な交易活動を展開していた事実を想起するならば(66)、伊勢御師から野原の商人となった者や、紀伊雑賀から野原に

移り住んだ商人らがいた可能性は十分にあるといわなくてはならない。それによって、一五世紀後半以降の港町野原の充実化が進展したのである。

それとともに注目されるのは、御師岡田大夫が野原港に着岸し、野原五ヶ所をはじめとして歩き回った町や村の範囲である。佐藤竜馬氏の研究によれば、その範囲は、西はおおむね香西から国分寺周辺（香川県高松市）、東は志度とその背後の宮西・造田・井戸などの集落（同さぬき市）、南は讃岐山脈に抱かれた安原・岩部・内場などの集落（同高松市）に及んでおり、讃岐一一郡のうち山田・香川郡を中心に三木・寒川郡北部・阿野郡東部をカバーする拡がりをもっていた(67)。この中には、「入船納帳」に見える香西・方本・庵治・志度なども含まれているが、戦国期の港町野原が宇多津を凌ぐまでに成長し、讃岐の海運・流通を東西で分け合うようになっていたことから見て、港町の香西・方本・庵治・志度の後背地となっていた諸地域を重層的に含み込みながら、より広域にわたる後背地を形成していた様子がうかがえる。しかも重視すべきは、この範囲がのちに高松藩領となる領域の基本部分とほとんど重なっている点であり、この事実は、戦国期に港町野原を中心に形成された経済・流通圏や生活文化の交流圏、それをもとに形成された地域的纏まりが、高松藩領という政治的領域編成の前提となっていたことを示している。また、高松藩が港町野原の中心であった無量寿院跡に高松城を築城したのも、ここが近世城下町高松のランドマーク建設に相応しいと評価されたからであろう。このように見れば、戦国段階に形成された港町野原の経済的位置や後背地のあり方が、近世の高松城や高松藩のあり方を大きく規定していたことは明らかであろう。

3　重層した港町のユニットとその再編

戦国期の港町野原が、その内部に野原中黒里・野原浜・野原西浜という三つの港湾集落を含んでいたことは、前述の通りであるが、こうした港町の構成は、備後の尾道が堂崎・土堂・御所崎という三つの港町からなっていたこと、備前の牛窓も関・泊・綾など複数の港湾集落からなっていたこと、(68)そして阿波の海部も鞆・赤松・浦・奥など複数の港湾集落の複合体であったことなど、(69)類似の事例を多く見出すことができることから、中世後期の港町の一般的なあり方であると考えてよかろう。

さらに讃岐の宇多津と平山(香川県宇多津町)のように、それぞれ自立した港町として存在する一方、同じ湾内に隣接して立地することから、密接に結びついて機能する事例も多く見出すことができる。(70)その代表的事例の一つが備前児島周辺の港町群である。一五世紀当時、備前南西部の半島になっていた児島は、旭川河口部を囲む湾を形成していたが、その湾内には阿津《あづ》・郡《こおり》・八浜《はちはま》などの港湾集落があり、湾外の瀬戸内海沿岸部には日比・宇野・下津井などの港町を発展させていた。中でも下津井(ここも下津井・吹上・田ノ浦・大畠からなる複合体)は、「入船納帳」に三三回も記載されて、東隣の宇野(二回、岡山県玉野市)・日比(一一回)を大きく上回り、児島湾内の阿津(一回、岡山県倉敷市)・郡(二回、倉敷市)・八浜(七回、倉敷市)を圧倒する数値を示しており、しかも下津井に属する船は、二〇〇石前後を中心に三〇〇石を超えるものがあるのに対し、他の港湾はすべて二〇〇石以下であり、五〇石に満たない船も少なくなかった。

このように、下津井は一五世紀段階から児島周辺で最大の港町として発展を遂げていたが、近隣の日比・八浜などの船々と一緒に航海することが少なくなく、この頃には下津井を中心とする複数の港町の緩やかなユニットが形成されていた様子がうかがえる。(71)この点、備後の尾道・備前の牛窓・阿波の海部など港町の集合体・複合体の場合には、「入船納帳」の記載から明らかなように、より密接な連携の下に船団を組んで航海するようになっていたが、(72)下津井の場合にも、緩やかな連携であるとはいえ、児島周辺のユニットにより、船々が同一行動を取るようになっていたことがうかがえる。そういえば、文安二年(一四四五)三月六日に野原の船一艘と方本の船二艘、同じく七月一九日には野原の船二艘と庵治の船一艘、七月二二日にも野原の船一艘と方本の船一艘・庵治の船一艘が、同日に兵庫北関を通関しており、一五世紀半ばには、東讃岐でも野原を中心とした港町のユニットが形を現し始めていた。航海の圏外に属するため、「入船納帳」には記載されていないが、土佐の浦戸湾口で分立する浦戸・勝浦浜《かつうらはま》・長浜・御畳瀬《みませ》・種崎《たねざき》（高知県高知市）などの港町群も同様の事例であり、中世を通じて自生的に形成されたユニットを利用しつつ、長宗我部氏による豊臣期浦戸城の城下町が整備されていった[73]。

　こうした港町のユニットとその再編は、瀬戸内海沿岸地域で広範に見出すことができる。すなわち備前の下津井は、戦国末期に岡山城に入った宇喜多氏が、一族を下津井城に配してその管轄下に置くようになり、その管理のあり方が小早川氏や池田氏にも継承されている。とりわけ池田氏は、岡山藩の形成に合わせて下津井城に一族を入れ、城下の整備を進めさせたが、寛永一六年（一六三九）にこれを廃城にすると、その三年後には下津井を在町に指定して保護を加え、藩の外港としての機能を担わせたのである。やがて下津井は、北前船の寄港地として一段と発展を遂げ、備前を代表する港町となり、元禄九年（一六九六）には商人数六〇人を数え、一ヶ月の売上高は五五三六匁余りに上っていたという[74]。一方、下津井につぐ日比・八浜は、岡山藩の加子浦に指定されたとはいえ、北前船の寄港地にはなり得ず、そして、阿津・郡は児島湾の自然埋没によって港町としての性格を後退させていった。こうして下津井は、岡山藩の保護を受けながら、児島周辺の他の港町を圧倒する地位を占めるようになったのである。

　ここで注目したいのは、こうした下津井の占める重要な位置が、すでに一五～一六世紀に進行した港町のユニット形成、それに対応した流通・経済圏の形成によって準備されていた点である。そもそも岡山城自体、児島湾に注ぐ備前の二大河川、旭川・吉井川の河口近くに位置する要衝であり、古代・中世の国府の遺産を継承した中心地の一角をなしていたことから、有力国人松田氏が戦国前期より重視し、配下の金光氏《かねみつし》を配置していたところであり、そして戦国後期に宇喜多直家が急成長を遂げて、岡山城を奪取し居城としたのも、この地域の重要性に規定されたからであった。宇喜多氏は岡山に本格的な城下町を建設する一方、児島湾周辺の港町群を掌握するとともに、一族を下津井城に配し、港町下津井をその城下町の一部に編成、瀬戸内海運の要衝を押さえたが、小早川氏や池田氏も、それと同様の方法で下津井の掌握を目指したのである。(75) これは、高松藩が戦国期の野原を中心とした流通・経済圏を藩領として獲得し、その中心部に居城と城下町を建設したことと共通する動きであったといえよう。

こうした動きは、備後の福山藩形成過程においても見られる。福山藩の本拠である福山城(広島県福山市)は、元和五年(一六一九)福島正則に代わって入封した水野氏によって創建されるが、それまで福山湾内には深津・吉津・奈良津など複数の港町が存在し、(76) 芦田川沿岸地域と瀬戸内海運との結節点として重要な役割を果たしており、一五世紀までには備後府中(広島県府中市)周辺をも後背地として編成するようになっていた。そのため大内・山名・毛利氏らは、福山湾や福山平野を掌握すべく、南海道に面した要地にある神辺城《かんなべじょう》(広島県福山市神辺町)の争奪戦を展開し、繰り返し重臣を配置し続けていたのであった。(77) 水野氏は備後入部後、神辺城が神辺宿を城下町とする備後南東部の拠点であったにもかかわらず、新たに福山湾を臨む台地と平地に福山城とその城下町を建設し、深津・吉津・奈良津などの港町を城下町の一角に再編する一方、備後府中・備中笠岡(岡山県笠岡市)などの後背地や交流圏の都市機能の一部を吸収し、(78) 福山を備後の中心都市に押し上げていったのである。そこに水野氏の地域再編の政策があったことは間違いないが、神辺城から福山城への拠点の移転自体、中世後期を通じて進行した福山湾岸地域のユニット形成の動きと、その中での吉津・深津等の中心機能の高まり、そしてその背後に拡がる後背地との間で行われた地域間交流のあり方に規定されたものであったことに着目しておくべきであろう。(79) その点から見れば、備後福山においても讃岐高松や備前岡山と同様に、中世後期を通じた地域再編の動きに規定されながら、中心地機能を高めた近世城下町が建設されたということができよう。

こうした視点で瀬戸内沿岸地域を俯瞰してみると、播磨国府の遺産を継承しつつ、市川・夢前川河口部の英賀・今在家・飾磨などの港湾群を再編して外港とした姫路城とその城下町（兵庫県姫路市）や、戦国末期に安芸本郷から三原に本拠を移転し、沼田川水運と瀬戸内海運の結節点を組み込んだ小早川氏の三原城とその城下町（広島県三原市）、戦国末期に安芸吉田から太田川河口部の河東地域（安芸守護武田氏の遺領の要地）に本拠を移転し、広島湾岸の港町・港湾群を再編した毛利氏の広島城とその城下町（広島市）など、同じような動きの中で形成された山陽沿岸部の主要な城下町が存在する。また、その間には塩飽本島《しわくほんじま》（香川県丸亀市）や備後瀬戸田（広島県尾道市瀬戸田町）など島の港湾が存続する一方で、備中山間部の松山藩が高梁川河口部の水島を外港にし、それと近接する倉敷（阿智）を直轄化した江戸幕府、毛利氏の直轄領の備後尾道を継承した広島藩のように、山陽沿岸部の主要港町が幕府や藩の庇護下に置かれて機能を拡大していくことになった。その結果、一六世紀に瀬戸内海運の主要ルートの寄港地・中継地として地位を向上させた島嶼部の港町・港湾群にかわり、ふたたび山陽沿岸部の港町を通過する海運ルートが重要性が増していくことになったのである。(80)

もとより幕府や藩の港町・港湾支配は、そこの主導者である豪商らに住民自治の特権を与え、彼らを介して間接的に管理権を行使したものであるが、幕府や藩の年貢米など物資輸送の指定港となることによって、特権的港湾として一段と海運・流通面での機能を増大させ、港町・港湾の機能分化と格差を広げていくことになった。それは一五世紀以降進展した、地域再編に伴う港町・港湾群の淘汰と機能分化によってもたらされた現象であり、特権的な港町のみが町方の指定を受け、城下町を凌ぐほどの発展を遂げていくことになったのである。

おわりに

以上、本稿では中世港町の成立と展開について、構造的な視点を重視つつ検討してきた。検討対象が西日本中心になった嫌いはあるが、これまでの中世港町の研究が、景観論や海運・流通論を中心になされる傾向が強かったことからすれば、多少なりとも新たな視点と論点を提示できたのではないかと考える。本稿を通じて明らかにしたことは、およそ次のような点である。

①九世紀末〜一一世紀、国衙・郡衙の変質により、港湾管理の分掌機関として船所が成立し、それを核として西日本の沿岸諸国に公的な中世港湾が並立する。一三世紀末以降、国衙船所や郡衙に付属した公的港湾が、守護所の外港や有力国人の本拠の外港として性格変化を遂げて発展する。一五〜一六世紀には、各地の海岸部や河川沿いに多様な港町・港湾が並立するが、地域権力の城下町建設に伴う交通・流通や地域経済圏の再編の動きの中で、地域権力と結びついた港町、廻船商人らの自治と富を基礎とした自律的な港町、地域住民の生活と結びついた港町などに分化していく。

②港町の基本的な構成要素は、船着き場・貨物の積み卸し場などの港湾施設、廻船人・梶取・船頭や水主などの港湾労働者の居住地（海浜集落）、彼らの生活物資を供給する商人・職人らの居住地からなり（市町）、その成り立ち、立地する自然環境、政治的環境、社会的環境などの違いによって多様な展開を遂げる。そして、これらの諸要素は、時代が下るにつれて一体性を強化していくが、それぞれの成り立ちの違いによって一定の緩やかな住み分けがあり、その点では城下町における城・家臣団屋敷群と市町・宿との緩やかな住み分けと共通した一面を持つ。

③港町の構成要素の一つである海浜集落は、漁撈・製塩者の集落であるが、彼らは自前の船を使って海産物の海上輸送や交易も行うことから、外部の先進文化といち早く接触し、都市的な生活スタイルを受容しており、漁村としては処理し得ない実態を有していた。もとより一五〜一六世紀以降には、商業・金融部門を中心的な生業とする人々が多く居住する市町との混在・一体化が進行するが、港町の本質を最も明瞭に示していたのは、港湾施設に隣接するこの海浜集落であった。

④港町の盛衰には、立地の自然・地形環境と基幹航路との接続で有利な条件を有しているか、そして後背地の有無と質はどうかが、きわめて重要な条件となっていた。一五〜一六世紀になると、瀬戸内海地域では、「海賊」＝海の領主と海の民の集団の活動が活発化し、島嶼部の港町・港湾の重要性が高まって、山陽沿岸の港湾・港町から島嶼部経由のルートが多用されるが、これは海運の担い手のあり方も、港町・港湾や海運ルートの盛衰に大きな影響を与えていたことを示している。

⑤一五〜一六世紀の港町や海運ルートの変化には、各地域で形成される港町・港湾のユニットや地域的な纏まりが深く関わっており、主要な港町とその後背地間の人的交流・地域間交流の進化によって、新たな地域経済圏や地域の再編が進展する。同じ頃、各地に成立した地域権力は、そうした地域経済圏や地域的纏まりを踏まえ、彼らの本拠や地域支配の拠点を支える外港として主要港町を位置づけつつ、新たな地域経済の秩序を形成する。それに伴って瀬戸内沿岸地域では、ふたたび山陽・四国沿岸の海運ルートの重要性が高まることになった。

およその要点は以上の通りである。東日本においても原理は共通点が多いと考えるが、例えば船所という機関が西日本に偏在する一方、近世の東日本では川港を中心に河岸という言葉が多用されているなど、その実態と特質については、なお慎重な検討が必要である。残された多くの課題については、具体的な事例研究を踏まえつつ、引き続き考え続けていきたいと思う。

註

（1）その代表的な成果として、大庭康時・佐伯弘次・菅波正人・田上勇一郎編『中世都市博多を掘る』（海鳥社、二〇〇八年）、大庭康時『中世日本最大の貿易都市』（新泉社、二〇〇九年）、岩本正二『草戸千軒』（吉備人出版、二〇〇〇年）、青森県市浦村編『中世十三湊の世界』（新人物往来社、二〇〇四年）、伊藤裕偉『中世伊勢湾岸の湊津と地域構造』（岩田書院、二〇〇七年）、堺市博物館『よみがえる中世都市 堺—発掘調査の成果と出土品—』（平成二一年度企画展関連冊子、二〇一〇年）ほか。

（2）千田稔『埋もれた港』（小学館、二〇〇一年、最初の刊行は一九七四年、学生社）。

（3）杉山宏『日本古代海運史の研究』（法政大学出版局、一九七八年）、松原弘宣『日本古代水上交通史の研究』（吉川弘文館、一九八五年）、木下良『国府 その変遷を主にして』（教育社、一九八八年）。

（4）新城常三『中世水運史の研究』（塙書房、一九九四年）、綿貫友子『中世東国の太平洋海運』（東京大学出版会、一九九八年）、宇佐見隆之『日本中世の流通と商業』（吉川弘文館、一九九九年）。

（5）拙稿「中世後期の津・港と地域社会」（『中世都市研究 津・泊・港』3、新人物往来社、一九九六年）。

（6）宮本雅明「都市空間の均質化と近世都市の建設」（『中世都市研究』5、新人物往来社、一九九八年）、同「日本型港町の成立と交易」（『港町の世界史2 港町のトポグラフィ』青木書店、二〇〇六年）。

（7）拙稿「中世日本の港町—その景観と航海圏—」（前掲『港町の世界史2 港町のトポグラフィ』）。

（8）下澤公明「弥生時代の波止場—倉敷市上東遺跡—」（『吉備』二四、一九九八年）。

（9）千田稔『埋もれた港』（前掲）第九章。
（10）以上の見解は、杉山宏『日本古代海運史の研究』（前掲）、千田稔『埋もれた港』（前掲）を参照しつつ、両書が引用する諸史料を検討して導き出したものである。
（11）千田稔『埋もれた港』（前掲）序章。なお、新城常三氏の提言は、『日本歴史大事典7』（河出書房、一九五六年）の「津」の項目による。
（12）「延喜式巻二十六　主税上」『新訂増補国史大系26　交替　弘仁　延喜』（吉川弘文館、一九六五年）。
（13）高重進「律令制的国郡津制の成立と崩壊」（『岡山史学』一八、一九六六年）、杉山宏『日本古代海運史の研究』（前掲）第三章第五節（初出一九六九年）。
（14）千田稔『埋もれた港』（前掲）序章。
（15）杉山宏『日本古代海運史の研究』（前掲）第三章第五節。
（16）杉山宏『日本古代海運史の研究』（前掲）第三章第五節。
（17）佐藤宗淳『平安前期政治史序説』第二章。「船所」の読みは「ふなどころ」または「ふなしょ」であり、発音の関係で「ふなどころ」から「ふなど」に転化したと考えられる。
（18）新城常三『中世水運史の研究』（前掲）序章。
（19）『新訂増補国史大系　吾妻鏡』第一（吉川弘文館、一九七四年）文治元年三月二一日条。
（20）常陸国の在庁官人百済氏が税所職に就き、やがて税所氏を名乗ったのと同じであろう。
（21）建仁三年一〇月廿日紀伊国司庁宣「宝簡集」四十六（『大日本古文書　家分け第五　高野山文書』五二七号）。
（22）新城常三『中世水運史の研究』（前掲）序章。

(23)　弘安元年一二月八日鳥飼別宮雑掌・地頭和与状写「田中家文書」(『大日本古文書　家わけ第四　石清水文書2』二一六号)。
(24)　この場所には船瀬の地名が残っており、古代の公的港湾である鳥飼船瀬が鳥飼荘の船所に転化した可能性が高い。淡路国の国府・国津に関しては、武田信一『淡路島の古代・中世研究』(神戸新聞総合出版センター、二〇〇三年)を参照。
(25)　『南北朝遺文　中国四国編　第一巻』二一三号。
(26)　文永一二年三月日沙弥某下文「金剛福寺文書」(『鎌倉遺文　古文書編　第十五巻』一一八五九号)。この文書については金剛福寺蔵の原文書を実見、確認した。
(27)　「金剛福寺文書」の中で、この文書のみが不自然な下文形式の写である(筆跡は近世ではない)こと、そして、南仏坊心慶を指すと見られる僧の名が慶心と記されているなど、問題点が少なくない。
(28)　『日本歴史地名大系34　岡山県の地名』(平凡社、一九九八年)「御津郡・神瀬村」の項。
(29)　『新見荘―生きている中世―』備北民報社、一九八三年。
(30)　『日本歴史地名大系34　岡山県の地名』(前掲)「新見市・金谷村」の項。
(31)　『船戸遺跡　中村・宿毛道路関連遺跡発掘調査報告書2』(高知県教育委員会・高知県文化財団埋蔵文化財センター、一九九六年)、前田光雄・筒井三菜「香山寺跡と坂本遺跡」(拙編『中世土佐の世界と一条氏』高志書院、二〇一〇年)。
(32)　四万十市教育委員会が二〇〇八年度に実施した「香山寺ノ段」の発掘調査による(報告書は未刊)。
(33)　『坂本遺跡　中村宿毛道路埋蔵文化財発掘調査報告書14』(高知県文化財団埋蔵文化財センター・高知県教育委員会、二〇〇八年)。
(34)　『長宗我部地検帳　幡多郡　中』(高知県立図書館、一九六五年)。

(35)『坂本遺跡 中村宿毛道路埋蔵文化財発掘調査報告書14』(前掲)。

(36)燈心文庫・林屋辰三郎編『兵庫北関入船納帳』(中央公論美術社、一九八一年)。以下、「入船納帳」と略する。

(37)石川松太郎校注『庭訓往来』(平凡社、一九七三年)。

(38)『日本荘園絵図聚影 五上 西日本』(東京大学史料編纂所、二〇〇一年)。

(39)『鹿田遺跡5』(岡山大学埋蔵文化財センター発掘調査報告第23冊、二〇〇七年)、草原孝典「大供本町遺跡」(『岡山市埋蔵文化財センター年報10』二〇〇九年)、『新道遺跡―備前国鹿田庄関連遺跡の発掘調査報告―』(岡山市教育委員会文化財課、二〇〇二年)ほか。

(40)備前国鹿田荘梶取佐伯吉永解「『稿本北山抄』巻十紙紙背文書」『平安遺文』三七四号。

(41)『勘仲記』弘安二年二月三日条。

(42)もとより港町と城下町が同質であるというのではないが、その構成という面から見直してみると共通性は少なくない。これまで、両者は対照的な都市として扱われがちであっただけに、新たな研究への糸口として注目する意味があるのではなかろうか。

(43)宮本雅明「都市空間の均質化と近世都市の建設」(前掲)、同「日本型港町の成立と交易」(前掲)。

(44)拙稿「文献から見た宇多津」(『宇多津の歴史的建造物と景観―宇多津町歴史的景観活用保存計画策定事業報告書―』宇多津町教育委員会、二〇〇五年)、同「中世港町の景観と航海圏」(前掲)、同「中世港町仁尾の実態と瀬戸内海海運」(市村高男・上野進・渋谷啓一・松本和彦編『中世讃岐と瀬戸内世界 港町の原像 上』岩田書院、二〇〇九年)ほか。

(45)タテ町型の港町は、宮本氏が挙げた筑後榎津(福岡県大川市)のように、河川の渡河点で多く見られるが、近世以降もタテ町型の景観が残される。また、沿岸部にもタテ町型の港町が見られるが、宮本氏が挙げた備後尾道の起点は、石見街道が突き当たる十四日市付近ではなく、浄土寺に近い堂崎の入り江にあった倉敷・政所や港湾施設に求められる。

(46) 宮本氏が挙げる近世のヨコ町型港町の完成形としての越後新潟(新潟市)は、信濃川の流路の変化に伴って何度も移転を重ねる中で、中世以来の様々な権利関係が希釈され、フラットな社会構成による均質な港町になったと考えられる。それゆえ、その変化を近世化によるものと限定的に考えるのは慎重でなければならない。城下町でもそうであるように、それまでの伝統や権利関係に規制されない新地に移転または建設された場合、時代を問わず均質な町場として創出される傾向が強いからである。

(47) 松本和彦「野原の景観と地域構造」(前掲『中世讃岐と瀬戸内世界 港町の原像 上』)。

(48) 上野進「中世野原をめぐる寺社と領主」(前掲『中世讃岐と瀬戸内世界 港町の原像 上』)によれば、野原には一三世紀末の勧請と伝える若一王子社、一四世紀前半には有力な顕密寺院、一四世紀後半には談義所の無量寿院が存在し、一五～一六世紀に多くの寺社が見られるようになり、港湾集落の発展と寺社の野原進出が対応関係にあることが明らかとなるが、鎌倉後期～南北朝期の寺社が、岩瀬尾八幡宮のように、港湾管理に一定の関与をしていた可能性を考えておく必要があろう。

(49) 拙稿「中世瀬戸内の港町と船主・問のネットワーク」(川岡勉・古賀信幸編『日本中世の西国社会2 西国における生産と流通』清文堂、二〇一一年)。

(50) 田中健二・藤井洋一「冠纓神社所蔵永禄八年『さぬきの道者一円日記』(写本)について」(『香川大学教育学部研究報告』第Ⅰ部第97号、一九九六年)。

(51) 拙稿「中世讃岐の港町と瀬戸内海海運—近世都市高松を生み出した条件—」(『海に開かれた都市 高松—港湾都市900年のあゆみ』香川県歴史博物館、二〇〇七年)。なお、佐藤竜馬「中世後期集落の形態—高松平野における港町と村落

—」（『「シンポジウム港町の原像」準備会会報』第一号、二〇〇七年）もあわせて参照。

（52）松本和彦「海に開かれた集落—浜ノ町遺跡—」（前掲『海に開かれた都市 高松—港湾都市９００年のあゆみ』第二章第二節第五項解説）。

（53）乗松真也「中世港町の漁撈集団」（前掲『中世讃岐と瀬戸内世界 港町の原像 上』）。

（54）例えば註（51）の拙稿で示したように、一四世紀半ば過ぎの備後尾道では、集落内に隙間がないほどに網を干し、漁撈集落的一面を見せていたことが想起されよう。

（55）大庭康時・佐伯弘次・菅波正人・田上勇一郎編『中世都市博多を掘る』（前掲）、大庭康時『中世日本最大の貿易都市』（前掲）ほか。

（56）この点については、不十分ながらも、拙稿「中世後期の津・港と地域社会」（前掲）で述べたことがある。

（57）その理由と意味の一端は、前掲拙稿「中世日本の港町—その景観と航海圏—」で若干言及したことがある。

（58）その一端は、拙稿「四国における中世城館と交通」（橋口定志編『中世社会への視角』高志書院、二〇一三年）で言及した。

（59）柴田圭子「海賊の遺跡と流通」（柴垣勇夫編『中世瀬戸内の流通と交通』塙書房、二〇〇五年）、同「瀬戸内海島嶼部の様相—芸予諸島の遺跡出土資料から—」（『中世後期の流通を考える』広島県立博物館・日本中世土器研究会・大手前大学史学研究所、二〇〇九年）、同「消費地遺跡から復元する戦国期流通の一様相」（川岡勉・古賀信幸編『日本中世の西国社会2 西国における生産と流通』前掲）。

（60）『瀬戸内海事典』（南々社、二〇〇七年）。

（61）一二世紀末、源平合戦の一環として、水島・藤戸一帯で戦いが展開されているが、このとき「藤戸の瀬戸」を挟んで平家方は児島に、そして源氏方は藤戸にそれぞれ陣を取っている。これは備前・備中国境にまたがる海路をめぐる争いでもあり、山陽沿岸部の海路の占める重要な位置の一端を示している。児島周辺の航路の変化については、三宅克広「中世瀬戸内の水運と備前国児島周辺」(『倉敷の歴史』第三号、一九九三年)がある。

(62) 拙稿「文献から見た宇多津」(前掲)。

(63) 岩瀬尾八幡宮は現在でも高松市のシンボル的な神社であり、多くの市民が参詣している。

(64) 拙稿「中世港町仁尾の実態と瀬戸内海海運」(前掲)。

(65) 菱沼一憲「内海としての紀伊水道」(『国立歴史民俗博物館研究報告』一五七、二〇一〇年)、拙稿「四国における中世城館と交通」(前掲)。

(66) 柘植信行「中世品川の信仰空間—東国における都市寺院の形成と展開—」(『品川歴史館紀要』第六号、一九九一年)、稲本紀昭・宇佐見隆之・柘植信行・峰岸純夫・綿貫友子「座談会 中世太平洋海運と品川」(『品川歴史館紀要』第一三号、一九九八年)、『東京湾と品川—よみがえる中世の港町—』(品川区立品川歴史館、二〇〇八年)ほか。

(67) 佐藤竜馬「戦国期 伊勢御師の軌跡をたどる」(『港町の原像—中世港町・野原と讃岐の港町—』四国村落遺跡研究会、二〇〇八年)。

(68) 尾道については拙稿「中世瀬戸内の港町と船主・問のネットワーク」(前掲)、牛窓については拙稿「中世日本の港町—その景観と航海圏—」(前掲)を参照。

(69) 石井伸夫「中世阿波国海部郡における城館の立地と港津の支配」(『徳島県の中世城館跡』徳島県教育委員会、二〇一一年)。

(70) 松本和彦「中世宇多津・平山の景観」(前掲『中世讃岐と瀬戸内世界 港町の原像 上』)。

(71)　「入船納帳」を見ると、三月一〇日に下津井の船二艘と八浜の船一艘が、五月四日には下津井の船五艘、日比の船二艘、八浜の船一艘が、それぞれ同日に兵庫北関を通関していることは、その一端を示すものであろう。

(72)　三月一九日に牛窓の泊の船三艘・関の船一艘、五月四日には牛窓の関の船三艘・泊の船一艘・綾の船一艘がそれぞれ同日に兵庫北関を通関している事実、五月一七日に海部の赤松の船一艘・鞆の船二艘・浦の船六艘が一緒に兵庫北関を通関している事実などは、それを明示するものであろう。

(73)　目良裕昭「戦国末〜豊臣期土佐国における城下町の形成と展開」（前掲『中世土佐の世界と一条氏』）。

(74)　角田直一『北前船と下津井港』（手帖社、一九九二年）、『日本歴史地名大系34　岡山県の地名』（前掲）「下津井」の項。

(75)　『日本歴史地名大系34　岡山県の地名』（前掲）岡山市・倉敷市の関連地名項による。

(76)　『日本歴史地名大系35　広島県の地名』（平凡社、一九八二年）福山市の項。

(77)　『日本歴史地名大系35　広島県の地名』（前掲）福山市・府中市・深安郡神辺町の項、『新版福山城（付　城背地域）』（福山市文化財教会、二〇〇六年）。

(78)　近世の福山城下には府中町・笠岡町があり、それぞれ備後府中と備中笠岡の町人の移住を伝えている。

(79)　草出津・草戸などと呼ばれた草戸千軒遺跡が、一五世紀以降衰退・消滅するのは、こうした福山湾岸での動きに規定されたものであろう。この点、鈴木康之「通過点としての「草戸千軒」」（藤原良章・飯村均編『中世の宿と町』高志書院、二〇〇七年）、同『中世瀬戸内の港町草戸千軒遺跡』（新泉社、二〇〇七年）は、草戸千軒の領主渡邉氏の動向から草戸千軒の変遷について検討している。

(80)　この動きは、能島・久留島村上氏など海の領主であった「海賊」衆が、その性格を大きく転換させていく過程に対応している。

土器研究から見た瀬戸内流通と港町

―和泉型瓦器椀を中心に―

佐藤　亜聖

はじめに

広辞苑によると「港町」は「港のある町。港によって発展した町」とされており、「港」が「港町」となってゆくためには、港湾における積極的な経済活動が伴う必要がある。こうした流通拠点としての「港」「港町」の変化には航路や地形環境の変化といった場のあり方が重要であり、こうした問題は本書の上巻『中世讃岐と瀬戸内世界』において十分に分析されている。こうした問題と同時に、港に関与する権力や職商人の活動と、その存立基盤となる流通構造の位相というマクロな視点についても意識する必要があろう。本稿では筆者が編者より与えられた「土器研究から見た瀬戸内流通と港町」という視点から、瀬戸内流通についての基本構造を主に和泉型瓦器椀から検討し、港町の形成画期に関しても見通しを述べたい。

流通・交通を考古学的視点から考えるうえで、最も多く用いられてきた手法は土器の分布論を用いたものである。なかでも中世瀬戸内の流通構造については、和泉型・楠葉型といった畿内で生産された瓦器椀の分布をもとにした研究が一九八〇年代から橋本久和氏を中心に精力的に行われ、その結果一一世紀代の楠葉型瓦器椀は官的遺跡から、一二世紀後半の和泉型瓦器椀は多数の遺跡から出土することが明らかになっている〔橋本　一九九五〕。こうした結果から畿内と瀬戸内各地の関係が明らかになってきたものの、資料の性格上畿内と地域という観点からの分析が中心で、その分布背景についてはなお多くの課題を残している。これに関して橋本久和氏は一九九二年に著した『中世土器研究序論』（真陽社）において、和泉型瓦器椀の地域相を明らかにすることで、物資の運搬経路を具体的に明らかにすることができると指摘するが、これは各地域と畿内との関係が、荘園などから貢納品が集積される淀川流域と関係を持つのか、それ以外の地域との関係が強いのかを瓦器椀から検討することができるという、「場の位相」の検討を可能にする重要な意味を持っている。こうした問題提起をもとに、筆者は和泉型瓦器椀の地域相を検討し、和泉型瓦器椀に四つの地域相があり、特に淀川以北の地域とそれ以外の地域は比較的明瞭に分離できることを指摘した〔佐藤　二〇〇六・二〇一一〕。

一　和泉型瓦器椀の領域構成と地域相

和泉型瓦器椀については尾上実氏や森島康雄氏によって様々な小差異の存在が指摘されている〔尾上　一九八五、森島　二〇〇五〕。渋谷高秀氏はこうした小差異について、内面見込み部暗文の類型別分布を検討することで地域相をとらえる試みを行っている〔渋谷　一九八九〕。また、理化学分析の観点からは金原正明氏、三辻利一氏、白石純氏が胎土分析を行っており〔金原　一九八二、三辻　一九八四、白石　一九九八・二〇一一〕、なかでも大阪府下三二遺跡二七七点、兵庫・四国地域三四遺跡二五八点の分析を行った白石氏の最新の分析では、大阪府下の和泉型瓦器椀は胎土からは小地域に分けることができないとの成果が公表されている〔白石　二〇一一〕。

筆者はこうした状況を踏まえ、渋谷高秀氏が試みた内面見込み部暗文の地域分布を大阪府下全域に広げ、法量・高台形状などの要素も踏まえて分析を行った。詳細は拙稿に譲り〔佐藤　二〇一二〕、ここではその概要を述べる。

Ⅱ期〜Ⅲ-1期

大阪府下の和泉型瓦器椀内面見込み部暗文は、ａ類（斜格子）、ｂ類（平行）、ｃ類（渦状）、ｄ類（連結輪状）、ｅ（不規則）に分かれる。淀川以北ではｅ類暗文が大半で、これにｂ類暗文が客体的に加わるが、これ以外の地域ではａ類暗文が主体的でｂ類暗文がこれに続く。法量を見ると口径はそれほどばらつきがないが、淀川以北では器高四㎝台が多く、その他の地域では五㎝台が主体的である。高台形状は淀川以北ではほとんどが断面逆台形だが、それ以外の地域では断面三角形が主である。泉南地域ではこの時期の瓦器椀出土遺跡そのものが少ない。

Ⅲ-2・3期

淀川以北ではｂ類暗文が圧倒的である。中河内地域ではⅢ-2期までａ類暗文が主体的で、その後ｂ類暗文を主体とし、ｃ・ｄ類暗文が少数存在する。和泉北部は中河内と類似するが暗文構成が複雑になる。特にｃ類暗文の出土遺跡数が多い点が大きな違いである。ただ、和泉北部と中河内地域の違いを一つの遺跡の土器組成から見出すのは困難である。泉南地域はⅢ-1期から出土遺跡数が増加し、特にⅢ-2期以降のｄ類暗文増加が顕著である。和泉地域ではこの時期器高三㎝台で口径が一五㎝以上のものが散見され、またイブシ不良のものが多く見られる点で中河内・淀川以北とは顕著な違いが見られる。

Ⅳ期

淀川以北ではｂ類暗文の卓越と黒灰色の良好なイブシが終末期まで残存するが、それ以外の地域ではｃ類暗文を主体とする例が多く、また灰白色や土師質焼成などイブシ不良のものが主体的である。

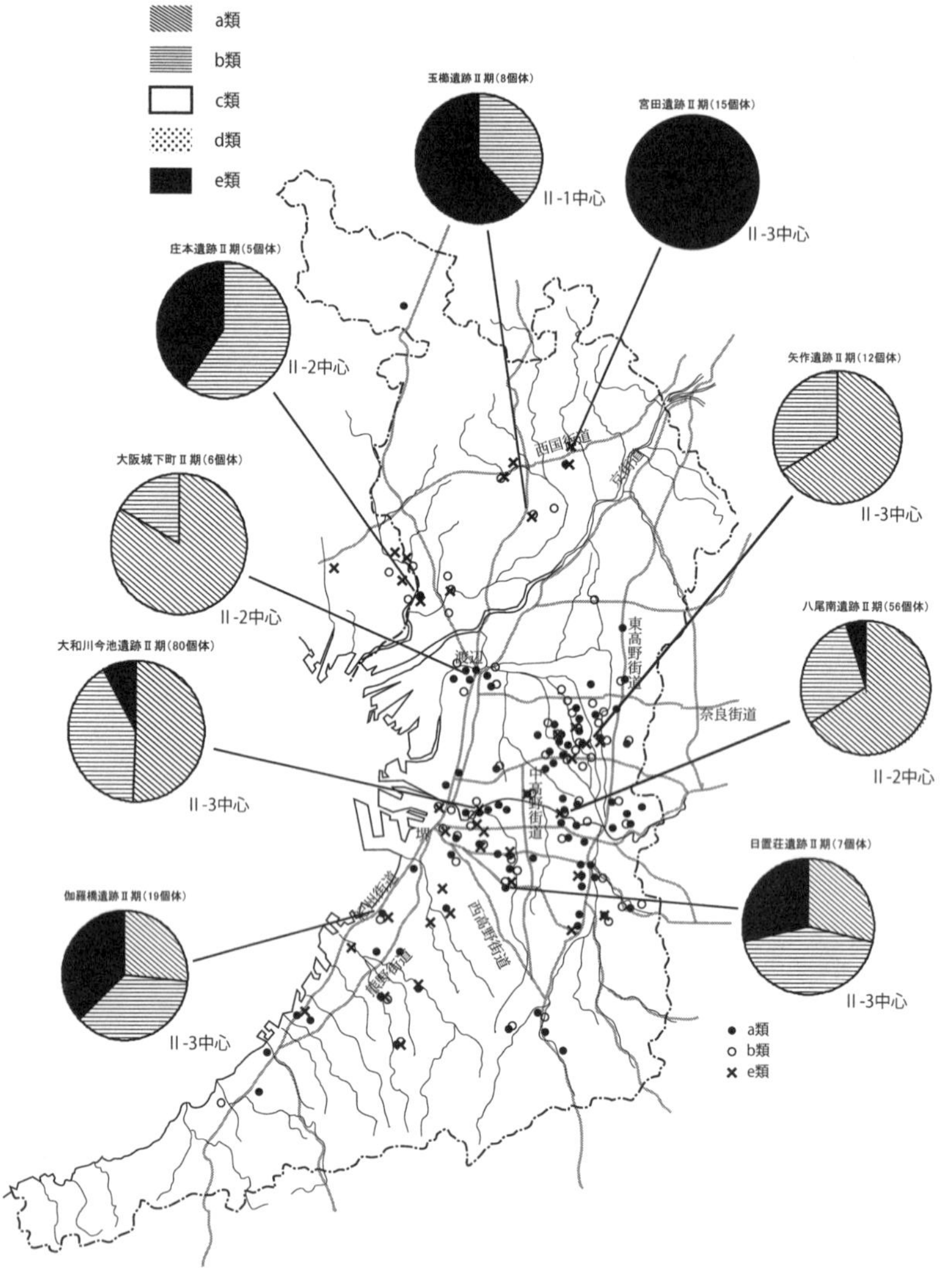

図1　Ⅱ期の和泉型瓦器椀 内面暗文組成（佐藤2011より）

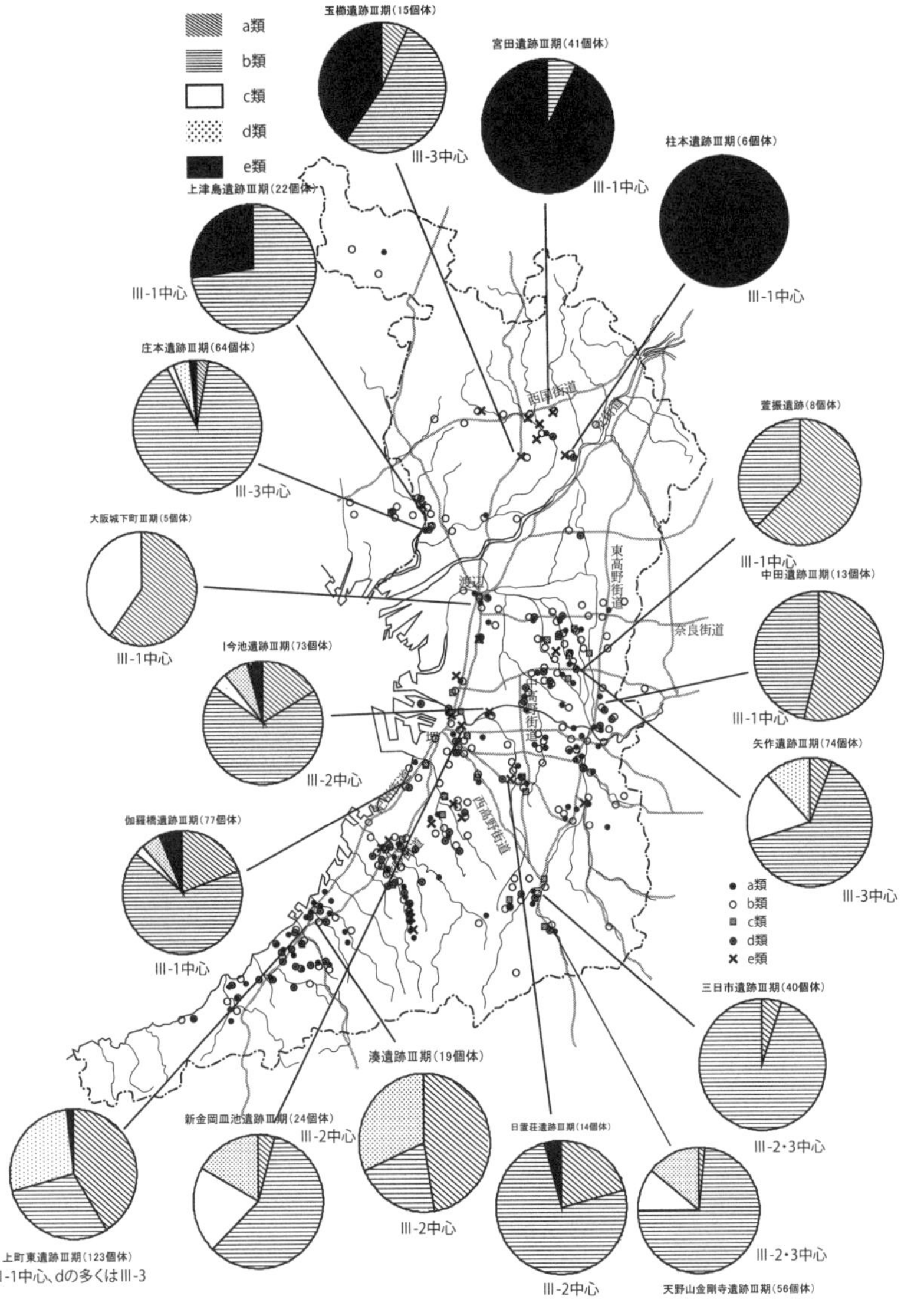

図2　Ⅲ期の和泉型瓦器椀 内面暗文組成（佐藤2011より）

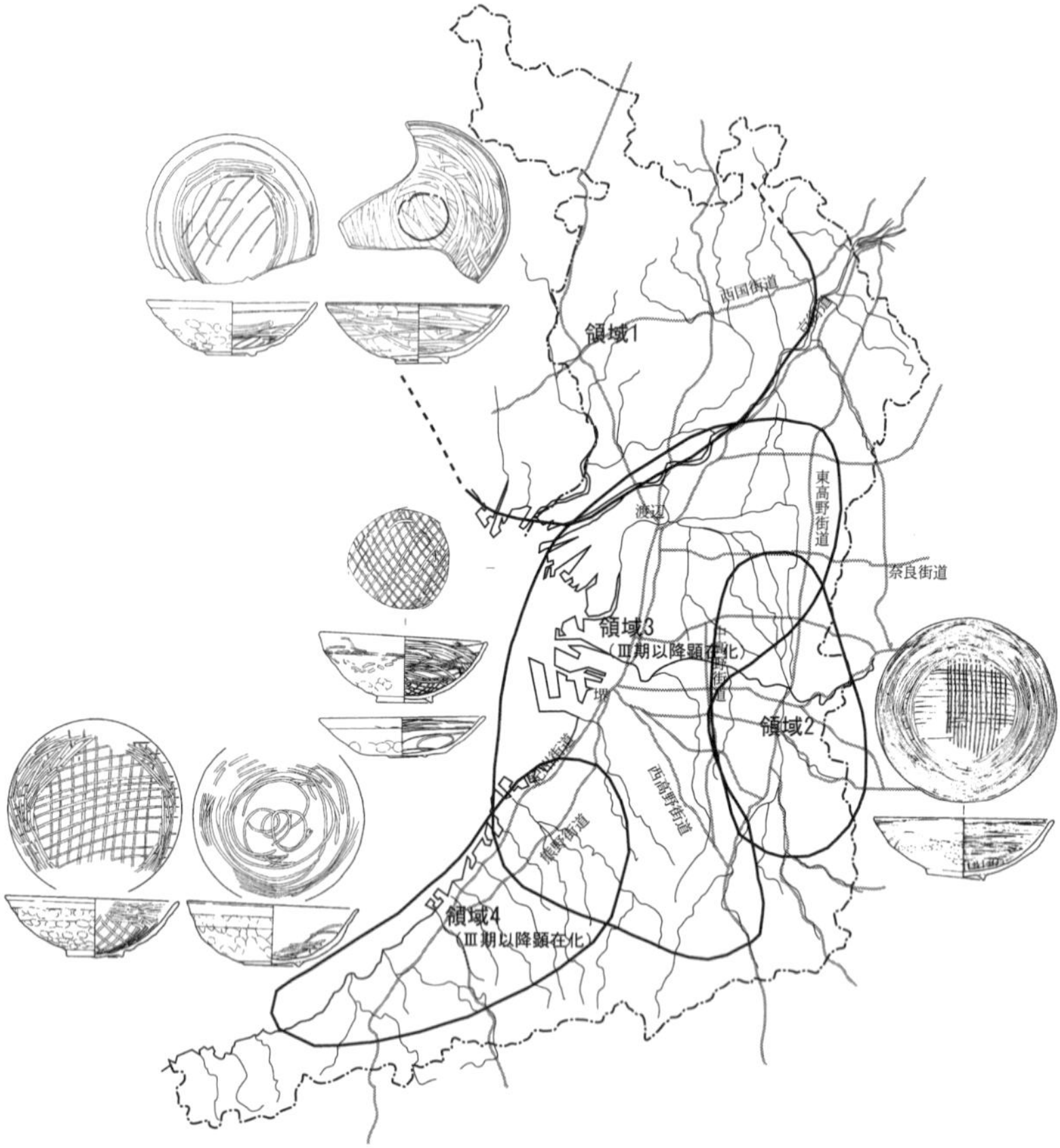

図3　和泉型瓦器椀の領域（佐藤2011より）

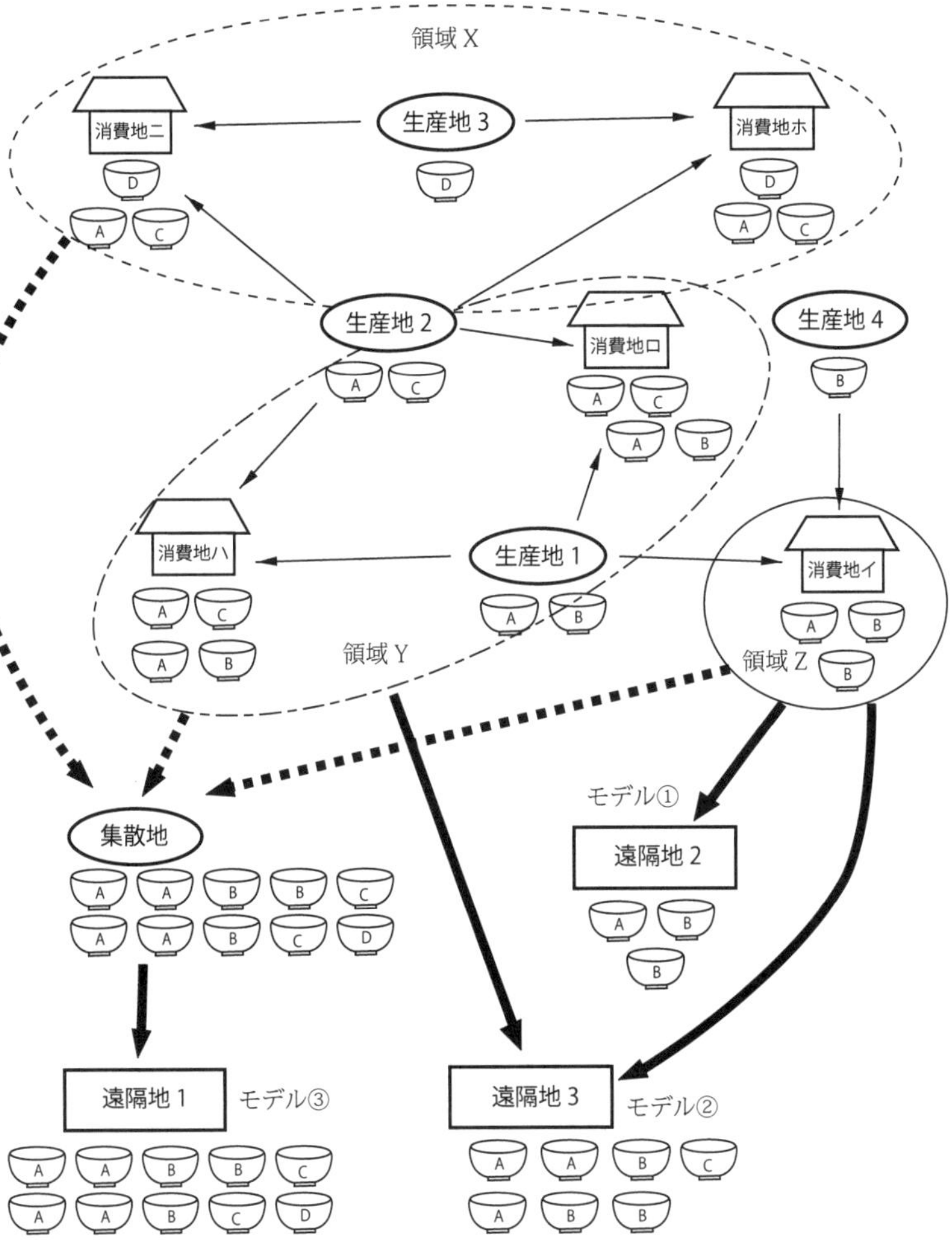

図 4　領域概念図（佐藤 2011 より）

これら消費遺跡における様々な瓦器椀の組み合わせをもとに大阪府下に四つの領域を設定した〔図1～3〕。ただし、領域2と3の違いはc類暗文の分布など大阪内部で見出すことができる差異であり、個別遺跡の遺物組成から抽出することは困難である。またⅢ期には四つの領域を見出すことができるが、Ⅱ期の領域4は抽出困難、Ⅳ期は領域1以外分離が困難な状況である。

領域のモデルは図4のとおりである。各領域は瓦器椀の消費様相ともいえるもので、生産地の様相を反映するものではない。また、ある領域内部において、その領域様相を主体としながら異相のものを複雑に含む遺跡は地域内の集散地として理解できる。今のところ分析資料不足から大阪府下でこうした遺跡を明確に抽出できていないが、豊中市庄本遺跡〔橘田　二〇〇四〕などはⅢ-3期の領域1の様相を色濃く持ちながら様々な暗文のものを含んでおり、集散地として理解できそうである。

二　大阪の和泉型瓦器椀と瀬戸内の和泉型瓦器椀

1　西日本出土和泉型瓦器椀の生産地

一九七〇年代以降西日本地域から多くの和泉型瓦器椀が出土することが明らかになり、既に先学により多くの研究がなされている。これら西日本出土の和泉型瓦器椀については、一部在地生産の可能性も指摘されている〔三辻　一九九四〕。しかし近年、中世土器研究会による胎土分析および各地の瓦器椀の観察が行われた結果、愛媛県や徳島県で杯形のものや厚手のもの、ヘラミガキが異なるものなど考古学的に和泉型との差異を認識できるものが、同じ遺跡の典型的な和泉型瓦器椀とは異なった元素組成を持つことが明らかになった〔白石　二〇一一〕。淡路島などで独自の生産が推定できるデータも見られるが、考古学的に畿内の和泉型瓦器椀と区別のつかない和泉型瓦器椀は、畿内からの搬入品と考えられる。

２　和泉型瓦器椀に見る経済ブロック

和泉型瓦器椀は西日本各地に分布しているが、その分布状況は一様ではない。阿波・讃岐・伊予・備前では出土遺跡が多く、また高比率で出土する遺跡が複数見られる。讃岐を例にとってみると、高松城下層遺跡のように海浜部に出土比率の高い遺跡があり、内陸部に向かって出土量が減少するが、内陸部の多くの遺跡で低比率ながら瓦器椀が広く分布する状況が見られ、海路運ばれた瓦器椀が海浜部で荷揚げされ、内陸部へ広く流通していった状況が確認できる〔佐藤　二〇〇四、松本　二〇〇三〕。このような大量搬入と地域内消費は、和泉型瓦器椀の商品的性格を如実に表しているといえよう。こうした状況は荷揚げ地こそ判然としないが、讃岐同様大量の和泉型瓦器椀を地域内で消費する伊予、備前などでも同じである。

これに対し備後～芸予諸島より東の地域は瓦器椀の出土比率が大幅に低下し、わずか数点のみ出土する遺跡が地域内に点々と存在する。備中・安芸周辺は出土量が少量だが、その性格が商品的であるのに対し〔草原　二〇一二〕、周防以西、なかでも九州出土のものについては非常に点的な分布であり、これについては商人達の携行品という大庭康時氏の意見に賛同したい〔大庭　二〇〇四〕。

ところで伊予・備前・讃岐地域の和泉型瓦器椀の出土状況は、ほかの土器・陶磁器類とは様相を異にする。讃岐ではほとんどの遺跡で低比率ながら輸入陶磁器・東播系須恵器鉢が分布しているが、これらは和泉型瓦器椀が荷揚げされたと考えられる高松城下層遺跡では顕著な比率を示さない。東播系須恵器については隣国阿波吉野川上流域における東播系須恵器が阿讃山地を越えて讃岐から搬入された可能性が高いにもかかわらず〔福家 二〇〇四〕、その比率が低いことから、輸入陶磁器や東播系須恵器は和泉型瓦器椀とは異なった経路での搬入が考えられる。このように高比率で和泉型瓦器椀が分布する地域においては、和泉型瓦器椀とそれ以外の土器・陶磁器の間に流通形態の違いが見出せる。仮に畿内以外の大規模な集散地を経由して瀬戸内各地に和泉型瓦器椀が搬入されるのであれば各種土器・陶磁器類が混載して搬入されてくることが予想されるが（もちろん集散地において強力な種別独占権が働いているのであれば話は別であるが）、讃岐を中心とした瀬戸内地域の和泉型瓦器椀は直接的に畿内から搬入されてくると考えてよさそうである。

今一度整理してみると、考古学的観察および胎土分析からは瀬戸内地域出土の和泉型瓦器椀は畿内および隣接地域で生産されたもので、これらは畿内および周辺からの直接的搬入品である。しかし、播磨・備前・四国北岸地域が商品的大量搬入、備中・備後・安芸が商品的少量搬入、周防以西は携行品的搬入と考えられ、地域によりその性格が異なる。和泉型瓦器椀の分布が畿内との直接的関係を示すという観点に立った場合、瀬戸内・西日本には大きく三つのブロックが想定できることになる。

三　和泉型瓦器椀から見た瀬戸内流通の位相

1　和泉型瓦器椀分布の特徴

さて、こうした三つの地域のうち大量搬入される伊予・備前・讃岐・阿波の和泉型瓦器椀について、もう少し掘り下げてみよう。まず四国地域を中心に出土遺跡と出土量を見ると、Ⅱ-3期ごろから一遺跡あたりの出土量が増加しはじめ、出土遺跡数はⅢ期には著しく増加し、Ⅲ-2期ごろにはピークを迎える。出土遺跡はⅡ期の段階では地域の拠点となる遺跡が中心であるが、Ⅲ期には各平野や荘園単位での分布が見られるようになる。

２　瀬戸内・阿波における和泉型瓦器椀の様相

次に畿内における地域相と比較・検討してみる。比較に際しては畿内における和泉型瓦器椀の地域相抽出の指標の一つである内面見込み部の暗文構成に注目した。

Ⅱ期の様相（一二世紀初頭〜半ば）（図5）

Ⅱ期の和泉型瓦器椀は出土量が少なく、量比を検討できる遺跡が限られる。資料的制約を前提にしつつ、いくつかの遺跡を見てみる。

伊予では国府推定地である今治市八町一号遺跡から多くの和泉型瓦器椀が出土しているが、九割以上がe類暗文（不規則）で、残りがb類暗文（平行）である。この傾向は松山平野でも同じで、松山市南江戸鬮目《くじゅめ》遺跡でも同様の傾向が見出せる。

讃岐は高松市高松城下層遺跡の資料が参考となる〔大川 二〇一一〕。ここではe類暗文が主体であるが、二割近いa類暗文（斜格子）が見られる。

対岸の備前地域を見ると、殿下渡領として藤氏長者に伝領されたことで知られる鹿田荘の倉敷地と推定される岡山市鹿田遺跡では、資料数は少ないもののほぼe類とb類で占められる。これに対し、国府外港と考えられる岡山市百間川遺跡群では、やはり資料数は少ないのであるが半数近くをa類暗文が占める点が大きく異なる。

阿波は上記瀬戸内地域とやや異なる傾向が見える〔大川 二〇一一〕。Ⅱ期のまとまった資料が出土した徳島市寺山遺

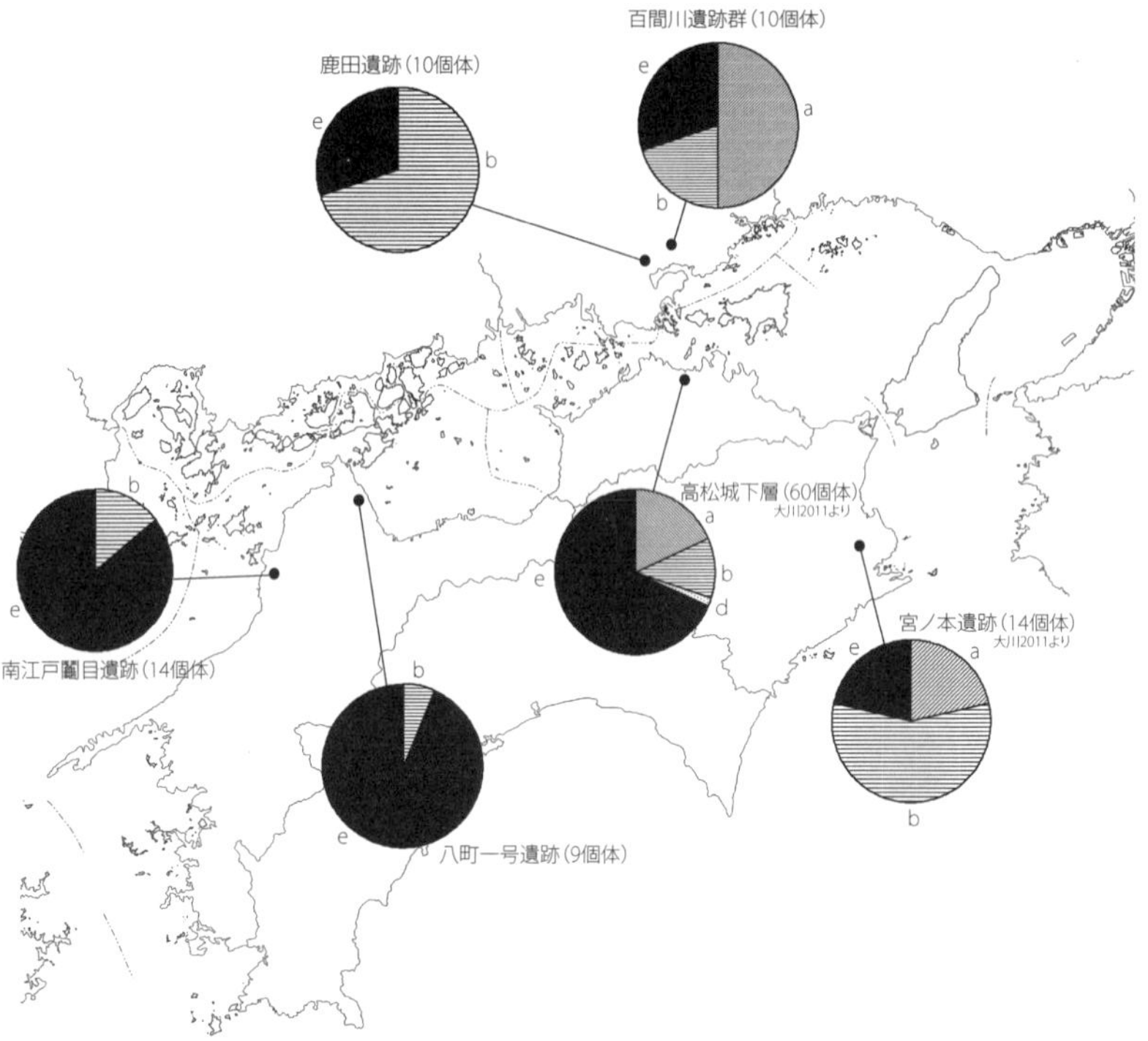

図5　瀬戸内・阿波出土Ⅱ期の和泉型瓦器椀 暗文組成

跡、阿南市宮ノ本遺跡はいずれもa類暗文が二割以上を占め、これに対しe類暗文が二割程度しかないという共通した傾向が見える。

　以上、少ない資料ではあるが、Ⅱ期の上記地域の特徴を大阪府下の和泉型瓦器椀と比較すると、伊予出土資料はいずれもe類暗文の圧倒的多数とa類暗文の低比率から領域1の様相が色濃く見え、領域1からの直接的搬入が想定できる。高松城下層遺跡はa類暗文が2割程度を占めることから、領域2・3の影響が考えられるが、e類暗文の卓越する状況からは領域1からの搬入が主体を占め、これに領域2・3がやや強く介在するという状況を想定できよう。対岸である備前国の状況を見ると、鹿田遺跡の様相は領域1直結の感があるが、百間川遺跡ではa類の資料が多く、この時期の瀬戸内ではやや特殊な感がある。資料数の少なさによるものか、なお検討が必要である。

こうした状況に対し、阿波では様相が異なる〔大川 二〇一一〕。寺山遺跡、宮ノ本遺跡ともにa類暗文が多くe類暗文が少ないという構成は、堺市大和川今池遺跡や高石市伽羅橋遺跡の様相と一致し、寺山遺跡で非常に古いd類暗文（連結輪状）が見られる点も領域2・3・4の様相に類似する。宮ノ本遺跡では紀伊の土師器釜なども出土しており、これらの地域ではⅡ期の段階から領域1を介しない物資の移動が高い比率を占めていた可能性が高い。

Ⅲ期の様相（一二世紀後半〜一三世紀前半）（図6）

先述のとおりⅢ期には遺跡あたりの出土量・出土遺跡数ともに著しく増加する。伊予では先に見た八町一号遺跡において、b類暗文九割、e類暗文一割という領域1の様相が継続し、松山平野の南江戸鬮目遺跡もやはりb類暗文とe類暗文で構成される。ところが、南江戸鬮目遺跡と近接する松環古照遺跡ではa類暗文、d類暗文の比率が高く、e類暗文の比率が低い。この遺跡の主体が、領域1ではまだe類暗文が多いⅢ−1・2期にあることを考えると、領域2・3の様相と近似するといえよう。

讃岐は定量的な分析に耐える資料がないが、三豊市延命遺跡（Ⅲ−2・3期：香川県埋蔵文化財センターほか 一九九〇）、さぬき市大山遺跡（Ⅲ−2・3期：香川県埋蔵文化財センターほか 二〇〇四）出土資料を実見すると大半のものが土師質焼成でイブシが悪く、また口径に比して器高の低いものが多く見られる。こうした特徴は泉佐野市上町東遺跡など領域4の資料に多く見られ、また領域3にも定量見られる。

備前では百間川遺跡群においてまとまった出土が見られる。ここではb類暗文とe類暗文が主体を占め、領域1の様相が主体を占めるが、a・d類暗文も定量見られる。領域1との交流にそれ以外の領域要素が介在しているのか、領

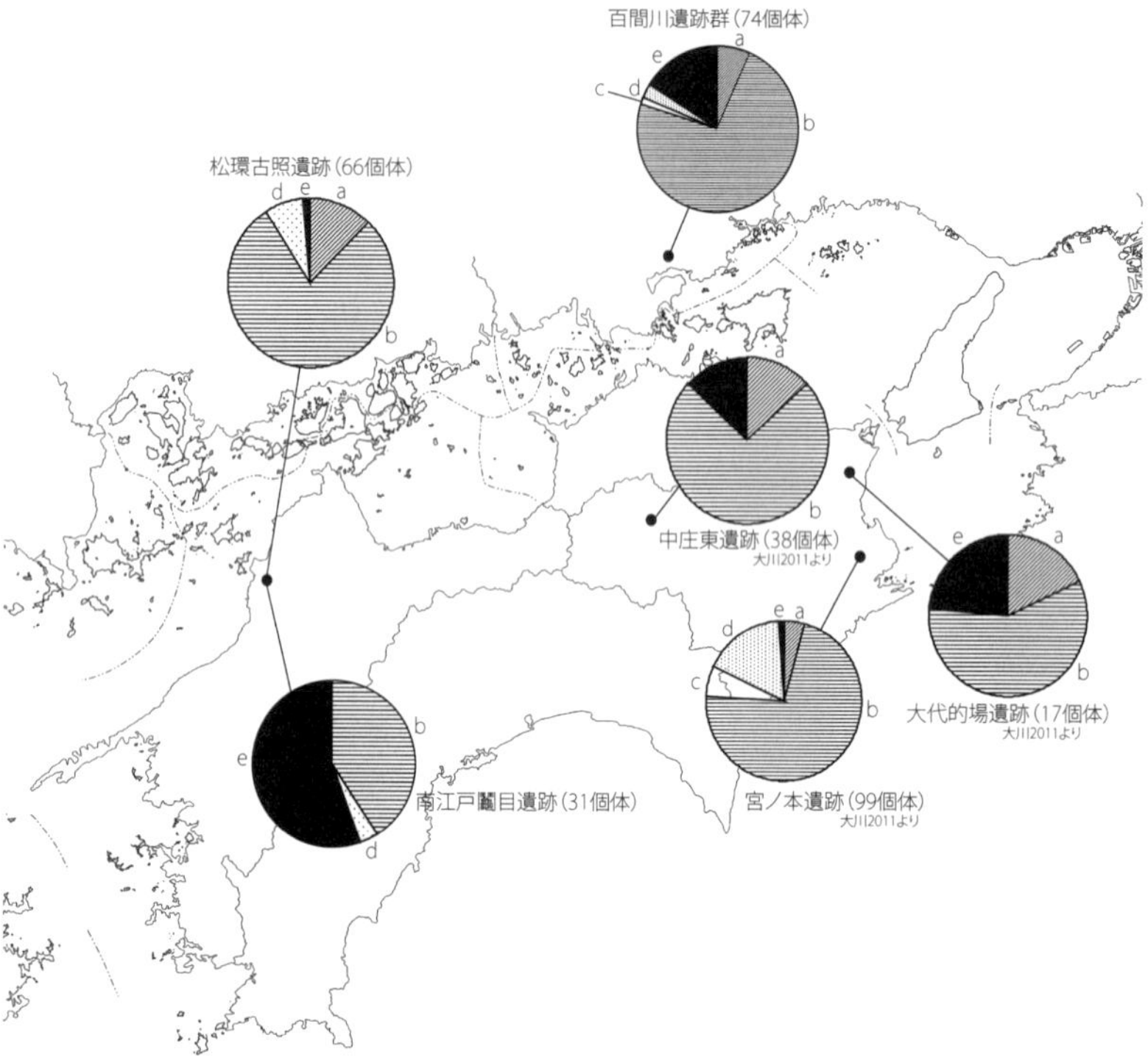

図6　瀬戸内・阿波出土Ⅲ期の和泉型瓦器椀 暗文組成

域2・3との交流に領域1の要素が介在しているのか決しがたいが、いずれにしても複合的な要素が色濃く見える。

　阿波では鳴門市大代的場遺跡と徳島市中庄東遺跡がともにb類暗文を主体としa・e類暗文が一〜二割を占める。一見領域2・3の様相にも見えるが、c類暗文（渦状）、d類暗文が欠如し、多様性に欠ける。中庄東遺跡は検討できていないが、大代的場遺跡については断面逆台形の高台の多さや焼成の良好さなどから、領域1にそれ以外の領域要素が介在している可能性が高い。阿南市宮ノ本遺跡はⅡ期以上に異相が顕著になる。暗文構成は領域4のもので、阿波南部は大阪南部との関係が濃密に看取できる。

3　和泉型瓦器椀から見た畿内との関係

以上瀬戸内・阿波における和泉型瓦器椀の地域相と大阪府下和泉型瓦器椀の地域相との関係を検討した。これまでの検討を整理すると、一二世紀後半以前の和泉型瓦器椀は地域における拠点的な遺跡で出土する傾向が強い。そしてこの段階の瓦器椀は阿波南部を除く多くが領域1つまり淀川以北地域の様相を強く持つ。一二世紀後半になると和泉型瓦器椀出土遺跡の数量が増大し、小規模な平野や地域単位で個別に和泉型瓦器椀が出土するようになるが、この段階にはそれまで影響の少なかった領域3・4の要素が見られるようになる。また、松山平野に顕著なように、領域1の要素を残し続ける遺跡と、新たに他領域の要素を色濃く持って出現する遺跡が近接するなど、様相の複雑化が芽生える点がこの画期の大きな特徴である。

宮ノ本遺跡に代表される阿波南部は継続的に大阪中南部との交流を維持しており、この地域は瀬戸内とは異なった地域圏を構成していたと見ることができる。こうした阿波南部の瓦器椀の様相は土佐でも類似することが確認でき〔徳平　二〇一一〕、四国東部から南岸域は同じ経済圏に括れる可能性がある。

四　港町と瀬戸内流通

以上、瓦器椀に絞って一部阿波も含めた瀬戸内各地と畿内の関係を検討してきた。いまだ十分な資料が揃っていないことが前提ではあるものの、検討の結果、一二世紀後半を境に畿内との交流が活性化すること、そして活性化の内容としては出土遺跡数の大幅な増加と、淀川北岸域以外の地域との交流が盛んになることが挙げられる。こうした変化を最も特徴的に表すのが草戸千軒町遺跡である。草戸千軒町遺跡の出土和泉型瓦器椀四八個体を実見し、組成表を

表1　草戸千軒町遺跡出土瓦器椀の暗文組成

型式	暗文分類				
	a類	b類	c類	d類	e類
Ⅱ－1					
Ⅱ－2					
Ⅱ－3					
Ⅲ－1					6
Ⅲ－2		2			1
Ⅲ－3		7	2	1	
Ⅳ		3	5	14	
不明	1*	4		1	1

抽出分48個体を実見。　＊楠葉？

作成した（表1）。これを見るとⅢ-2期までは出土量が少ないものの領域1との関係が色濃く見える。しかしⅢ-3期（一三世紀第2四半）以降急速にc・d類暗文が増加し、領域3・4の様相が見えるようになる。鈴木康之氏は出土木簡に記載される地名の分析から、草戸千軒町遺跡が本来遺跡の立地する長和荘のみでなく、芦田川中流域に広範に存在した国衙領との関係で成立した可能性を指摘するが〔鈴木 二〇〇五〕、草戸千軒町遺跡の和泉型瓦器椀Ⅱ期のあり方は、領域1にふくまれる淀川河口域一帯が平安京の外港であり倉敷地が設置されていた空間であることを考えると、地方と京都をつなぐ官物輸送を基盤とした性格を反映している可能性が高い。これに対し、一三世紀中葉以降の他領域との交流は草戸千軒町が都市的景観を確立してゆく時期に一致しており、地域拠点における経済活動の活性化と、貢納品輸送以外の論理で介入する畿内系商人の活動が関係していると考えられる。

ところで、先に愛媛県松山市松環古照遺跡と同市南江戸鬮目遺跡のⅢ期の資料を比較し、南江戸鬮目遺跡のものはⅡ期と同様領域1の要素を強く有するが、松環古照遺跡のものは領域3の様相を有することを確認した。このように様相の異なる両遺跡であるが、実は一七〇m前後しか離れていない一連の遺跡である〔愛媛県埋蔵文化財センター 二〇〇四〕。平安時代の史料が残されておらず、当該期における当地の権利関係は不明であるが、遺跡周辺は伊予最大勢力である河野氏の本貫地にあたり、遺跡の北側には鎌倉時代初期の本堂と平安時代の阿弥陀如来、釈迦如来を有する大宝寺と、延文六年（一三六一）に河野道堯の命を受けて平範有が再建したと伝える朝日八幡神社がある。つまり、両遺跡は単一の在地勢力内にある一連の遺跡なのである。このことは領域1の様相を持つ南江戸鬮目遺跡と、領域2・3の様相を持つ松環古照遺跡がそれぞれ別の在地領主・宗教勢力に属して別領域と関係を持ったのではなく、同じ政治的領域の中で、全く別の論理で別領域の和泉型瓦器椀が搬入されたことを意味する。つまり、Ⅱ期以来領域1の地域との物流関係が色濃かったところに、Ⅲ期になってそれ以外の地域（この場合は領域2・3）とのつながりが点的に飛び込んでくるのである。この領域2・3の要素が荘園領主や宗教勢力の転換によって将来されるのであれば、この変化は権力者側の論理で行われることになるが、そうした権力者側の転換は確認できず、双方向的な貢納品輸送に商業レベルのモノの動きが介入してくる状況を想定できよう。

一般的に領域3・4における広域経済活動の担い手としては建永元年（一二〇六）「和泉大島社神人等解案」（『鎌倉遺文』一六四二）に高石郡大島郷の浜での活動が記される廻船商人や、和泉に拠点を置く廻船鋳物師などが想起されるが、荘園公領年貢の自家輸送から請負輸送への変化と、地方市場の成立を背景とした商人たちの活動活性化が和泉型瓦器椀の様相変化に影響している可能性を考えたい。

以上草戸千軒町遺跡や南江戸鬮目遺跡・松環古照など限られた遺跡を例に挙げたが、一二世紀後半以降の瀬戸内全域における和泉型瓦器椀の多様化・面的搬入もまた、地方市場の成立と地域経済の活性を前提とした商業レベルの物資輸送・販売が成立してくることを示していると考える。松山宏氏は地方港湾都市の形成に年貢物の商品化、手工業生産の発展と商品化が重要な条件であることを指摘するが〔松山　一九七三〕、港が港町へと発展してゆく経済的背景として和泉型瓦器椀のあり方に見られる、輸送形態の変化と地域市場の形成をからめた商人の積極的関与という視点を提示しておきたい。

文献史料からは鎌倉中期以降貢納物を生産地周辺で売却、銭で貢納する代銭納が出現し、南北朝期には一般化するとされているが、瀬戸内の和泉型瓦器椀はこうした物資の在地売却に伴う地域市場が「確立」するころ、逆に出土が減少してゆく。こうした現象は本格的な商業活動の確立により、商品価値が低く副次的商品の意味しか持たない和泉型瓦器椀が輸送されなくなってゆくという、いわば反作用として理解できる。Ⅲ期に限定できる和泉型瓦器椀の出土量増大と様相多様化は、商業レベルの物流が確立する過渡期的様相と位置付けるのが適当であろう。現段階ではまだ資料的制約が大きく、可能性の指摘にとどめたいが、検討すべき課題として問題提起しておきたい。

おわりに

以上、和泉型瓦器椀を軸に瀬戸内流通の画期とその内容、そして港町形成背景の予察を述べた。土器研究からの港町の検討というと、多種多様な搬入品と文献史料を駆使して流通のあり方を分析することがセオリーであるが、中世前期の流通については史料がほとんどなく、考古資料に負うところが大きい。しかしその考古資料の扱いにしても、まだまだ方法論的課題も多く、本論ではあえて瓦器椀という、王道の資料に絞って考古資料の分析に徹してみた。こうした瓦器椀という研究史の長い資料にもかかわらず未だ多くの利用法と課題があることを指摘し、研究の筋道を立てることで筆者の責を果たしたい。

参考・引用文献

市村高男　二〇〇四「中世西日本における流通と海運」『中世西日本の流通と交通』高志書院
愛媛県埋蔵文化財センター　二〇〇四『南斎院土居北遺跡・南江戸鬮目遺跡（二次調査）』

大川沙織　二〇一一「四国東部の和泉型瓦器椀―阿波の様相を中心に―」『中近世土器の基礎研究』二三　日本中世土器研究会

大庭康時　二〇〇四「博多」『中世西日本の流通と交通』高志書院

尾上　実　一九八五「大阪南部の中世土器―和泉型瓦器椀―」『中近世土器の基礎研究』一　日本中世土器研究会

香川県教育委員会・香川県埋蔵文化財センター・日本道路公団　一九九〇『延命遺跡』四国横断自動車道建設に伴う埋蔵文化財発掘調査報告書第八冊

香川県教育委員会・香川県埋蔵文化財センター・日本道路公団　二〇〇四『大山遺跡・中谷遺跡・楠谷遺跡』四国横断自動車道建設に伴う埋蔵文化財発掘調査報告書第四八冊

金原正明　一九八二『布留遺跡・布留（西小路）地区中世の遺構と出土瓦器』天理教埋蔵文化財調査団

草原孝典　二〇一一「吉備地域の瓦器椀からみた中世前半期の流通関係―瓦器椀・土師質土器椀・備前焼椀―」『中近世土器の基礎研究』二三　日本中世土器研究会

佐藤亜聖　二〇〇四「西日本における土器流通―一二～一三世紀の讃岐を中心として―」『中近世土器の基礎研究』XVIII　日本中世土器研究会

佐藤亜聖　二〇〇六「瀬戸内の流通―河尻を視野において―」『シンポジウム大阪湾岸をめぐる流通　発表資料集』

佐藤亜聖　二〇一一「大阪府下における和泉型瓦器椀の地域相抽出とその意義」『中近世土器の基礎研究』二三　日本中世土器研究会

渋谷高秀　一九八九「和泉国における土器の生産と流通」『中近世土器の基礎研究』五　日本中世土器研究会

白石　純　一九九八「瓦器椀の胎土分析」『中近世土器の基礎研究』一三　日本中世土器研究会

白石　純　二〇一一「瓦器椀の胎土分析─蛍光X線分析と砂粒観察から─」『中近世土器の基礎研究』二三　日本中世土器研究会
鈴木康之　二〇〇五「草戸千軒をめぐる流通と交流」『中世瀬戸内の流通と交流』塙書房
徳平涼子　二〇一一「高知県における和泉型瓦器椀の様相」『中近世土器の基礎研究』二三　日本中世土器研究会
橘田正徳　二〇〇四「庄本遺跡第一次調査」『豊中市埋蔵文化財発掘調査概要』豊中市教育委員会
橋本久和　一九九二『中世土器研究序論』真陽社
橋本久和　一九九五「土器論から中世前期商業史への展望」『展望考古学』考古学研究会
福家清司　二〇〇四「吉野川流域の流通と交通」『中世西日本の流通と交通』高志書院
松本和彦　二〇〇三「中世前半期の湊について─高松城(西の丸町地区)下層遺構─」『続文化財学論集』文化財学論集刊行会
松山　宏　一九七三『日本中世都市の研究』大学堂書店
三辻利一　一九八四「大阪府下の中世遺跡出土瓦器椀の胎土分析」『巨摩・若江北』その二　大阪文化財センター
三辻利一　一九九四「古照遺跡出土瓦器の蛍光X線分析」『古照遺跡　第七次調査』松山市教育委員会・松山市生涯学習振興財団埋蔵文化財センター
森島康雄　二〇〇五「瓦器─編年と技術伝播─」『中世窯業の諸相』発表要旨集

付記　本稿および大阪府下和泉型瓦器椀の地域相を分析した前稿を成稿するにあたり、各地の多くの方々に資料調査の便を図っていただいた。全員のお名前を挙げることはできないが、ここに感謝を申し上げたい。

もうひとつの「大湊」
―伊勢国二見郷の位相を探る―

伊藤裕偉

はじめに―ふたつの「大湊」―

中世伊勢国（現在の三重県北中部）の宮川河口部には、「大湊」と呼ばれる港があった。「大湊」は、中世の一大権門である神宮（伊勢神宮）の外港と位置づけられ、その経済機能や共同体組織に関する研究が数多く蓄積されている(1)。これらの研究は、「大湊」が中世太平洋海運の要を担っていることを実証し、あるいはそれを前提に議論されているものである。

この中世「大湊」は、現在の三重県伊勢市大湊町がその地とされる。ここには一六世紀代を中心とした著名な『大湊古文書』（伊勢市役所大湊支所蔵）が残されている。今も「大湊」と呼ばれるこの地が、中世の「大湊」そのものだという見方は至極当然、何の問題も無いように思える。

しかし、先入観を排して周辺状況を見ると、いくつかの疑問が生じる。まず、現在の伊勢市大湊町が一五世紀前半以前から「大湊」であったことを示す史料があまりにも少ない。一四・一五世紀代を中心としたこの地域の重要史料群である『光明寺古文書(2)』では、現在の伊勢市沿岸部地名が頻出するものの、地名呼称としての「大湊」は、長禄三年(一四五九)になってようやく登場する。[3] また、伊勢と東国との水運を知る史料として著名な明徳三年(一三九二)「武蔵国品河湊船帳」(金沢文庫蔵)でも、宮川河口部近隣の地名は登場するが、肝心の「大湊」の文字は見えない。[4]

現在の伊勢市大湊町と考えられる「大湊」には、一五世紀末に一千軒を超える民家があった。[5] このことと、それ以前に「大湊」の字面がほとんど登場しないという事実の乖離は大きい。冒頭で見たように太平洋海運にかかる大湊の重要性を強調する研究者は数多いが、そもそも「大湊とは何か」が検証されないまま、その研究は進められているのである。

さて、ことばとしての「大湊」は、大浦・大浜などと同様、一義的には「大きな湊」という意味である。つまり、「外部(大湊ではない場)」の存在が前提となっている他律的名称なのである。宮川河口部という地理的環境から考えれば、その名を律した「外部」とは神宮(ないしは宇治・山田)と見るのが妥当である。つまり、「大湊」という名称は、「神宮(宇治・山田)にとっての大きな湊」、という意味以上でも以下でもないのだ。

「大湊」とは何か。そして、大湊は何時から「大湊」なのか。これは、以上で見たことを踏まえて検証されるべきものである。

この疑問を持ったのは、宮川河口東部にある二見(伊勢市二見町)に、現在の伊勢市大湊町とは別の「大湊」があることを知ったことがきっかけである。比較的近接した場所にふたつの「大湊」があることは、「大湊」がやはり他律的名称であることを強く示唆する。

小稿は、この「大湊」に焦点を当て、これまで何ら疑問視されなかった「中世の大湊＝現在の伊勢市大湊町」という認識を否定することからはじめる。そして、もうひとつの「大湊」―二見郷―に関して、その地域的位相を観察する。

以上により、神宮をとりまく周辺地域において、「大湊とは何か」を検証したいと考える。

一　史料に見えるふたつの「大湊」

中世の宮川河口部には、ふたつの「大湊」があった。具体的には度会郡箕曲郷と同郡二見郷に、である。ここでは混乱を避けるために、現在の伊勢市大湊町で一六世紀以降の『大湊古文書』を残した場所を「箕曲大湊」、現在の伊勢市二見町にあった場所を「二見大湊」と仮称する。

まずは、関連する史料を見よう。

〈箕曲大湊〉

①元久元年（一二〇四）「度会郡大湊平潟浜幷宮河流令字小勾埋地壱処」(6)

この史料から、度会郡に「大湊」があることを確認できる。ただし、これが集落地としての呼称とは断定できない。小西瑞恵は「大湊の塩浜が平潟浜と宮川の流れが形成した「字小勾埋地」一処にあった」とする(7)。史料は写しのため、文意は一部汲み取りにくいが、平潟浜は大湊と呼ばれる場所の一部で、その近傍に小勾埋地があったということは認めてよいであろう。「小勾」は、別の史料に「箕曲郷小勾村馬瀬北湊」(8)として登場し、現在の伊勢市馬瀬町付近（同市大湊町の南方）に比定できる。「馬瀬北湊」と「小勾村」がほぼ同じ地点を意味しているとすれば、小勾村に隣接しつつも、河川流域としてはやや上流に件の大湊があることになる。以上のことから、①の大湊は箕曲郷に存在すること、そしてその位置は現在の伊勢市大湊町とほぼ同じ地点であるといえる。

中世の箕曲郷には馬瀬村(9)や世木村字吹上(10)などの村が確認できる。馬瀬村は現在の伊勢市馬瀬町、世木村字吹上は現在の伊勢市吹上一丁目付近で、ここには世木社がある。これらにより、箕曲郷は外宮門前から北部の勢田川西岸部に相当すると考えられる（図1）。

②長禄三年（一四五九）「大塩屋御園之内字大湊八幡東」(11)

岡野友彦が指摘するように、大塩屋御薗は高向郷と箕曲郷にまたがっていると考えられる(12)。ここに登場する「八幡」は、『大湊古文書』中にある元亀三年（一五七二）一二月二〇日付けで大湊老若の花押印が押された「八幡沖銭之日記同大塩屋分」(13)の八幡そのものに相当し、現在の伊勢市大湊町にある大湊八幡（日保見山八幡宮）に相当すると考える。したがって、この「大湊」は箕曲郷にあたり、現在の伊勢市大湊町そのものと考えられる。

〈二見大湊〉

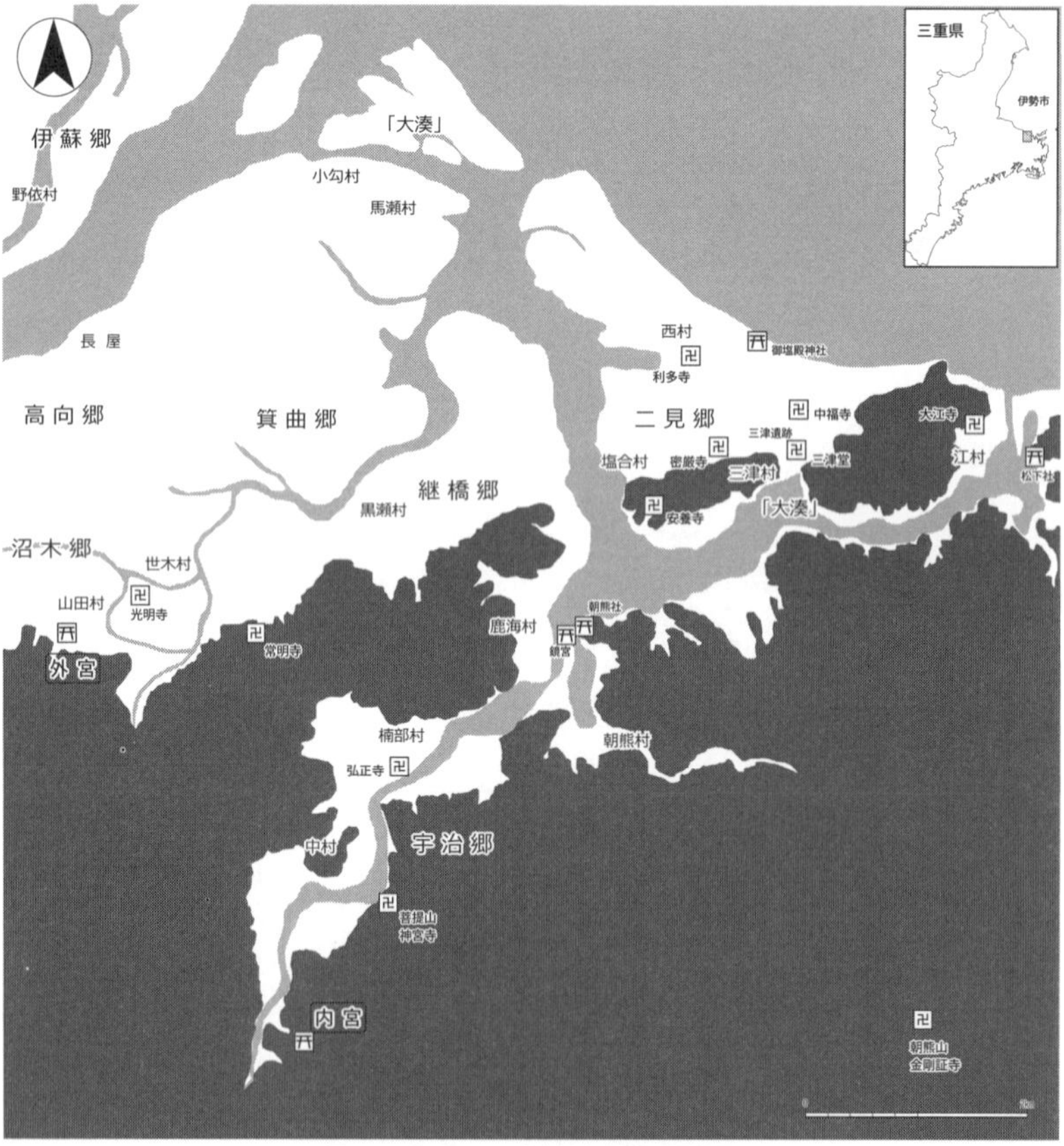

図1　宮川・五十鈴川流域地形図

③長久二年（一〇四二）頃「二見郷大湊東松原」[14]

二見郷は現在の伊勢市二見町にあたると見て間違いない（図1）。ここは、平成大合併前は度会郡二見町として独立した行政域であった。この「大湊」は、つぎに掲げる史料が示す三津湊の一角である可能性が高いと考えられる。

④文明八年（一四七六）「二見三津字大湊」[15]

三津は現在の伊勢市二見町三津にあたり、二見地内に含まれる。三津は、鎌倉時代後期に成立した『伊勢新名所絵歌合』に「三津湊」として登場するように[16]、湊津機能を有していた。「三津字大湊」とは、まさに三津湊を指すものと考えられる。

以上、四件の史料を見た。小稿は史料の博捜が目的ではなく、中世の宮川河口部に「大湊」と呼ばれる地が複数あった―しかも時期的に併行して―ことを確認できれば充分である。中世の宮川河口部には二ヶ所の「大湊」―箕曲郷・二見郷―があったのである。箕曲郷と二見郷は明確に区別でき、両者の混同は考えにくい。そして、地理的な関係から、箕曲大湊は外宮の、二見大湊は内宮との関係で考えることができるであろう。

では、二見大湊とは何か。なぜ二見郷に「神宮にとっての大きな湊」があったのか。つぎに周辺環境を精査して、その機能を探ってみよう。

二　二見の地理的状況

二見郷は、宮川と五十鈴川の河口部にあり、平野部は砂丘で構成されている[17]。二見町の南部には、五峯山（標高約六七ｍ）・音無山（同約一二〇ｍ）などの低丘陵が東西に連なる。その南麓には五十鈴川派川が東流し、さらに南には朝熊山山系がやはり東西方向に派生する（図1・2）。

海岸地形と潟湖　宮川は、紀伊山地北部の大台ヶ原を水源とする伊勢湾西岸部屈指の大河川である。地形を見ると、宮川から排出された土砂は、二見地区を東限に、北西は大淀地区（明和町・伊勢市）までの、海岸線延長約一六㎞の沖積地形成に深く関与していると考えられる。とくに東西両端の二見地区と大淀地区には、長大な砂州（浜堤帯、砂堆。以下「砂堆」で統一）が複数条形成されている。

砂堆の内陸側には、それぞれに内水面（潟湖）を擁している。宮川河口の北西部には外城田川が注ぐ潟湖があり、有滝・磯・東豊浜などが周囲に点在する（「宮川北潟湖」と仮称）。宮川河口東部には五十鈴川が注ぐ潟湖があり、周囲に今一色・一色・神社港・下野などが点在する（「宮川東潟湖」と仮称）。宮川東潟湖の存在は、ある時期ここに宮川本流の河口があったことを示唆すると考えている。

二見の砂堆　山本威の分析によると、二見の砂堆は大きく四条に分けられる(18)。内陸側から順に砂堆Ⅰ～Ⅳとする（図2参照）。

それぞれの砂堆は最高所でも三ｍ程度で、西端は宮川東潟湖と接するため、おそらく砂堆の間には櫛歯状に潟湖が入り込んでいたと考えられる。また、砂堆Ⅲ・Ⅳの西端は接続しており、その間が海跡湖になっていた段階があったと考えられる。

三　中世二見の歴史的様相

つぎに、中世前期頃における二見の歴史的な様相について、図2を参照しながら見てみよう。

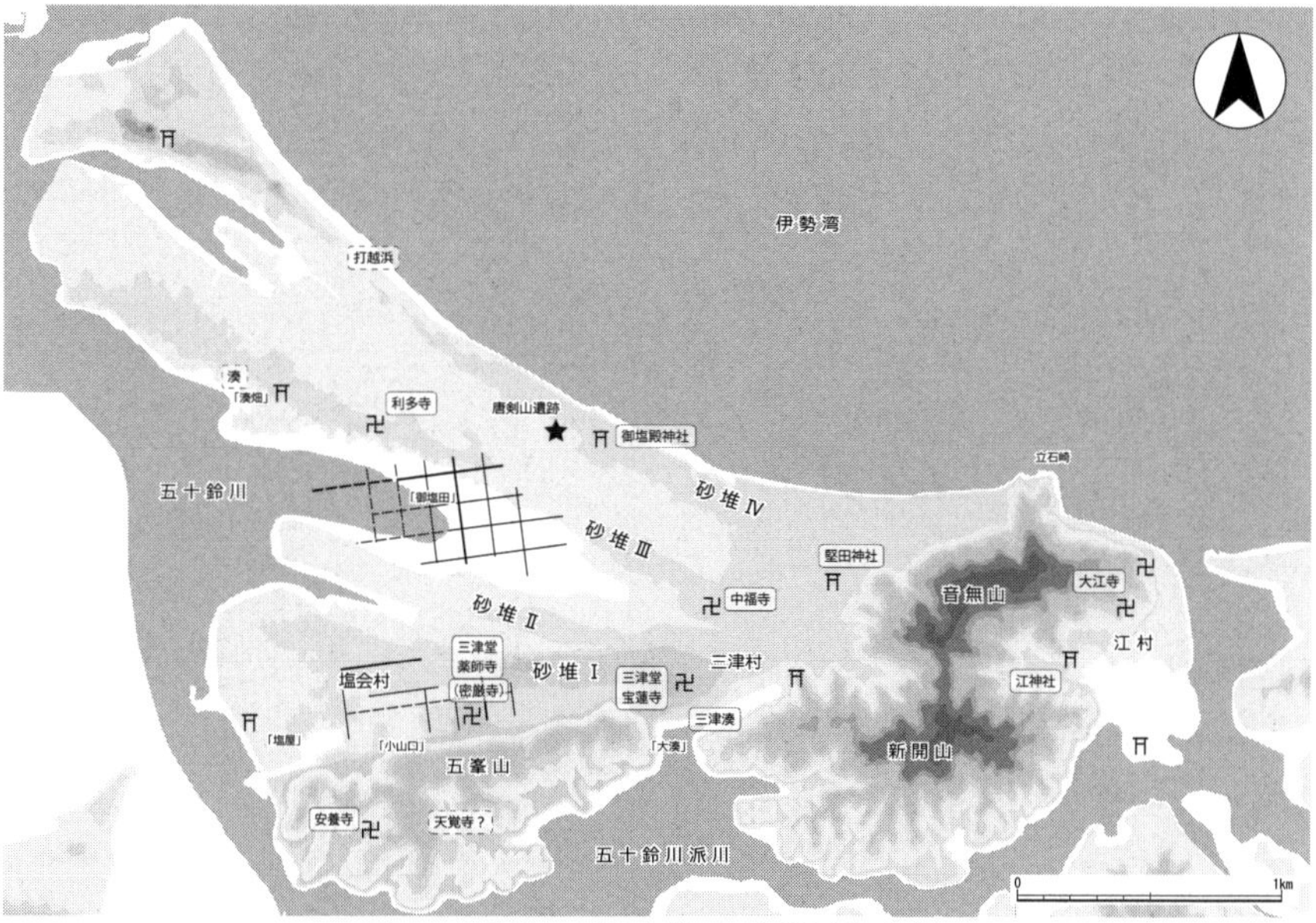

図2　二見郷の地形と施設（中世前期中心）

1　砂堆と後背湿地

二見にある砂堆列のうち、砂堆Ⅰ・Ⅱには弥生（あるいは縄文）時代以来の複合遺跡である三津遺跡[19]のほか、荘遺跡[20]などが位置している。近世の二見街道もこの砂堆上を通る。つまり砂堆Ⅰ・Ⅱは、当地では最も居住環境の良い地といえる。砂堆Ⅲ・Ⅳにも人の居住が考えられるが、どの時期まで遡るのかは分からない。砂堆ⅢとⅣの間には、一二世紀前半頃の遺構・遺物が確認された唐剣山遺跡[21]があるので、この遺跡が示す時期までに砂堆Ⅲが居住域として利用されていた可能性は高いであろう。

2　村と耕地

中世前期の二見郷内には、「里」や「村」が複数箇所見られる。一一世紀代に見える堅田里・二見里・栗栖里・難田里、一二世紀から一三世紀にかけて見られる江村・塩会村・三津村・中村・下村、一四世紀になって登場する江村・西村などである。[22]「里」は一二世紀を待たずに史料上から消えるが、「村」は一三世紀以降増加し、一五世紀になると庄村・南村なども登場する。[23]このうち、江村・三津村・西村は、現在の二見町江・三津・西に相当すると考えられる。中世の塩会村には「字小山口」があり、[24]その名は現在の二見町溝口の小字名として残っている。

二見郷には条里型地割も見られる。砂堆Ⅰ・Ⅱ間の低地部には、「廿ヶ坪」「南ノ坪」「四之坪」「五之坪」「八之坪」「九之坪」などの地名が遺存している。復原できる条里型地割の南北軸は、西偏約六度である。二見郷の条里型地割は、早く見て平安時代後期頃から敷設がはじまり、中世後期まで継続的に延長されたと考えられる。[25]

3　製塩業

二見には神宮領二見御厨があった。この名は、建仁元年（一二〇一）にはじめて登場する。[26]中世には「二宮御饌塩所御厨」として、二宮（内宮・外宮）へ貢納される塩を司っていた。

この地には、現在も御塩殿神社や御塩浜など、神宮に関連した製塩関連施設があり、その淵源は古代に遡ると考えられる。砂堆Ⅱ・Ⅲ間には「御塩田」の小字があり、ここに塩田があったと考えられる。なお、前出の唐剣山遺跡からは一二世紀代の製塩用土釜が出土しており、「御塩田」以外の場所でも製塩業が営まれていたと考えられる。

中世前期の伊勢における製塩業を記した史料として、僧顕昭が建久四年（一一九三）に著した『六百番陳状』の「寄海人恋」はよく知られている。

其汐のみちひるかたをば田となづけて、善き悪しきをわかちて、上田、下田などいふなり。皆各主の定まりて侍るなり。砂を又まきゝゝする故に、塩皆垂れとられたるすなごを、塩屋の辺に積み置きては霞もなし。汐のみちひるかたは、堀られたるやうにて砂とるべくもなくなれば、しほしむべきすなごもなくて悪しかりぬべければ、蒔くなり。さ様にまくだにもしほに被引、浪に打て、砂皆崩れうせて、しほ引くかたすべなくなるとぞ申す。それぞ下田と名づけてわろき田にするなり。善きはうるはしくてうせ損ぜぬなり[27]

この史料には、干潮時には干上がり、満潮時には海面下となる「塩干のかた（潟）」が所有権のある「田（塩田）」という施設として把握され、そこから砂（すなご）を「すすぎあつめ」、「塩竃」に「たれて（垂らして）」焼き、製塩することが記されている。これを分析した渡辺則文は、当時の伊勢は「自然浜」を利用した方式で、同種の方法ながら揚浜式製塩とは異なるものとしている[28]。

「上田」は潮の干満で崩れにくい、とある。地形を考慮すれば、砂堆間内水面の最深部がこの上田に相応しいと推察できる。また、「田」という用語と、各の所有権を主張できること＝境界が明確であること、などから、この塩田は水田と同様、畦で区画されていたと考えられる。畦区画があれば、塩の干満による「水たまり」が形成され易く、採塩に適していることは想像に難くない。

さて、二見の御塩田は平安時代後期頃に「二見郷字御塩田」の「治田」として売買が確認される[29]。稲本紀昭は、「治田」を通常の水田と見て考察しているし[30]、そう考えるのがセオリーである。しかし、上記の様子を考慮すれば、ここでいう「治田」が「塩田」を指す可能性も残しておきたくなる。

4　宗教施設

二見地内の宗教施設として、主だったものを見ておく。

御塩殿神社　荘地区の北部、砂堆Ⅳの上に鎮座する。この位置は古くから変わらないと考えられるが、確証は無い。

利多寺（薬師堂）　利多寺は、「御塩殿文書」[31]のほか、「光明寺文書」にもその名が登場する。中世前半期には存在しており、近世までその名が確認できる。文安五年(一四四八)には「西村利多寺」の名が確認できる。[32]西地区の集落東部に「利田」の小字があり、ここが利多寺の故地と考えられる。

中福寺　中福寺の名は寛弘七年(一〇一〇)から登場し、[33]正中元年(一三二四)にも確認できる。[34]荘地区の字「常福寺」をその故地とする『二見町史』[35]の見解に従っておく。

三津堂(宝蓮寺・薬師寺)　「御塩殿文書」中に三津堂寶蓮寺・三津堂薬師寺として登場し、薬師寺の後身が密厳寺である。[36]現在三津地区の明星寺には平安時代後期の木造薬師如来坐像(国指定重要文化財)があり、元は定泉寺(所在地不明)にあったと伝えられ、三津堂との関係が考えられる。史料から三津堂の寺域には多宝塔の存在が確認できるので、複数の伽藍を擁した密教系寺院と考えられる。『二見町史』では宝蓮寺を三津地区の寺里中に比定する。ここでは、現在の三津から山田原にかけての一帯を三津堂の故地と見ておく。

大江寺　江地区、音無山の中腹にある。本尊は木造千手観音坐像で平安後期の作である(国指定重要文化財)。大江寺は、康永元年(一三四二)成立の坂十佛『伊勢太神宮参詣記』[37]にも「江寺と申観音の霊地」として登場する。

安養寺　溝口地区の南西部、五峯山から南西方向に開く谷の深部にある。平成四年(一九九二)に発掘調査があり、一二～一三世紀頃の寺庵のほか、近隣では経塚も確認されている。[38]

天覚寺　東大寺大仏殿の再建で名高い俊乗坊重源は、その成願祈禱と財源調達を目して神宮参拝に赴き、その後も乗源麾下の衆徒が何度か訪れている。このうち文治四年(一一八八)四月に参詣した一行の一部が滞在したのが天覚寺である。「東大寺衆徒参詣伊勢大神宮記」[39]に、天覚寺は波が打ち寄せるほど海に近い山寄りの風光明媚な地にあること、東大寺衆徒の宿所となるにあたり、三間四面の建物一棟と五間建物三棟を新築していることなどが記されており、かなり広大な境内地であったことがわかる。『二見町史』は安養寺近隣の谷状地に比定を試みている。ただし、具体的な根拠がかなり乏しいため、ここでの比定は控えることとする。

密厳寺　前出の三津堂薬師寺を取り壊して建立されたのが密厳寺である。乾元二年（一三〇三）には後宇多天皇の祈願所であった[(40)]。現在の明星寺にある木造阿弥陀如来坐像（県指定文化財）は、元は密厳寺の本尊であった。「御塩殿文書」中に「密厳寺本尊両界不動領」という裏書きのある文書が多数認められ、密教系寺院と考えられる。山田原地区にあり、明治初年に廃寺になったという[(41)]。

その他寺社　神宮摂社の堅田神社・江神社は現在の位置としたが、確証は無い。他には、智光寺・西楽寺などの寺院や、日吉宮・三狐宮などの社祠が確認できるが[(42)]、実態は不明で、現地比定もできない。

5　三津湊（大湊）

三津地区の南部に、五十鈴川派川に面して丘陵の途切れる地点がある（図2参照）。前出の文明八年（一四七六）「二見三津字大湊」は売券に見え、その四至は「限東山」「限西山」とある[(43)]。三津地内で東西に山のある地形はこの地点しかない。したがって、ここが三津湊（大湊）と認識できる。五十鈴川河口部の内水面から派川を少し下ったこの地点は、水量が確保されているだけでなく、穏やかな水域として船舶の停泊には絶好の地点と考えられる。

三津湊以外では、西村の西端部に「湊畑」の小字がある。ここでは砂堆Ⅲが一部枝分かれし、小規模な湾を形成している。ここも喫水の浅い舟であれば停泊が可能と見られる。二見郷のなかでも西村付近の物資、例えば当地で精製された塩の搬出や、塩木・生活用具などの搬出入地であろうか。

6　二見の景観

以上で見た中世前期を中心とした二見郷の要素を地形図に示したのが図2である。砂堆間には内水面が入り込み、製塩業が営まれていた。砂堆間は、現在では埋立・埋没等で嵩上げされてるが、[44]元々はもっと低く、現在の標高一mあたりまで水域であったと考えられる。図2では、誤解を恐れずに内水面域を大きく捉えている。

砂堆Ⅰ～Ⅲには多くの寺院が建立されていた。条里型地割は、平安時代後期頃に設定が始まったと考えられるが、水域の関係から、当初は字「御塩田」あたりに水田区画としての条里型地割は及んでいなかったと考えておきたい。

四　宮川河口部における二見の位相

1　二見と内宮

中世の二見郷には中世前期から複数の村が存在し、耕地の整備（条里型地割）が実施され、製塩が営まれていた。また、重要な寺院が数多くあった。以上により、二見は宗教的・経済的な要地であることが確認できる。では、ここに「大湊」と呼ばれる場所があったことは、これとどう関連するのか。

それは、五十鈴川を遡った先には内宮があること、すなわち、五十鈴川を通じて内宮・宇治と二見が直結している点に求めることができる（図1）。これは、内宮の重要性を示すものにほかならない。

重源一行が神宮参拝の拠点とした天覚寺のほか、五十鈴川沿いには弘正寺（楠部）や菩提山神宮寺（宇治浦田）といった重要寺院が展開している。弘正寺は西大寺の叡尊が絡んで成立したと考えられる律宗寺院で、伊勢国内筆頭の西大寺末寺であった。[45]菩提山神宮寺は内宮に近い丘陵部に造成された密教系寺院で、その名の通り内宮の神宮寺として隆盛を誇っていた[46]。重源一行が三回目の参宮にあたって法要を営んだのも「菩提山」である[47]。重要な寺院が五十鈴川流域に展開したのは、これらが内宮と密接な関係下にあることを物語っている。

そして、五十鈴川と宮川東潟湖との関係も重視できる。当時の宮川東潟湖の深部は、現在の伊勢市鹿海町・楠部町の付近にまで及んでいたと考えられる。寺院群の存立に、内水面を通じた交通・舟運が重要であったことは想像に難くない[48]。

以上のことから、二見の宗教的・経済的重要性は、ひとえに内宮との舟運を通じた直結に起因すると考えられる。したがって、二見にある「大湊」とは、まさしく「内宮の大湊」だと考えられる。

２　二見大湊の消滅

だが、一五世紀末頃になると「宮川河口部の大湊」といえば箕曲郷にある「大湊」を指すようになり、現代に至っている。どこかの段階で二見大湊は「大湊」とは呼ばれなくなったのである。この理由は何であろうか。

まず押さえておきたいのが、先述のように「大湊」は他律的名称だということである。三津に大湊と呼ばれる小字があったという事実は、里・村や御薗・御厨の内に含まれる一地点の呼称が「大湊」だったことを示している。これは、そもそも「大湊」が独立在所としての集落や場所を指してはいないこと、誤解を恐れずに言えば、神宮の体制下に位置づけられた施設が「大湊」と呼ばれていたことを示唆している。このように考えれば、明確に在所地名としての「大湊」の登場が一五世紀末以降であること、三津村には「三津湊」と「大湊」の二つが同時に存在していたこと、などを整合的に理解することできる。

では、箕曲郷の大湊が、一五世末頃には唯一の「大湊」として、そして在所地名として認知されることになったのはなぜか。大塩屋惣里老分をはじめとする自治組織が一五世紀中頃以降に発達するので[49]、そこに住まう人びとの独自性に目が行く。しかしその根本は、外宮門前・山田の「都市的」発展にあると見るべきである。

一六世紀以降の神宮経済は、明らかに山田が中心となっている。この担い手は山田在住の神宮御師層や地下人たちで、一五世紀後葉頃から彼らによる列島規模で多角的な経営が顕著となる[50]。このような動向下で箕曲大湊は、「神宮大湊」としての機能以上の付加価値、つまり地域を超えた中核的な湊津としての位相を獲得していったと考えられる。そのため、元々は外宮の一施設を示す呼称でしかなかった箕曲郷の「大湊」は次第に集住が進み、集落地（都市）としての「大湊」呼称を獲得していったと考えられる。事実、一六世紀前半から後半にかけて、箕曲「大湊」の発達はめざましい[51]。

一方の二見大湊では、箕曲大湊のような発達は見られない。これは、内宮門前・宇治の「都市的」発展が、山田ほど顕著ではなかったことに起因すると見られる[52]。二見大湊は、いつしかその機能を喪失していったのではないだろうか。もちろん、中世後期にも内宮の施設としての「大湊」機能は維持されていた可能性はあるが、それが在所地名に転化するほどではなかったのである[53]。

二見大湊が発達しなかった要因として、もうひとつ考えておきたいのが宮川河口の環境変化である。宮川は、今でこそ伊勢市大湊町にのみ河口があるが、自然河川の性格上、最下流域の河口が一つということはあり得ない。伊勢市低地部の地図類を見れば、宮川東潟湖へと通じていた旧河道痕跡を複数条見つけることができる[54]。私見では、宮川東潟湖へと注ぐ流路は時を経るに従って減少し、一五世紀後半頃の水量はかなり少なかったのではないかと考えている[55]。

三津湊の名も、中世前期には登場するが、中世後期には見えなくなる。宮川東潟湖の環境変化に伴って、二見大湊を含めた三津湊も、その湊津機能を失っていったと考えられる。

おわりに

宮川河口部には、内宮・外宮それぞれの外港—ふたつの大湊—があった。箕曲郷に外宮(山田)の「大湊」、二見郷には内宮(宇治)の「大湊」が、である。両者は、一五世紀後葉以前には明らかに併存していた。しかし、一五世紀末以降、二見郷の大湊は消滅し、一方で箕曲郷の大湊が極度に発達していった。それによって、現在のように「大湊＝伊勢市大湊町」という状態が確定されたのである。

「大湊」がそれ独自の在所・集落地(都市)となるのは、この一五世紀末以降である。それまでは神宮(内宮・外宮)の外港であることが第一義なのだ。それ以前にそこが集落地であってもかまわないのだが、それは、「大湊だから」ではない。内宮の場合、三津湊の一角を「大湊」としていたのであり、中心集落である三津(三津湊)に「大湊」機能が付与されていたと見るべきなのである。

一五世紀後葉以前にふたつの「大湊」があった事実は、これまで「神宮」と一括りにされてきた舟運のあり方に再検討を迫る。現在の伊勢市大湊町が独自在所としての「大湊」となる以前、宮川河口部には神宮の重層的・多角的な舟運構造が展開していたことになる。

二見大湊から内宮にかけての五十鈴川流域には、三津堂・天覚寺・弘正寺・菩提山神宮寺といった重要寺院が古代末期から中世前期に展開している。一方の外宮周辺では、このような状況は見いだせない。これは、内宮周辺が外宮のそれとは異なる空間と認知されていたことを示している。この状況を素直に評価すれば、中世前期頃の神宮経済は、外宮・山田よりも、五十鈴川流域(二見大湊〜内宮)沿線の方にこそ重点があったと見るべきである。いま一度、そのような観点で当地の状勢を観察する必要があろう。

以上のことからも、内宮と外宮をそれぞれ別の単位として見る観点はもはや必須だといえる。内宮と外宮は、「伊勢神宮」として一括りできる要素を持つ一方、それぞれ相入れない独自な部分を有している。組織的には、内宮は荒木田氏、外宮は度会氏というそれぞれ別姓の一団が独占的に禰宜へと補任される仕組みがある。(56) 中世前期の東国を中心に増加する御薗・御厨にしても、二宮領（内宮・外宮の両方）がある一方、内宮・外宮とが明確に区分されているものも多い。(57) さらに、中世後期になると内宮（宇治）と外宮（山田）の対立は激化している。(58) これらは、これまで諸先学によって検証されてきた周知の事実であるが、舟運・経済や場の構成の観点にまで敷衍されてはいない。「ふたつの大湊」を認識することは、まさに歴史の重層性と盲点を知ることにつながるといえよう。

註

（1）大湊に関する研究史的業績として、小稿の註掲載論文のほか、豊田武『増訂中世日本商業史の研究』（岩波書店、一九五二年）、中田四朗「室町末期の大湊―大湊会所文書を中心として―」（『地方史研究』六二・六三、一九六三年）、竹内久子「「公界」と会合衆―一六世紀の伊勢大湊―」（『歴史研究』二五、愛知教育大学、一九七八年）、新城常三『中世水運史の研究』（塙書房、一九九四年）、永原慶二『戦国期の政治経済構造』（岩波書店、一九九七年）などを挙げておく。

（2）『三重県史』資料編中世2所収。

（3）「太田家古文書」五二（『三重県史』資料編中世1下、一九九九年）。以下、「太田家古文書」は当文献に拠る。

（4）綿貫友子『中世東国の太平洋海運』（東京大学出版会、一九九八年）、宇佐見隆之『日本中世の流通と商業』（吉川弘文館、一九九九年）。

（5）「皇代記付年代記」明応七年条（『神道大系　神宮編二』）。
（6）「神宮雑書」（皇學館大学編『神宮古典籍影印叢刊6　神宮神領記』八木書店、一九八三年）。
（7）小西瑞恵「大湊会合の発達」（同『中世都市共同体の研究』思文閣出版、二〇〇〇年）
（8）「太田家古文書」七〇。
（9）応安四（一三七一）年には存在する。「太田家古文書」八二。
（10）天福二（一二三四）年には存在する。「光明寺文書」一（『三重県史』資料編中世2）。
（11）「太田家古文書」五二。
（12）岡野友彦「大塩屋御薗と製塩」（『伊勢市史』第2巻中世編、二〇一一年）。
（13）伊勢市大湊支所蔵（『三重県史』資料編中世2）。
（14）「国立公文書館所蔵光明寺古文書」三三七（『三重県史』資料編中世2）。以下、「国立公文書館所蔵光明寺古文書」は当文献に拠る。
（15）「太田家古文書」一五六。
（16）小松茂美編『男衾三郎絵詞・伊勢新名所絵歌合』（日本絵巻大成一二、一九七八年）。
（17）当地の地形的特徴については、川瀬久美子「伊勢平野南部、宮川下流域における沖積層の層序と埋没地形」（『愛媛大学教育学部紀要』五九、二〇一二年）などを参照した。
（18）山本威「荘遺跡付近の地形と地質」（三重県教育委員会『荘遺跡発掘調査報告』一九八〇年）。
（19）皇學館大学考古学研究会『二見町の遺跡と遺物』（一九八六年）。
（20）三重県教育委員会『荘遺跡発掘調査報告』（一九八〇年）。

(21) 三重県埋蔵文化財センター『唐剣山遺跡発掘調査報告』(二〇一六年)。
(22) 「御塩殿文書」(『三重県史』資料編中世1下。以下、「御塩殿文書」は当文献に拠る)および「国立公文書館所蔵光明寺古文書」所収史料から。
(23) 「御塩殿文書」、「国立公文書館所蔵光明寺古文書」および「太田家古文書」所収史料から。
(24) 「御塩殿文書」一四・二二。
(25) 詳細は拙稿「二見の地形と生業」(前掲『唐剣山遺跡発掘調査報告』)を参照されたい。
(26) 建仁元年十一月六日付、太神宮司解(「御塩殿文書」一〇)に「二見御厨物検校権禰宜能範」とある。
(27) 『六百番歌合・六百番陳状』(岩波文庫、一九三六年)。
(28) 渡辺則文「中世の製塩技術」(『日本塩業大系　原始・古代・中世(稿)』日本専売公社、一九七四年)、同「前近代の製塩技術」(『講座日本技術の社会史　第2巻　塩業・漁業』日本評論社、一九八五年)。
(29) 「国立公文書館所蔵光明寺古文書」三四一〜三四四。
(30) 稲本紀昭「中世の二見御厨」(前掲『荘遺跡発掘調査報告』)。
(31) 「御塩殿文書」一。
(32) 「徴古文府」二―二二(『三重県史』資料編中世1下)。以下、「徴古文府」は当文献に拠る。
(33) 「御塩殿文書」一九ほか。
(34) 「徴古文府」二―三八。
(35) 二見町役場編『二見町史』(一九八八年)。
(36) 「御塩殿文書」一八。

(37)「伊勢太神宮参詣記」（神宮司庁編『増補大神宮叢書12　神宮参拝記大成』吉川弘文館、二〇〇七年）。
(38)二見町教育委員会『安養寺跡・豆石山中世墓群・豆石山経塚群・五峯山2号墳』（二〇〇四年）。
(39)「東大寺衆徒参詣伊勢大神宮記」（前掲『増補大神宮叢書12　神宮参拝記大成』）。
(40)「徴古文府」二―二〇。
(41)三重県教育委員会編『三重県の文化財』（一九九六年）。
(42)「御塩殿文書」一九。
(43)「太田家古文書」一五六。
(44)唐剣山遺跡の発掘調査で、嘉永地震津波に由来すると考えられる洪水砂（約80㎝）が確認されている。前掲『唐剣山遺跡発掘調査報告』。
(45)松尾剛次『中世律宗と死の文化』（吉川弘文館、二〇一〇年）。
(46)石井昭郎「伊勢神宮寺と菩提山」（『瑞垣』五一六、神宮司庁、一九八八年）。
(47)前掲「東大寺衆徒参詣伊勢大神宮記」。
(48)弘正寺に次いで伊勢国2番目に名を連ねる円明寺は、安濃津に隣接する岩田に所在しており、やはり舟運の便が良い環境下にある。拙著『中世伊勢湾岸の湊津と地域構造』（岩田書院、二〇〇七年）。
(49)前掲小西「大湊会合の発達」など。
(50)西山克『道者と地下人―中世末期の伊勢―』（吉川弘文館、一九八七年）。
(51)前掲拙著『中世伊勢湾岸の湊津と地域構造』。
(52)飯田良一「中世後期の宇治六郷と山田三方」（『三重県史研究』七、一九九一年）。

(53) なお、「都市化」と直接関係するかは慎重な検討を要するが、中世後期の秤量基準として「かのめ升」なるものが存在することに注意を要する(「神宮文庫所蔵文書・古文書」一二三〜一二六(『三重県史』資料編中世2別冊)、『伊勢神宮所蔵文書補遺』ほか)。「かのめ升」は鹿海の地名を冠しており、五十鈴川流域に秤量基準を決める場(鹿海)が存在していたことを示す。鹿海が「都市的発達」をしていたとは考えにくいが、価値基準がこの地にあったことは、神宮経済を考える上で看過できない要素である。

(54) 宮川河口部の旧流路は、前掲拙著『中世伊勢湾岸の湊津と地域構造』のほか、拙稿「高河原遺跡と近世都市山田」(『高河原遺跡発掘調査報告』三重県埋蔵文化財センター、二〇一五年)で検討した。

(55) あるいはこの原因こそが明応地震津波なのかも知れないが、推測の域は出ない。

(56) 大西源一『大神宮史要』(神宮司庁、一九六〇年)、岡野友彦編『伊勢市史』第2巻中世編(二〇一一年)ほか。

(57) 棚橋光男「中世伊勢神宮領の形成とその特質」上・下(『日本史研究』一五五・一五六、一九七五年)ほか。

(58) 前掲飯田「中世後期の宇治六郷と山田三方」。

中世港湾施設の実像

前近代の港湾施設

佐藤　竜馬

すべてを少しずつ。

人は普遍的であるとともに、すべてのことについて知りうるすべてを知ることができない以上は、すべてのことについて少し知らなければならない。なぜなら、すべてのことについて何かを知るのは、一つのものについてすべてを知るよりもずっと美しいからである。

（パスカル『パンセ』断章三七）

一　港湾施設の構成要素

本稿では、港町という「場」の本源的な要素である港湾施設について、主に中世から近世の展開過程を考える。

一九九〇年代より中世港町の景観復元が盛んになり、港町における居住域（集落―町）の空間構成が様々に提示され、多くの成果を挙げているところである。ただし、町と海との間に存在したであろう港湾施設が、景観復元の中で具体的に考慮され、示されることは、まださほど多くはない。港湾施設の具体相を明らかにすることは、その港町での交易の「場」のあり方、また地域における港町の機能・役割を具体的に考えるためにも避けて通れない。

港湾施設が、非常に多様な要素から構成されていることは、現代の我々の日常的な経験に即しても肯けるところである。最も根幹をなす重要な要素は、a乗客の乗降や荷物の積み降ろしに必要な係船岸壁や埠頭・桟橋、b荷物保管のための倉庫や乗客の待合所あるいは港湾管理の事務所、c内陸部へのアクセスのための交通施設、の三者と考えられる。これらに加えて、d船の停泊のために港(碇泊地)を囲う防波堤、e船の航行(出入り)のための灯台・灯標、f荷揚げ作業のための機械設備、g船の建造・メンテナンスのためのドック(船渠)、といった要素が、港湾の安全性や機能性を向上させる施設として存在する。もちろん、これら諸要素は当初から存在したわけではなく、船舶の規模や構築技術、そして何より自然的条件に掣肘されながら歴史的に形成されたものである。

港湾の立地を考慮すると、その大半を自然地形に依存していた段階が想定されるため、地形との関わりという観点の中で人工構造物のあり方を評価することが肝要である。この観点は、前近代においては特に重要である。また、既に市村高男氏が指摘しているような、津・湊を構成する単位の複合的な存在形態を念頭に置くと、全ての要素が一つの港湾に集約されているとは限らないであろうことも予測される。

以上を踏まえ、①港湾施設の形態・構造・技術、②港湾施設と港町との空間＝社会的関連性の二点に注目しつつ、土木史・都市史・歴史地理学・文献史学・考古学での知見やイメージを、いったん年代・空間的に横並びにし、歴史的な展開過程を跡付ける作業を試みたい。

二　描かれた港湾　中世〜近世のイメージの変化

1　描写の類型

絵画史料は、前近代の港湾を検討する際の重要な資料であり、様々な方法論からのアプローチが可能である。ただし中世絵画史料については、写実かどうかという視点で見ることには問題がある。また近世絵画史料も、ある程度「写実」であったとしても制作者の意図というフィルターを排除することは困難であり、写真のように全てが画像として取り込まれているわけではない。このため以下では、当時の港湾に対するイメージが投影された対象として絵画史料を捉えることとし、そこから制作者（あるいは同時代人）のイメージの中での「あり得た形態」、すなわち視覚的に違和感なく受容できる景観が、どのようなものであったかを検討する。

任意に抽出した絵画史料（表1）の描写内容を整理すると、次のような港湾の類型が得られる。

1類　自然地形に大きく依存しており、大規模で恒常的な構造物が描かれない類型。海浜部の砂浜（1ａ類）と川岸・中州（1ｂ類）に分けられる。1ａ類では、岩場（磯）の卓越する港湾の描写は認められない。

2類　自然地形への依存度は高いが、一部に人工造成地（埋立や開削など）が認められ、また護岸・雁木・桟橋などの施設も描かれることもある類型。1類の一部を護岸化したもの（2ａ類）、雁木・桟橋さらには導流堤や埋立地などの人工改変部が描かれるもの（2ｂ類）に分けられる。

3類　港湾全体を波止などにより大きく囲い込むように描かれる類型。河口部や城郭の堀割を船溜まりとして、その出入り口を短い波止で囲むもの（3ａ類）と、海岸から沖合へと長く延びる波止で囲うもの（3ｂ類）がある。多くの船が停泊できる大規模な船溜まり（泊碇地）の存在が、2類との大きな差異である。

2　各類型の年代と描写傾向

1類　自然地形への依存

1ａ類は、中世前期から近世後期まで最も普遍的に認められる類型である。特に中世前期（一三～一四世紀）では、川

構造物								船		集落		
護岸	雁木	係船杭	桟橋	波止	灯標	船溜まり	船蔵	漕船	帆船	港との距離	形状	土蔵
×	×	×	×	×	×	×	×	○	×	やや離	ブロック状	×
×	×	○	×	×	×	×	×	○	×	やや離	ブロック状	×
×	×	○	×	×	×	×	×	○	×	やや離	ブロック状	×
×	×	○	×	×	×	×	×	○	○	やや離	ブロック状 or 両側町	×
×	×	×	×	×	×	×	×	○	○	やや離	ブロック状 or 両側町	×
×	×	×	×	×	×	×	×	○	○（沖）	やや離	ブロック状	×
×	×	×	×	×	×	×	×	○	×	やや離	ブロック状	×
×	×	×	×	×	×	×	×	○	×	やや離	ブロック状	×
×	×	×	×	×	×	×	×	○	×	やや離	—	×
×	×	○	×	×	×	×	×	○	×	—	—	—
×	×	×	×	×	×	×	×	○	×	—	—	—
×	×	×	×	×	×	×	×	○	○沖	離	ブロック状	×
（×）	（×）	（×）	（×）	（×）	（×）	（×）	（×）	○	○沖	直近	ブロック状	×
×	×	×	×	×	×	×	×	○	×	直近orやや離	ブロック状	×
×	×	×	×	×	×	×	×	○	○外湾	やや離	ブロック状	×
×	×	×	×	×	×	×	×	○	○沖	直近	（両側町）	×
×	×	×	×	×	×	×	×	○	×	やや離	ブロック状	×
×	×	○松	×	×	×	×	×	○	×	やや離	散在	×
×	×	○	×	×	×	×	×	○	×	（やや近）	—	×
×	×	×	×	×	×	×	×	○	×	やや離	ブロック状	×
×	×	○	×	×	×	×	×	×	○沖	—	—	—
×	×	○	×	×	×	×	×	○	×	—	—	—
×	×	×	×	×	×	×	×	○	○沖	直近orやや離	両側町	×
×	×	×	○	×	×	×	×	○	×	直近orやや離	両側町	○
×	×	×	×	×	×	×	×	○	○沖	直近	両側町	×
×	×	×	○	×	×	×	×	○	×	直近orやや離	両側町	×
×	×	×	○	×	×	×	×	○	○沖	直近orやや離	両側町	×
×	×	×	×	×	×	×	×	○	×	直近orやや離	両側町	×
○河川石積	×	×	×	×	×	×	×	○	○	やや離	ブロック状	○（兵庫/高砂）
×	×	×	×	×	×	×	×	○	○沖	直近orやや離	両側町	×
×	×	×	×	×	×	×	×	○	×	直近orやや離	散在	×
×	×	×	×	×	×	×	×	○	○沖	直近orやや離	両側町	○
×	×	×	×	×	×	×	×	○	○沖	直近orやや離	ブロック状	×
×	×	×	×	×	×	×	×	○	○沖	直近orやや離	散在	×
×	×	×	○	×	×	×	×	○	○沖	直近	両側町	×
×	×	×	○	×	×	×	×	○	○	直近	両側町	×
×	×	×	×	×	×	×	×	○	○沖	やや離	散在	×
×	×	×	×	×	×	×	×	○	○	やや離	両側町	×
×	×	×	×	×	×	×	×	○	×	—	—	—
×	×	×	×	×	×	×	×	○	×	やや離	（両側町）	×
×	×	×	×	×	×	×	×	○	×	直近	（仮設店舗）	×
×	×	×	×	×	×	×	×	○	×	やや離	ブロック状	×

表1　絵画史料に見える港湾一覧

類型	番号	描写場所	所収史料	年代		地形	
				元号	西紀	形状	人工改変
1a	1	撫養	一遍上人絵伝／歓喜光寺本	正安1	1299	内湾砂浜	×
	2	兵庫津	一遍上人絵伝／真光寺本	元亨3	1323	内湾砂浜	×
	3	松島	一遍上人絵伝／真光寺本	元亨3	1323	内湾砂浜	×
	4	松島	慕帰絵詞	観応2	1351	内湾砂浜	×
	5	丹後府中	慕帰絵詞	観応2	1351	内湾砂浜＋砂堆	×
	6	志度／房前	志度寺縁起／御衣木縁起	鎌倉～南北朝		内湾砂浜	×
	7	瀬田	志度寺縁起／御衣木縁起	鎌倉～南北朝		内湾砂浜	×
	8	経島	法然上人絵伝／弘願寺本	南北朝		内湾砂浜	×
	9	室津	法然上人絵伝／弘願寺本	南北朝		内湾砂浜	×
	10	—	浦島明神縁起絵巻	南北朝～室町		内湾砂浜	×
	11	松島／塩竈	一遍上人絵伝／金蓮寺本	室町(15c)		内湾砂浜(一部磯)	×
	12	三保	三保松原図	室町(15～16c)		内湾砂浜	×
	13	三保	富士三保清見寺図	室町(16c)		内湾砂浜	×
	14	丹後府中	九世戸龍燈図扇面	室町(16c)		内湾砂浜＋砂堆	×
	15	丹後府中	天橋立図	室町(16c)		内湾砂浜＋砂堆	×
	16	—	富士見図屏風	室町		河口砂浜	×
	17	松島	一遍上人絵伝／常称寺本	室町		内湾砂浜	×
	18	二見浦	西行物語絵／ 略本系サントリー本	室町		内湾砂浜	×
	19	今針津(今治)	一遍上人絵伝／光明寺本	文禄3	1594	内湾砂浜	×
	20	松島	一遍上人絵伝／光明寺本	文禄3	1594	内湾砂浜	×
	21	菅浦	一遍上人絵伝／光明寺本	文禄3	1594	内湾砂浜	×
	22	住吉	西行物語絵／広本系東博本			内湾砂浜	×
	23	丹後府中	厳島・天橋立図屏風(図録No.33)	寛永期	1624～44	内湾砂浜＋砂堆	×
	24	松島	塩竈・松島図屏風(図録No.44)	寛永期	1624～44	内湾砂浜＋磯	×
	25	塩竈	塩竈・松島図屏風(図録No.44)	寛永期	1624～44	内湾砂浜	×
	26	松島	塩竈・松島図屏風(図録No.42)	寛永末期		内湾砂浜＋磯	×
	27	塩竈	塩竈・松島図屏風(図録No.42)	寛永末期		内湾砂浜	×
	28	高松西浜(糸撚浜)	高松城下図屏風	江戸(17c中)		内湾砂浜	×
	29	兵庫～鎒万津	時光寺本尊縁起絵	正保1～	1644～	内湾砂浜/河口	×
	30	丹後府中	厳島・天橋立図屏風(図録No.34)	寛文期	1661～73	内湾砂浜＋砂堆	×
	31	堺	大寺縁起絵巻	元禄3	1690	内湾砂浜	×
	32	松島	松島図屏風(図録No.43)	江戸(17c)		内湾砂浜＋磯	×
	33	丹後府中	天橋立・和歌浦図屏風(図録No.40)	江戸(17～18c)		内湾砂浜＋砂堆	×
	34	和歌浦	天橋立・和歌浦図屏風(図録No.40)	江戸(17～18c)		内湾砂浜	×
	35	松島	塩竈・松島図屏風(図録No.45)	江戸(18c)		内湾砂浜＋磯	×
	36	塩竈	塩竈・松島図屏風(図録No.45)	江戸(18c)		内湾砂浜	×
	37	安戸池	讃岐国名勝図絵	嘉永6	1853	内湾砂浜＋砂堆	×
	38	津田	讃岐国名勝図絵	嘉永6	1853	砂浜	×
1b	39	熊野本宮の渡し	一遍上人絵伝／歓喜光寺本	正安1	1299	中洲	×
	40	富士川の渡し	一遍上人絵伝／歓喜光寺本	正安1	1299	川岸	×
	41	福岡の市	一遍上人絵伝／歓喜光寺本	正安1	1299	川岸	×
	42	山崎	山崎架橋図	鎌倉		内湾川岸	×

構造物								船		集落		
護岸	雁木	係船杭	桟橋	波止	灯標	船溜まり	船蔵	漕船	帆船	港との距離	形状	土蔵
○杭＋石積	×	×	×	×	×	×	×	○	×	やや離	ブロック状	×
○石積	×	×	○	×	×	(○河口)	×	○	×	直近	(両側町)	×
○	×	×	×	×	×	×	×	○	○沖	直近	両側町	○
○石積	○	×	×	×	×	×	×	○	○沖	直近	(両側町)	×
○石積	○	×	×	×	×	×	×	○	○沖	直近orやや離	—	×
×	×	×	(○)	×	×	×	×	○	×	直近	両側町	×
○木	×	×	(○)	×	(○)	×	×	○	×	直近	両側町	×
○石積	×	×	(○)	×	×	×	×	○	×	直近	両側町	○
○石積	×	×	○	×	(○)	×	×	○	×	直近	両側町	○
○石積	○	×	○	×	×	×	×	○	○	直近	両側町	○
○石積	○	×	○	×	(○)	×	×	○	○沖	直近	両側町	○
○石積	○	×	○	×	(○)	×	×	○	×	直近	両側町	○
○石積	×	×	×	×	×	×	×	○	×	直近orやや離	両側町＋片側町	×
○石積	○	×	○	×	×	×	×	○	○沖	直近	両側町	×
○石積	×	×	○石積突堤	×	×	×	×	○	○	直近	両側町	×
○	○	○	×	×	×	×	○	○	×	直近	両側町	○
○石積	○	×	×	○	×	○外堀	○藩船蔵	○	×	やや離	ブロック状	○藩米蔵
○石積	○	×	×	○	×	○外堀	△船大工	○	○	直近	両側町	○
○石積	○	×	×	○	○	○	×	○	○	直近	両側町＋ブロック状	○
○石積	×	×	×	×	○	○	×	○	○	直近	両側町＋片側町	○藩米蔵
○石積	○	×	×	○	○	○	△焚場	○	○	直近	(ブロック状)	×
○石積	×	×	×	○	○	○	×	×	○	直近	両側町	○
○石積	(×)	×	×	○	○	○	×	○	○	直近	両側町	×
×	×	×	×	○	×	○	×	○	○	直近	(ブロック状)	×

資料番号に対応

類型	番号	描写場所	所収史料	年代		地形	
				元号	西紀	形状	人工改変
	43	兵庫津	一遍上人絵伝／金蓮寺本	室町(15c)		内湾砂浜	○
2a	44	堅田	近江名所図屏風	室町		河口岩場＋砂浜	○
	45	住吉	厳島・住吉祭礼図屏風	江戸(17c)		内湾砂浜＋造成地	○
	46	坂本	近江名所図屏風	室町		河口岩場＋砂浜	○
	47	―	南蛮図屏風	桃山		造成地	○
	48	厳島	厳島・吉野花見図屏風(図録No.31)	慶長頃		内湾砂浜＋磯	一部○
	49	厳島	厳島・鞍馬図屏風(図録No.32)	元和期	1615～24	内湾砂浜＋磯	○
	50	厳島	厳島・天橋立図屏風(図録No.33)	寛永期	1624～44	内湾砂浜＋磯	○
2b	51	厳島	厳島・天橋立図屏風(図録No.34)	寛文期	1661～73	内湾砂浜＋磯	○
	52	厳島	厳島図屏風(図録No.57)	寛文期	1661～73	内湾砂浜＋磯	○
	53	厳島	厳島・住吉祭礼図屏風(図録No.35)	江戸(17c)		内湾砂浜＋磯	○
	54	厳島	厳島・和歌浦図屏風(図録No.37)	江戸(17c)		内湾砂浜＋磯	○
	55	和歌浦	厳島・和歌浦図屏風(図録No.37)	江戸(17c)		内湾砂浜＋造成地	○
	56	厳島	厳島・近江名所図屏風(図録No.36)	江戸(17～18c)		内湾砂浜＋磯	○
	57	松島	松島真景図(図録No.69)	江戸(19c)		内湾砂浜	○
	58	隅田川	隅田川名所図巻	江戸		川岸	○
	59	高松西浜舟入	高松城下図屏風	江戸(17c中)		砂浜＋造成地	○
3a	60	高松東浜舟入	高松城下図屏風	江戸(17c中)		砂浜＋造成地	○
	61	多度津(桜川)	金毘羅名勝図会	江戸(19c)		河口＋砂浜	○
	62	宇多津湛甫	安政三年奉納宇夫階神社絵馬	安政3	1856	内湾砂浜＋造成地	○
	63	多度津湛甫	金毘羅参詣名所図会	弘化4	1847	造成地	○
3b	64	下津井	金毘羅参詣名所図会	弘化4	1847	造成地	○
	65	丸亀福島・新堀湛甫	讃岐国名勝図会	嘉永6	1853	造成地	○
	66	引田	讃岐国名勝図会	嘉永6	1853	内湾砂浜＋造成地	○

史料の項の「図録」は『松島・天橋立・厳島 日本三景展』(「日本三景展」実行委員会、2015年)の

湊（１ｂ類）を除くと全てがこの類型に相当する。「慕帰絵詞」で描かれた松島（図1）と丹後府中は、内湾する浜に船着き場があり、そこから内陸へ延びる道路の両側に集落（町家）が形成される、という景観を典型的に示している。船着き場に着岸した船はいずれも小船であり、やや沖合に中・大型の帆船が描かれている。また、沖側の島や砂堆先端に寺社が描かれているが、これらが灯標のように入港にあたっての目印の役割を果したことも考えられる。

１ｂ類も中世前期にしばしば見られる描写類型である。河川の渡しとして描かれることが多いが、船着き場が橋の近くにあるように描かれている事例が目に付く（「一遍上人絵伝」歓喜光寺本の富士川の渡し・福岡市、「山崎架橋図」）。陸上交通と水上交通の結節点として、橋と船着き場が近接して描かれていることは注目しておく必要があろう。

2類　人工構造物の顕在化

２ａ類は、中世後期（一五〜一六世紀）に見られる。「一遍上人絵伝」金蓮寺本に描かれた兵庫津は、浜に石積みと杭による護岸が施されているように表現される（図2）。しかし護岸は浜の汀線に沿って出入りしており、大規模な人工改変を示すようには描かれていない。「近江名所図屏風」の堅田・坂本も、出入りの著しい琵琶湖畔に石積み護岸を施すように描写され

図1　丹後府中の描写（「慕帰絵詞」よりトレース）

ており（図3）、堅田では木橋で繋がれた木造桟橋が、坂本では雁木らしい石段が描かれる。

2b類は、近世（一七〜一九世紀）に見られる。屏風の画題として繰り返し描かれた厳島の描写が、その代表的な事例である。厳島神社左側の湾入部で、海に突き出した桟敷をもつ町家と、そこに寄せられる船が描かれる。また神社右側には石積みの導流堤が描かれ、その右側には雁木を伴う石積み護岸が見られる。導流堤の役割は、第一には厳島神社中心部の入江が埋没することを防ぐことであろうが、周辺が船着き場としての機能をもつことにも注目したい。

3類　自然地形の超克志向

3類は、今のところ中世の絵画史料では確認できず、極めて近世的な描写ということができる。3a類は、一七〜一九世紀に見られる。「高松城下図屏風」では、高松城外堀の東西両口が舟入（東浜舟入・西浜舟入）として描かれており、ともに出入り口に石波止を築き、その内側に船溜まりと雁木を伴う荷揚げ場を備えている。また波止上には番所が描かれる。西浜舟入には、船蔵が多数描かれる。雁木

図2　兵庫津の描写（「一遍上人絵伝」よりトレース）

図3　堅田の描写（「近江名所図屏風」よりトレース）

図4　多度津湛甫（『金毘羅参詣名所図会』）

の位置は、高松藩の御用施設である西浜舟入では米蔵に面した最奥部にあるが、城下の町人も広く利用した東浜舟入では港口に近い場所に設けられ、よりオープンな空間構成をとる。なお「高松城下図屏風」では、この両舟入を中核として1a類（西浜糸撚浜・内町の船着き場）、2b類（海手門の船着き場）が描かれており、全体として重層的な港湾の構成をもつことにも注目しておきたい。「安政三年奉納宇夫階神社絵馬」に描かれた宇多津は、沖側に構築された塩田の堀割（湛甫）を港湾施設としている。近接する大東川に架けられた新町橋のたもとに小船が集まる描写は、1b類で見られた橋と船着き場との関係を示している。

3b類は、近世後期の一九世紀になってようやく認められる。『金毘羅参詣名所図会』に描かれた多度津湛甫（図4）は、沖へ延びる長大な東西の石波止と、港口に構築された一文字波止が描かれる。港内では波止に沿って多数の帆船が停泊しており、浜には焚場（ドック）がある。また西波止の先端には灯標が、東波止の付け根には船番所が描かれる。多度津湛甫は天保九年（一八三八）に完成しており、同じく

3b類の丸亀福島湛甫（文化三年〈一八〇六〉）や新堀湛甫（天保四年）とともに、一九世紀前半に行われた長大な波止による湛甫造成が、在来の築港技術の到達点であることをよく示している。

3　想定される港湾の変化と描写の問題点

以上をまとめると、中世前期には内湾する海岸地形に大幅に依存した港湾（1a類）や、河岸や中洲の地形を利用した小規模な船着場（1b類）が普遍的であり、中世後期に人為的な地形改変・造成を一部伴う港湾（2a類）が出現するようである。これに続き、近世前期には地形改変の度合が大きくなる（2b類）と同時に、石波止を伴う堀割を港湾とする完全に人工的な事例（3a類）が出現し、近世後期には長大な石波止に囲まれた事例により港湾の位置が海岸線よりも沖側へ大きく移動する（3b類）。

石波止による港域の囲い込みの有無が、中世の港湾と近世の港湾を分ける指標といえそうである。これは、近世における各地域での石積み技術の発展を考慮すれば、極めて近世的な技術体系に拠っている可能性が高いといえ、単に絵画史料上の表現にとどまらない、実態的な区分指標として捉えてよかろう(1)。

一方で、絵画史料の表現には留意すべき点も指摘できる。中世前期に営まれた香川県高松城下層遺跡や青森県十三湊遺跡の港湾関係遺構は、立地という点では1a類と共通すると見てよいが、そこで検出されたような「礫敷き」は、絵画史料には描かれていない。また、自然地形への依存度が大きいとはいえ、「礫敷き」以前の粗放な自然状態とは異なり、継続的な施設維持への指向が明確である点で、全くの自然地形のように船着き場を描く1a類とは分けて理解した方がよいと考える。ともあれ、船着き場や荷揚げ場が全くの自然地形なのか、軽微な加工を施したものなのかについては、絵画史料の描写内容からは読み取ることができない。

さらに、古代～中世前期の文献史料に散見される「石椋（いしぐら）」が何を示すのかについて、石椋の代表的事例とされる兵庫津（経島）の描写（「法然上人絵伝」弘願本、南北朝時代）を見ても、具体的に読み取ることは困難である。このため、史料の記述内容や、現地における考古学的・地理学的検討の中から復元的に考える必要があろう。

三　港湾施設の形態と技術

上記検討を踏まえ、港湾を構成する構造物として最も存在が明確な、荷揚げ場（雁木、要素a）と波止（防波堤、要素d）について、変遷を跡付ける。なお、後述するような「礫敷き」や「石積み」などの遺構の構造は、他の性格や機能の遺構でも見出すことができるものであり、それ自体で「荷揚げ場」として解釈することはできない。「石積み」が古墳石室や苑池の岸や水路や城郭石垣や便槽で見られるのと同じであり、近世の雁木ですら城郭や寺社の石段などと形態・構造を共通する。したがって、それが置かれた状況（地形や他遺構との関わり、遺物の出土状況や内容など）との関わりで性格が解釈されるべきであり、「何をもって荷揚げ場とみなすか」式に遺構それ自体から杓子定規に要件を定めることは困難であるし、不毛である。特に中世（存在するとすれば古代以前も）で前提されるべきは、汀線に沿って人工構造物を施工することは極めて限定的であるということが、各地の発掘調査によって明らかにされていることであり、汀線に対する積極的な意図を読み取ることが可能である。もちろん、このことがただちに「護岸」といった機能を否定するわけではなく、むしろその構造物が複数の機能を兼ね備えていると考えた方がよいであろう（現代の港湾施設でも同じである）。

1　荷揚げ場の形態―浜・礫敷き・護岸・雁木

荷揚げ場としての浜

博多遺跡群第一四次調査や十三湊遺跡第一五七次調査では、人工的な地形改変を伴わない自然の砂浜が、荷揚げ場として使用された形跡が検出されている。

博多遺跡群の事例は、沖に大規模な砂堆（息浜）を控えた博多浜の西岸部で検出されており、汀線付近に一二世紀の白磁が大量に廃棄されていた。付近は中世には「冷泉津」と呼ばれた御笠川河口部の浅海（潟）であることから、大庭康時氏は、「志賀島や能古島に大船を留め、小舟もしくは中型船で博多津の港と自船とを行き来したものと推測できる。入港する船舶は、御笠川と那珂川が合流して博多湾にそそぐ河道を遡上して入海に入り、砂浜に直接乗り上げて着岸したものであろう。海岸線の白磁一括廃棄が出土した第一四次調査においても、港湾関係の施設は全く検出されておらず、荷揚げの足場としての栈橋を臨時に設ける程度で事足りたのではなかろうか」と推測する。

十三湊遺跡第一五七次調査では、日本海に面した七里長浜背後の潟湖（前潟）に面した汀線が検出され、付近から一三世紀の遺物が多量に出土した。調査地点は、後述する礫敷き遺構の検出地点よりも南側の湊迎寺門前に位置しており、十三湊の中で最も遡る集落域に隣接するため、十三湊遺跡初期の荷揚げ場の機能が想定されている。

以上の事例は、大規模な砂堆の背後に広がる潟湖の汀線であり、砂堆が波除けの役割を果たすことから、静穏な水域の浜が荷揚げ場として選択されていたことが窺える。これは、絵画史料で見た1a類と共通した状況を示している。

礫敷き遺構

平成八・一〇年（一九九六・九八）、高松城下層遺跡（高松城跡西の丸町B・C地区）で検出された礫敷き遺構は、内湾する汀線の緩斜面に拳大の安山岩角礫を貼り付けるように、また平坦に近いところでは敷き詰めるようにして、構築さ

写真１　高松城下層遺跡の礫敷き遺構

れていた(写真1)。構築場所は、香東川旧河道が注ぐ河口部か小規模な潟に当たると推測され、埋没状況から流れに乏しい淀んだ滞水状態の水域に面していたことが考えられる。当初構築された一二世紀前半～後半の遺構はやや内陸側の汀線にあり、一三世紀前半の遺構は水域の埋積に応じて海側へ移動している。またそれぞれの礫敷きは複数面が重複していることから、継続的な維持・管理が行われていたことが分かる。礫敷きに接して、木碇が出土している。また多量の和泉型瓦器椀が共伴しており、摩滅の痕跡が全く認められないことから、この場で荷揚げ・選別・廃棄という一連の作業が行われていた可能性が高い。なお直近では、建物遺構は検出されていない。

調査地点周辺では、基盤層は砂岩円礫層(古代に形成)を分厚く覆うシルト層であり、礫敷きに用いられた安山岩角礫は含まれない。最も近い採取場所として考えられるのが、南約二kmの石清尾山塊である。石清尾山北麓の亀尾山には、山城・石清水八幡宮を勧請したと伝えられる石清尾八幡宮旧境内があり、付近で節理の進んだ安山岩の露頭が認められ、礫敷き遺構を含めた港湾の経営主体を暗示する。同じ角礫を用いた礫敷き遺構は、高松城下層遺跡から北約一二kmの備讃海峡に浮かぶ直島・積浦遺跡でも検出されている(SX〇三、一二～一三世紀)。遺跡は、直島南東部に湾入する小規模な潟の出入り口に位置しており、自然の汀線に安山岩角礫を貼り付けている。花崗岩を基盤とする直島では同種の石材は採取できないことから、高松(中世は野原)

から調達された可能性がある。この推測が妥当であれば、直島群島を経て児島あるいは牛窓に至る備讃海峡横断ルートが、野原を起点に整備されたと評価できる。このことは、播磨・魚住泊の修築料を室泊・尼崎・渡辺といった、魚住泊を航路上の中継地として必要とした主要港町から徴収したこと（正応二年〈一二八九〉）、すなわち受益者負担で港湾整備を行った事例に共通する発想と評価できるのではあるまいか。

ところで材質を問わなければ、高松城下層遺跡と同様な礫敷きは、十三湊遺跡第九二〜九四・一二一次調査でも確認できる。地元産と見られる拳大の角礫と土器・陶器片を、前潟に面した汀線に敷き詰めており、第一二一次調査では礫敷き前面に土留めのための丸太と杭による木組みが検出された。さらに前面の前潟水中では、桟橋と見られる杭列が検出され、最も沖側の杭には縄が巻き付けられていた。これらから、汀線前面の水域に突出するように係船可能な木造桟橋があり、その背後の緩斜面に土留めを伴う礫敷きが広がる、という状況が復元されている。選別・廃棄を示すような遺物が認められず、礫敷きもやや疎らに施工されているように見受けられることが、高松城下層遺跡と異なる点である。

このほか、徳島県川西遺跡の「石積み護岸」第一・二段階（一二世紀末〜一三世紀前半）、尾道遺跡第一次ＳＸ〇七五（一四世紀前半）・第一〇次四―三層角礫層（四―二層か、中世）・第五八次石組遺構（中世）・第七九次ＳＸ〇一（中世）ほか、島根県中須西原遺跡・中須東原遺跡（一五世紀前半・同後半以降の二時期）、兵庫県兵庫津遺跡（御崎本町地点ＳＸ一八、一五世紀後半〜一六世紀）、福岡県博多遺跡群第八九次調査（一六世紀）などが、同様の礫敷き遺構の検出事例である。また、周防国府跡第五・九次調査（船所地区ＳＤ一〇四、一二世紀）では、汀線斜面に人頭大の礫を並べた「護岸状遺構」が検出されているが、礫は積まれたのではなく、前面に打たれた杭列に板を渡し、その裏込めとして礫が詰められたと推測されている。したがって、構造上は石積みではなく、礫敷き遺構の一形態として捉えられる。

これらの立地は、高松城下層遺跡や十三湊遺跡と同じく、砂堆背後の河口部・潟の汀線（中州西原・東原遺跡、兵庫津遺跡、博多遺跡群、周防国府跡）か、潮流を避け得る出入りのある海岸線（尾道遺跡）、内陸部の小規模河川に面している（川西遺跡）かである。いずれにしても、自然地形に大きく依存し、その一部を限定的に加工して構築されていることで共通する。とはいえ、その加工の範囲は、高松城下層遺跡で約一〇〇m四方以上、十三湊遺跡で南北約二〇〇m以上、中州西原・東原遺跡で東西約二四〇m以上に及んでおり、川湊の川西遺跡でも一定規模の範囲を有する。十三湊遺跡以外の上記三遺跡では、継続的な修築の形跡も指摘できるため、その構築主体が小規模もしくは単一の経営体でないことは想像できる。

石積み遺構

積浦遺跡（SX〇一、一三～一六世紀）、尾道遺跡第七次SX二八（一四世紀中葉～後半）・SX二二（一四世紀末～一五世紀前半）で確認されている。積浦では、先行する礫敷き遺構の埋没後、汀線に人頭大の自然礫（花崗岩・安山岩）を垂直に布積みしている。同種の遺構は、香川県伊勢町遺跡（一三～一四世紀）でも存在した可能性があるが、工事中の発見の証言であり詳細は不明である。

また礫敷きの事例で挙げた川西遺跡では、一四世紀～一五世紀前半に石材を垂直に積み上げた石積み護岸がみられ、そこから中洲に向かって石積みを伴う突堤状遺構が構築される。この突堤状遺構は、岡山県百間川米田遺跡で検出された一三～一四世紀構築の橋梁に類例が認められ、橋梁本体（おそらく木橋）の橋台である可能性が指摘できる。周囲の水域では杭列が検出されていることから、橋梁に隣接して引き続き港湾施設が存在したことも推測でき、既述したような1b類の描写を彷彿させる。

なお、積浦遺跡SX〇一の最奥部では、大型の石材を斜めに積んでスロープ状の斜面を作り出している。同種の遺構は、極めて限定された部分の調査であるが、伊勢町遺跡（一六～一七世紀の遺構）で存在する可能性がある。スロープ状の石積み斜面については、雁木の一形態とみなすことが可能であり、近世以降にもしばしばその存在を確認できる（門司港砂津漁船溜まり）。また特殊な事例としては、三津（高知県室戸市）における鯨の水揚げ場に、石敷きのスロープが認められる。

階段状の雁木

瀬戸内各地では、近年まで見ることができた港湾施設である。干満に応じて船と岸との間に板（道板）を架け渡し、荷揚げをスムーズに行うことができる。前近代における荷揚げ施設の到達点を示すものであろう。石材を階段状に積み上げて構築されるが、石材の形状から①屋敷の地形石（延石）のような細長い切石を並べて石段とする広島県御手洗（安永八年〈一七七九〉頃）や鞆（文化八年〈一八一一〉）、②短い割石を並べる香川県丸亀新堀湛甫（天保四年〈一八三三〉）、という二者の存在が指摘できる。両者の違いは、機能上はさほどないといえるが、施工にあたっては①の方が長い用材を水平に据えるために、より高い施工精度が求められ、難易度が高いと考えられる。

階段状の雁木は、近代以降も地方の中小港湾や漁港において使用され続け、昭和初期以降はコンクリート造が次第に普及していった。

変　遷

以上のように現存遺構や調査遺構による限り、礫敷き遺構は一二世紀前半、石積み遺構とスロープ状雁木は一三～一六世紀、階段状雁木は一八世紀を上限とする。これは、既に検討した絵画史料の描写内容の変化と大きくは矛盾しないが、階段状雁木は絵画史料では一七世紀まで遡ることは確実であり、実例としても今後検出される可能性が高い。また石積み遺構は、出現時期の限定が難しいが、尾道遺跡での事例は同一地点での修築事例であり、共伴土器や層位関係から見て一四世紀代に遡るのは確実であろう。また、川西遺跡での「礫敷き→石積み」の変化は一五世紀であることを併せると、一四世紀中葉～一五世紀が石積み遺構の普及した時期と判断できるが、これは絵画史料の初見時期と概ね整合する。

中世を通じた礫敷き遺構の普遍的な存在は、絵画史料からは窺うことができない自然地形依存の港湾施設のあり方に、具体的な姿を与えるものと評価できよう。

2　波止―砂堆・石椋・石波止

波除けとしての自然地形

潟と海とを隔てる砂堆、河口部の砂洲、入江や湾に近接した岬や砂洲・砂堆、瀬戸（水道）を画する島などは、自然の波除けとしての機能を果たしている。森浩一氏がその存在を積極的に指摘した、弥生～古墳時代における潟港は、その典型である。各地の自然条件にもよるが、潟港が最もよく機能したのは弥生時代～平安時代初頭であるとされる。これに続く中世では、讃岐の港町の踏査所見によると、平山のように砂堆内陸側の水深が確保できた事例も存在するものの、潟の埋積が進んで港湾機能を大幅に低下・喪失したとみられるケースが多く、砂堆に波除けの機能を期待することは困難な状況にある。例えば鎌倉～南北朝時代に描かれた『志度寺縁起絵』には、砂堆背後の潟には船が全く描かれず、砂堆前面の志度湾に面して着岸した船が描かれている。

砂堆の規模や地形変化の状況などの地域差は、考慮されなければならない前提ではあるが、中世の港湾施設をめぐる地形条件は、必ずしも恵まれたものではなかったといえるであろう(2)。

築島と「石椋」

こうした地形条件に対する、人工的な波除けとして現れてくる構造物が、築島や「石椋」である。

築島の典型例として挙げられるのが、鎌倉・和賀江島（貞永元年〈一二三二〉）である（写真2）。材木座海岸の南端に突き出す岬である飯島から海中に延びる人工島であり、先端部に五〇×七〇mの楕円形プランの島を構築し、海岸から延びる二本の波止と繋がっている。波止と島との間には、一二〇×一七〇mの台形の船溜まりがあり、北側すなわち内陸側の波止の一部が途切れて船の出入りが行われるようになっている。波止上には、係船のための立石や松丸太があったという。現状で観察できる構築材が全て円礫であること、僅か二六日という短期間で完成していること（『吾妻鏡』）から、捨石工を主体とした構造物であることが想定される。この点で、近世以降の波止の上部構造とは根本的に異なると評価できよう。一方、和賀江島自体は近代に至るまで船溜まりとして利用されていることから、係船柱の存在は江戸時代の修築によるものの可能性も考える必要があろう。

写真2　鎌倉と和賀江島（右下海中の白い部分）
（国土地理院USA-M399-98 を使用）

このほか、文献史料で確認できる「築島」の事例としては、大輪田泊・魚住泊・福泊（以上、播磨国）、一州（摂津国）、鐘崎（筑前）などがある。建久七年（一一九六）の太政官符（『鎌倉遺文』八四七号）では、大輪田泊・魚住泊を「石椋」、一州を「小島」と称しており、若干異なるニュアンスで表現している。しかし、正応二年（一二八九）の伏見天皇宣旨案（『鎌倉遺文』一七一五四号）では「魚住嶋」、嘉暦二年（一三二七）の六波羅御教書案（『鎌倉遺文』二九七九〇号）では「兵庫嶋」としていることから、石椋が築島に関わる構造物であることが推測できる。

ところで石椋とは、「石を積み上げてつくった垣。防波堤。また、波浪を防ぎ、内側に停泊所を作るための築島をもいう」とされる（『日本国語大辞典』）。仁寿三年（八五三）の太政官符（『類聚三代格』巻一六）に見える、「大輪田船瀬石掠（椋）」という表現がその根拠に挙げられている。石を積み上げた島で船瀬（泊）を造ると読めることから、和賀江島と同様の構造物を想定するのが妥当であろう。つまり、波を避けるための構造物としては「石椋」と表現され、構造物の形状に重きを置くと「島」と呼ばれ、またそれによって生み出された船泊り（碇泊地）を「船瀬」と呼んだことが推測される[3]。

「石椋」とされる構造物

大輪田泊で巨石の石積みと護岸杭、また魚住泊で井桁状に組まれた丸太の構造物が工事中に発見されており、これらを「石椋」とする見解がある。出土状況が不明瞭でもあり、他の構造物に伴う可能性も残されるため、以下、若干検討する。

まず大輪田泊の石椋であるが、昭和二七年（一九五二）の発見場所（新川橋西側の新川運河拡張部）を「摂州八部郡福原庄兵庫津絵図」（元禄九年〈一六九六〉）と照合すると、一七世紀末には「須佐入江」に面した汀線付近に当たる可能性が指摘できる。この付近に描かれた陸地は、その形状から推測すると①兵庫城から南に延びる砂堆Ⅱ先端部と、②東側に長く延びる砂堆Ⅰと砂堆Ⅱとを繋ぐ近世段階と思われる人工造成地、から成ると考えられる。ところで発見された石材（現在、築島橋西側に設置）は、一m以上にも及ぶ花崗岩の割石であるが、その大きさは和賀江島での用材のあり方とは著しく様相を異にし、また瀬戸内地域での花崗岩使用の履歴から見ても近世以後である蓋然性が高いのではなかろうか。付近は近世兵庫城の縄張りでは総構（都賀之堤）に続く水域であり、兵庫城の外郭防御線としての位置にある。したがって「石椋」とされた石材と杭は、一七世紀以降に建設された兵庫城に関連する施設（例えば須佐入江を利用した舟入）の護岸ないし石垣の構築材としての可能性を考えておきたい(4)。

また魚住泊（江井ケ島）での構造物は、赤根川河口部で発見されたものであり、井桁に組まれた木組み内部に石材が充塡されていたとされている。これに最も近似する工法は、「木工沈床」と呼ばれるものである。木工沈床は、土木史では明治中期（一八八五～九五年頃）に考案された近代的工法で、明治初期にオランダから導入された粗朶沈床工を改良したものとされる（眞田秀吉）。ところが江井ケ島発見木材は、新たに行われた炭素一四年代測定から一〇世紀代の伐採が推定されており（春成・工藤・稲原）、近代の所産と見ることは困難である。

江井ケ島発見の木組みは用材が径〇・七～一m、長さ五～六mとかなり太く長い（木工沈床の標準的な富士川での事例が径〇・一五m、長さ二・六m）という相違点、すなわち近代よりも木枠の規格が粗く、また木材の結束方法が簡易であるところにより先行的な要素を見出し、この種の工法の祖形が古代まで遡ると判断しなければならないであろう。その上で、この構造物がどのように石椋もしくは「魚住嶋」と関連付けることができるかが検討される必要がある。近代の木工沈床は、水制（水の流れを変更・誘導する）や護岸の根固め工として採用されているが、江井ケ島での木組み発見場所はいずれも赤根川河口左岸の海岸線であることから、激しい潮流による浸食を防ぐための工作物と見るのが妥当であろう。

多くの先学は、この海岸線と背後にある船溜まり（旧赤根川。江戸時代の絵図では「東嶋川」）の間の細長い地形を含めた一帯を人工の島と考えている。しかし、高砂から神戸に至る海岸部には多くの砂堆が形成されていることからすれば、この細長い地形はむしろ赤根川河口部に形成された砂堆と見るべきで、その汀線の流失を防ぐための護岸の根固めとして、古代に木組みが施工されたと推測される。江戸時代の絵図（田中源左衛門家文書）で「波止」と記された楕円形の石積みは、この砂堆東端（「東嶋川」河口）からやや沖に存在するように描かれているが、これこそが古代以来の石椋ではなかろうか。その場所から東側の海岸線は緩やかに湾入しており、「東嶋川」とともに港湾の適地といえ、実際に近世の東嶋村の中心域（現在の江井島地区の中心域）はこの入江に面する。したがって「波止」＝石椋は、湾入する東嶋を潮流から遮蔽する目的をもって築かれた、といえるのではなかろうか（図５）。

石椋の分布

文献史料に見える石椋は、淀川河口部から播磨沿岸部、そして玄界灘に面した宗像という二地域に集中している。これらは八～九世紀には港湾機能が確認でき、一州（河尻）・大輪田泊・魚住泊・福泊（韓泊）の四箇所は

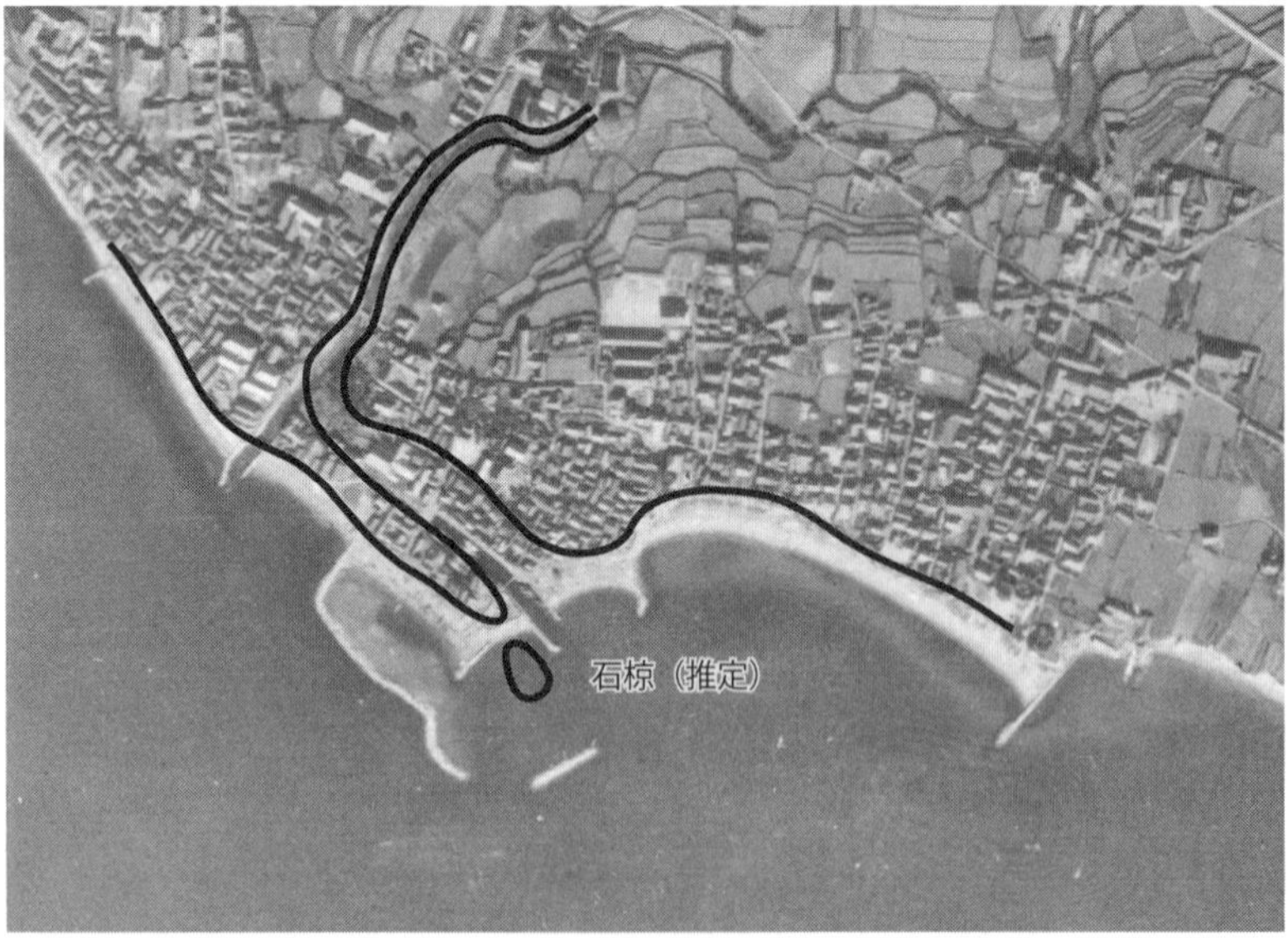

図５　魚住泊の旧地形と石椋の推定位置（国土地理院 USA-M324-A-6-78 を使用）

九世紀に朝廷から五泊とされた重要な港湾であり、八世紀後半には造船瀬所により整備が行われるようになった。また瀬戸内と博多の中間にある鐘崎では、神護景雲元年（七六七）に船瀬を造った宗像郡司とその妻が朝廷より叙位されている（『続日本紀』）。石椋の構築による船瀬の造成が、律令国家の海上交通施策として重要視されていたことが分かるが、その維持・管理が困難であったことは、三善清行の意見封事一二箇条（延喜一四年〈九一四〉）の最後に魚住泊修築の必要性が訴えられていることからも分かる。これらの港湾の管理に国家がてこ入れした理由は、瀬戸内海北岸から玄界灘に至る海上ルートが対外的な正式交通路、あるいは大宰府から畿内への物資輸送ルートとみなされていたことに求められよう（森田氏ほか所論）。中世には、大寺院や勧進僧らによりこれらの復旧が行われていくが、和賀江島を除けば新規の築造は史料上、認められない。また和賀江島も、前年（寛喜三年〈一二三一〉）に鐘崎で築島を行った往阿弥陀仏が建設を行っており、西国での継続的な修固によるノウハウが応用された可能性が高い。

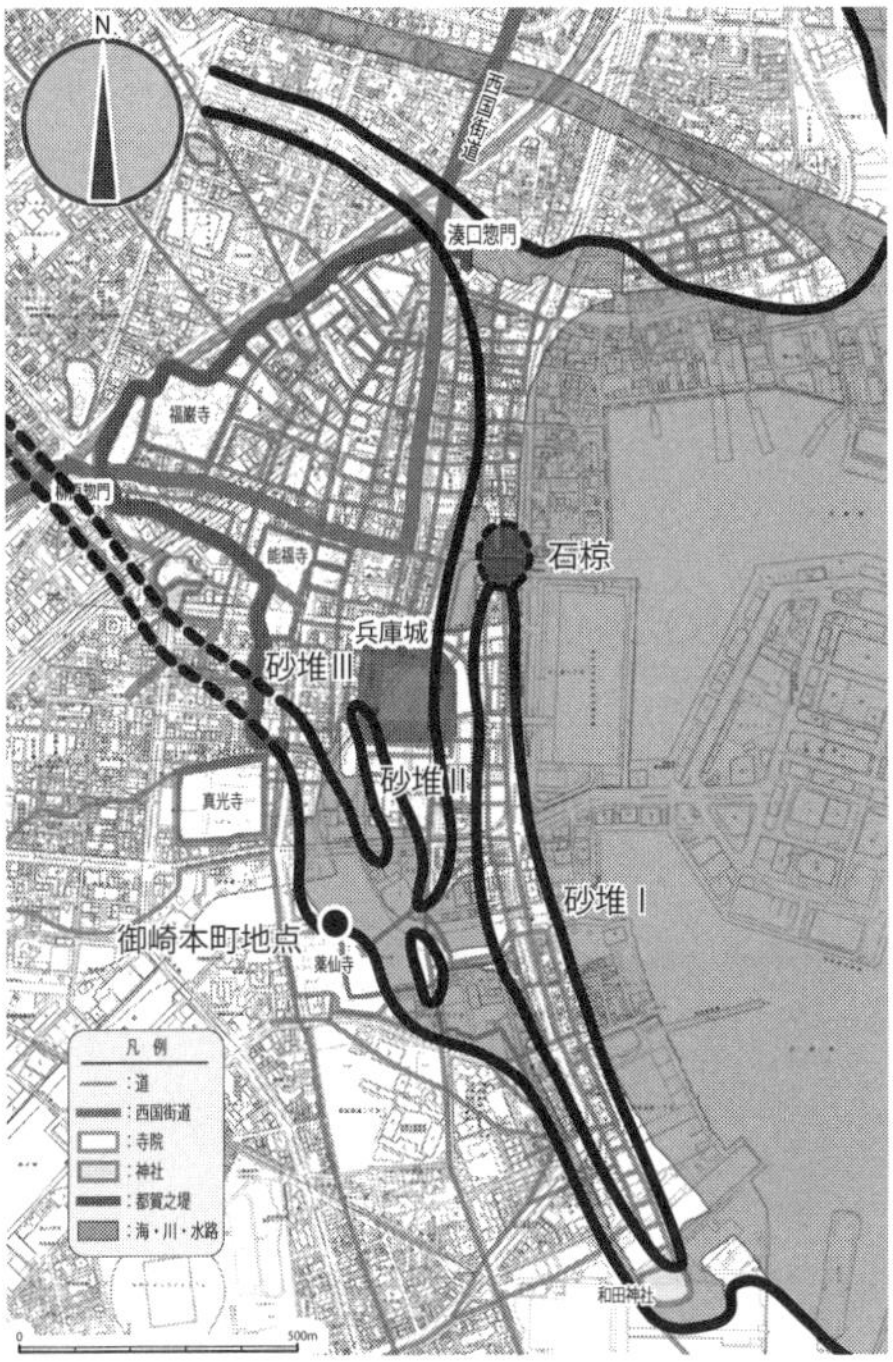

図6　大輪田泊推定図（神戸市教育委員会、2012）
「兵庫津遺跡第57次調査—兵庫城跡の調査—」
掲載図を引用加筆

大輪田泊の石椋

大輪田泊（兵庫津）の中世の地形は、元禄期の絵図や発掘成果、また現地踏査の所見を参考にすると、湊川の旧河口の南側に発達した細長い四条程度の砂堆を基盤とすることが想定される（図6）。

ところで平清盛が承安三年（一一七三）に築造に着手した経島は、八〜九世紀の史料に見える石椋・船瀬とは異なる新規事業と見る意見もあるが、治承四年（一一八〇）に「大輪田泊石椋造築役」を清盛が申請しており（『山槐記』）、そこで古代以来の名称が用いられていることからすれば、同一地点での石椋修築と見るのが妥当ではなかろうか。経島の伝承地（神戸市兵庫区島上町）は、元禄期の絵図で「嶋上町」、『兵庫北関入船納帳』で「嶋上」「嶋」「嶋本」と呼称される地域と同じと見て大過なく、この地が経島と捉えてよいであろう。ここは、最も海側の砂堆と旧湊川河口部との間に位置する。この砂堆は最も形成の新しいものであり、江戸時代には町場化していたことは明らかであるが、中世には陸地化が十分に進んでいたかどうかは検討の余地があろう。可能性としては、形成途上の砂堆先端部（北端）を利用しつつ築島を行い、船瀬を造成したことが想定される。[5]

いずれにしても、築島が頻繁な改修と恒常的なメンテナンスを繰り返す必要があり、それゆえに国家的な事業と位置付けられたことに、改めて留意しておく必要があろう。

鐘崎の石椋

筑前国宗像郡の鐘崎は、玄海灘と響灘の境界に突出する岬（小屋形山）周辺に営まれた港湾である。岬北側の響灘海浜（深浜）は、強い北風と激しい波浪にさらされることが多く、直線的な東西方向の海岸線を対象にした船瀬建設は極めて困難と思われる。やはり従来から想定されているように、船瀬は岬の南側で湾入して南北方向に延びる玄海灘海浜に建設されたのであろう。現在では全くその痕跡を認めることができないが、現地踏査の所見を併せると、海岸線が最も湾入した位置にある京泊集落前面付近が適地と考えられる。この付近は、岬突端部の磯（岩場）がすぐ西側まで広がっており、和賀江島の立地に近似している。近代鐘崎漁港の最も古い波止は、この磯を利用して構築されていたようであり、明治三〇年（一八九七）に行われた捨石工もこの場所で施工されている。寛喜三年（一二三二）の築島はこの周辺で行われた可能性があり、神護景雲元年（七六七）建設の金埼船瀬もその前身構造物（石椋）によって生み出されたと考えられよう（図７）。

石波止の築造と展開

石椋を基礎工（捨石）的な構造物として捉えることができるとすれば、石組による明確な上部工を伴う石波止とは一線を画すべきものとみなすことができ、石椋から石波止への展開には技術的な飛躍を想定した方がよいであろう。やはり石波止は、絵画史料で確認できたように近世的な構造物であり、その出現を中世まで遡らせるにはなお根拠が不足しているとみなさざるを得ない。

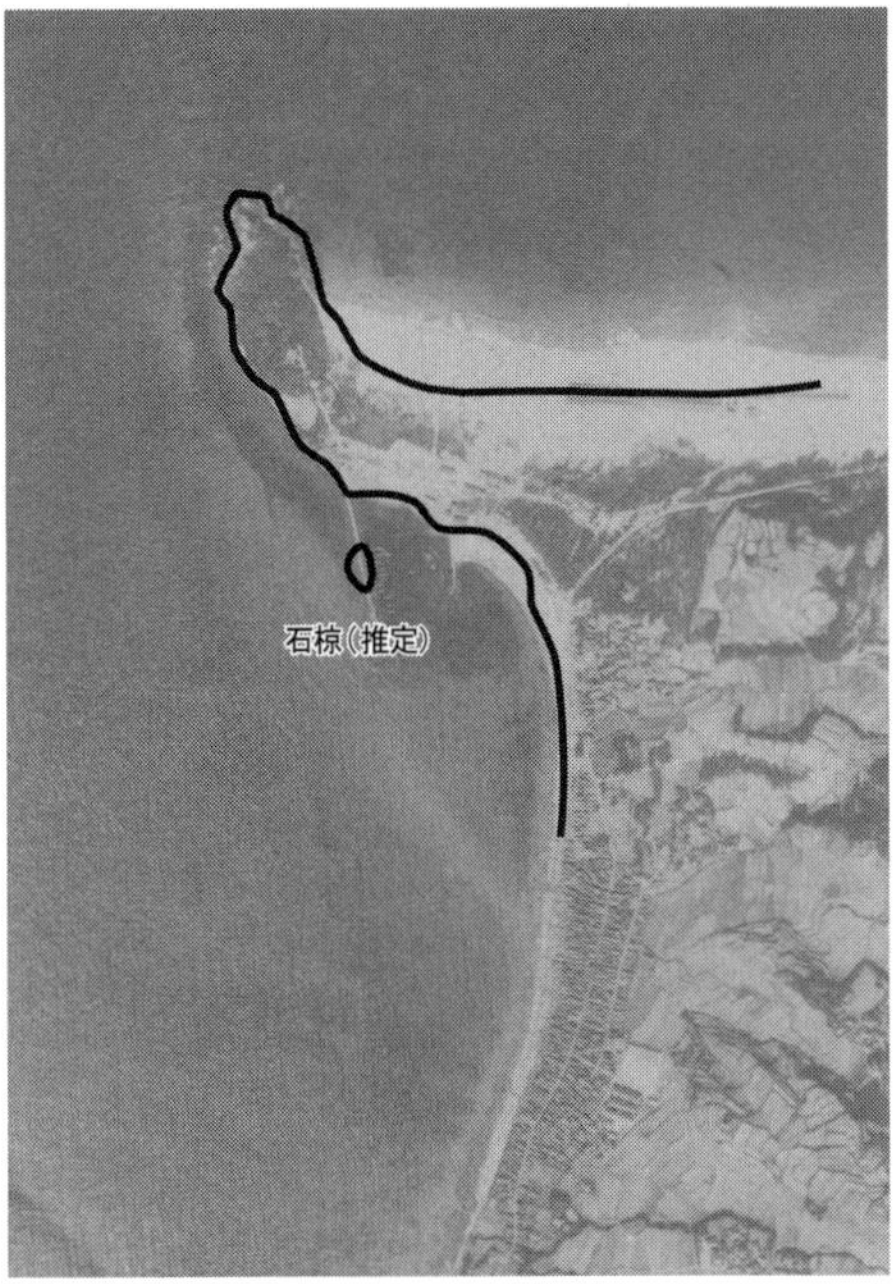

図７　鐘崎の石椋推定位置
（国土地理院USA-M122-90 を使用）

既に見たように、讃岐における石波止の嚆矢は、高松城の西浜・東浜の両舟入と考えられる。すなわち水城である高松城の外堀出口に波止を設けて港湾空間としているのであり、その構築には城郭石垣の技術が応用された可能性がある。高松城が織豊系城郭としてはかなり早い時期（天正一六年〈一五八八〉）に築城を開始した水城で、慶長期には基本形が完成していたと考えられることを考慮すると、西浜・東浜舟入は石波止としては最初期の事例の可能性がある。もっとも築城者の生駒氏自身が、伊勢神戸城（天正一一年）や

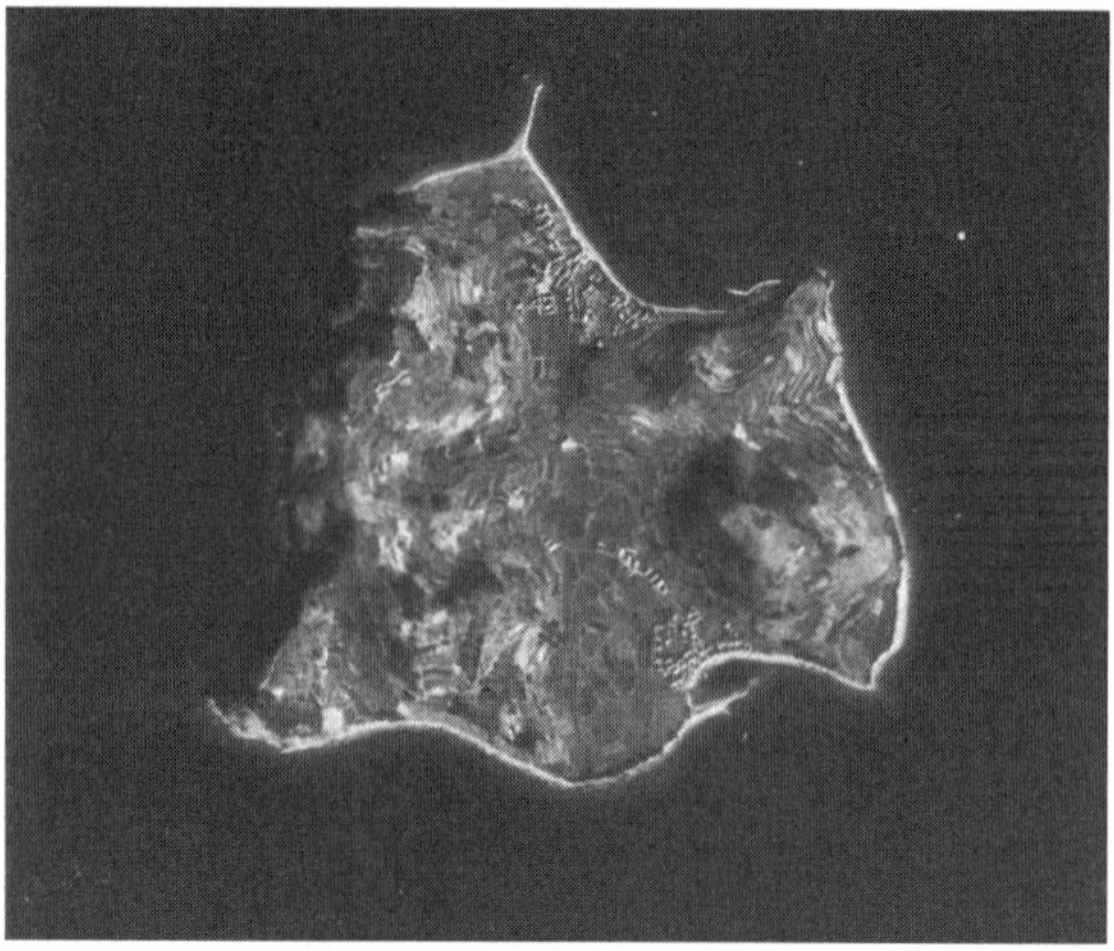

写真3　牛島小浦の波止(下右側)
(国土地理院USA-M850-A-8 を使用)

播磨赤穂城(天正一四年)での築城経験をもつこと、また生駒氏以前に讃岐入りした仙石氏が淡路洲本城(天正一〇年)を経営していたことなどを考慮すると、織豊政権自体に港湾と一体化した水城への指向が強く働いていたことが考えられる。

一七世紀後半〜一八世紀には、城下町以外の讃岐各地において石波止の建設が進められるが、その中でも早い事例として、牛島南浦(小浦)がある。牛島は瀬戸内の難所の一つ、備讃海峡西側の塩飽諸島に属し、西廻り航路の整備によって急成長した船頭を抱える島である。寛文一二年(一六七二)、南浦(小浦)に新たに波止を伴う舟入が完成し、延宝七年(一六七九)・元禄一六年(一七〇三)・宝永二年(一七〇五)・宝永五年と数度に亘り波止の修築を行い、受益者である船頭たちから修理料を徴収している(「船入諸事之帳」)。その舟入は、島の南東部で冬季の季節風を避けることができる場所にあり、小さく内湾する海岸を塞ぐように波止が築かれている(写真3)。自然地形を最大限利用した港湾であり、既述の3a類に相当する。波止を施工した石工集団は不明であるが、塩飽諸島には徳川氏大坂城の普請にあたり多くの丁場が設定され、それ以降も石切りが行われていたことを考えると、それとの関連が問題になるところである。下って一八世紀になると、備前の石工が瀬戸内沿岸で石波止を築くようになり、讃岐では和田浜湛甫(安永二年〈一七七三〉)や多度津湛甫(天保九年〈一八三八〉)で施工例がある。

近代になると、上面が湾曲して断面形状が蒲鉾形を呈する「巻石防波堤」が、日本固有の特徴的なタイプとして登場する（写真４）。明治期の防波堤諸例から、巻石防波堤は明治三〇年代に伝統的工法を基盤に完成したタイプとみなすことができる。おそらく波のエネルギーを受け流し、崩壊を防ぐための工夫として、曲面を構成する形態が考案されたと考えられるが、明治期は波に対する有効な防波堤構造については模索段階であり、やがて末期には捨石の上にコンクリート函塊を据え付けて芯構造とする施工技術が普遍化していく。

写真４　多度津港西防波堤（巻石防波堤、明治44 年）

３　掘り込み式港湾

波止による停泊地の造成（海域の囲い込み）と異なる、自然地形への働きかけをもつ技術体系が、掘り込み式港湾である。近世前期（一七世紀）、全国各地で建設された浜や河口を開削した舟入（碇泊地）は、その一例である。高松城・丸亀城・明石城・今治城・徳島城・小倉城・津城など、多くの水城で認められ、海浜部の砂堆や潟湖を利用しつつ、砂地が開削されている。比較的大規模な開削を伴う点に、自然地形への依存度が高い中世の港湾からの飛躍が指摘できる。また、埋積に対する恒常的な浚渫を必要とし、ある

写真5　津呂港(国土地理院USA-R519-1-19を使用)

意味でそれを前提にした管理体制が明確化されている。

土佐の掘り込み式港湾

ところで、施工技術の難易度において、これらとは比較にならない内容をもつ掘り込み式港湾が、同じ時期の土佐藩で建設された。土佐での事例は、古くから難所として知られた室戸岬周辺に集中しており、土佐藩執政の野中兼山らの主導で建設された。半島の西側付け根にあたる手結(承応元年〈一六五二〉)・室戸岬の津呂(寛文元年〈一六六一〉)(写真5)・佐喜浜(慶安二年〈一六四九〉)・寛文三年)・室津(延宝五~七年〈一六七七~七九〉)がその事例である。もっとも津呂・室津では、より遡る元和~寛永期に室戸岬の最御崎寺(東寺)ゆかりの最蔵坊が小規模な開削を行っており、その際、「船より少宛勧進を可被仕候事」を藩から認められている。これらに続き室戸岬東岸部の漁民により、沿岸捕鯨の基地として椎名(一七世紀後半か)・三津(享保三年〈一七一八〉)が開削された。したがって、土佐における掘り込み式港湾は、一六一〇年代後半~三〇年代前半に端緒があり、一六五〇~七〇年代に藩直営で先端工法が投入され作業規模が拡大し、それ以降に地域単位での施工が可能なように在地化したといえよう。

立地と工法

室戸半島の掘り込み式港湾は、いずれも急峻な丘陵が海側に突き出す岬状地形の陰にある。このうち、室津・佐喜浜は奈半利などとともに古代以来の港であり、小規模河川の河口部を利用した１ａ類的な港湾として出発したと考えられる。しかし室戸半島周辺は、歴代の南海地震による地盤の隆起、河川や津波による港域の埋積など、短期的な地形環境の変動が著しいことが特徴である。このことが、遠隔地交易の進展に伴う航路の恒常化や、使用する船の大型化と相俟って、近世には著しい地形改変を必要とする状況を、現出せしめたと思われる。

港湾の建設にあたっては、岩礁の除去による港口の確保や、基盤となる岩盤の大規模な掘削による碇泊地の造成が行われている。碇泊地の形状は、主軸を海岸線に平行させた細長い長方形であり、それと直交する形で長辺のやや偏った位置に幅の狭い港口を設けている点で共通する。これは、季節を問わず打ち寄せる厳しい波濤が港内に及ぶのを避け、海流に運ばれてくる漂砂が港内に堆積するのを避けるための措置であろう。なお津呂港では、工事にあたり前面の海域にアーチ形の締め切り堰堤を築き、排水しながら泊地を掘削するドライ工法が採用された。また室津港では、泊地の法面に城郭同様の大振りな石を用いて石積み護岸が施されており、手結では軟弱地盤のため基礎に胴木が敷かれたという。城郭普請並みの技術と労働力が集中的に投下されたことが分かる。

４　前近代における港湾施設の展開過程

二節３項での整理も踏まえ、前近代における要素ａ・ｄの展開を考えると、五つの画期を措定することができる。すなわち、画期①八世紀頃の捨石工主体の石椋＝築島による船瀬の造営開始、画期②一二～一三世紀頃の礫敷きによる荷揚げ場の出現と石椋の再築、画期③一四世紀頃の垂直方向に積み上げた石積み遺構の出現、画期④一六世紀末～一七世紀の階段式雁木、短い石波止、掘り込み式港湾の出現と普及、画期⑤一九世紀前半の長大な波止による船溜まりの出現、である。人工構造物による自然地形への働きかけという点では、近世前期の画期④を最大の変革期と捉え、画期⑤をその延長にある技術的な深化過程とすることができよう。これらの歴史的展開が、周辺のアジア地域との技術的関連性をもつのか否かについては本稿では全く言及できないが、今後の重要な課題ではある。

その他の要素との対応関係を概観する。倉庫・待合所・管理事務所（要素b）の存在は、『兵庫北関入船納帳』（文安二年〈一四四五〉）のような帳簿が作成されていることからすれば、中世に存在したことは確実であり、港湾の管理の問題を考えれば画期②以前にまで遡らせることができよう。古代における難波や国府津などの「客館」「館」（むろつみ）、あるいは上町台地や紀ノ川河口部で検出された古墳時代中期の倉庫群などが挙げられる。

灯台・灯標（要素e）は、香川県仁尾宿入の木造金毘羅灯籠（寛政一二年〈一八〇〇〉改築）、鞆の石造金毘羅灯籠（安政六年〈一八五九〉）、丸亀新堀湛甫の江戸講中銅灯籠（太助灯籠、天保九年〈一八三八〉ほか）などが、規模が大きいことと港内における位置から灯台の役割を果たしたことが分かる事例である。一方、通常の石灯籠の形を取るものの（多くが金毘羅灯籠）が、波止の先端（多度津湛甫）や砂堆の先端（坂出浦）、湛甫の港口（宇多津）、岬の先端（香川県与島浦城）などに置かれている。これらには一九世紀前半～中葉の年紀が認められる。やや先行する事例として和田浜湛甫では、寛政四年の石灯籠がある。また高松城下では、一七～一八世紀の絵画史料には東浜・西浜舟入などに灯標が描かれていないが、一九世紀前半～中葉には描かれるようになり、明治一五年（一八八二）の古写真では北浜の木造灯籠と東浜舟入波止の石灯籠が写し込まれている。以上からすれば、灯台・灯標の急速な普及は、概ね一九世紀前半と推測される。このことは、画期⑤と一致する現象である。もっともそれ以前に灯台・灯標がなかったわけではなく、江戸湾の入口にあたる浦賀の灯明台は慶安元年（一六四八）に幕府によって建てられている。さらに『法然上人絵伝』（一四世紀初頭）には、兵庫津の景観として海岸に祠状の木造建築が描かれているが、灯標であった可能性も一考の価値があろう。

ドック（要素d）すなわち船蔵が明確化するのは、一六世紀末葉～一七世紀前半の城下町建設からである。「高松城下図屏風」には、藩専用の西浜舟入に多数の船蔵が描かれ、その背後の建物に材木が集積されている。商人たちが使用していた東浜舟入の背後でも船が作られている。ドックの機能はそれ以前からも存在したと思われるが、特定の場所が船蔵あるいは焚場として「施設化」するのは、この時期を含む画期④と見てよかろう。

ところで、長崎県壱岐・原の辻遺跡で検出された「船着き場跡」（弥生時代中期前葉～後葉）は、上記してきた諸例とは著しく年代を異にする事例であり、その位置付けが問題となるところである。筆者は定見をもつに至らないが、以下の点が確認できる。①当該遺構は壱岐・内海に注ぐ河内川支流に位置する川港であり、恒常的に波浪にさらされる海港とは異なる構造をもつこと、②河川流路の地形を利用し盛土（粗朶敷工法）により「突堤」を造成しており、近世の港湾に通有の捨石＋石積みを主構造とする波止とは異なること、③「突堤」や周辺の河道斜面に貼り付けるように（もしくは捨石的に）礫を用いており、中世以降の礫敷きと共通した特徴をもつこと、である。上記した画期との対応関係で考えると、礫敷きの出現年代を遡らせる要素をもつといえるが、石椋や波止の出現年代を遡らせる事象ではないと評価できるのではないか。いずれにしても、弥生～古代の事例の増加を待った上での再論が必要である。(6)

四　港町における港湾施設の位置

1　古　代

難波地域の津と集落

中世野原にあたる高松城下層遺跡では、既述した一二～一三世紀の荷揚げ場に近接した建物遺構は検出されておらず、港湾施設と集落＝マチが一体化していない状況が指摘できる。これはかつて、脇田晴子氏がこの時期の港湾空間を「すこぶる索莫としたものであった」と評したことを想起させる。その意味で、同地で海に面した最前列の砂堆で建物群（浜ノ町遺跡）の形成が始まる一三世紀末葉は、港町形成の重要な画期と評価できるし、草戸千軒町遺跡や十三湊遺跡といった中世港町の初現年代が相前後する頃であることは、この画期が全国的な趨勢であることを示唆する。とすると、古代の港湾空間にはさらに索莫とした景観を想定する必要があるのだろうか。

例えば、難波津・鴻臚館（荒津）のように、国家が港湾の直近に館（客館、むろつみ）を構え、外国使節だけでなく商人の滞在による経済活動が九世紀以前に想定できる（むろん、管理交易としてであろうが）場所がある。まだ港湾施設は発掘されていないが、最近の難波津に関する研究では五～一〇世紀の津の所在地は、高麗橋（大川流域）付近説と三津寺付近説が併存している状況である（ただし考古学的所見からは前説を採る立場が多い）。最新の古代難波地域の地形復元案（脇田ほか）に拠る限り、前者は淀川・大和川の合流点で直線的な流路をもつ河口域であり、港湾施設と上町台地上の集落域（「都市域」）は一〇〇～二〇〇m程度の距離があることになる。後者は難波砂堆の前面に接した潟湖周辺で、集落域との距離は二km程度である。どちらの場合も、集落域と港湾が地形的に明確に分離される状況が確認できる。その一方で、難波地域の集落（難波宮下層遺跡）や難波宮が、難波津を介して瀬戸内・西国さらに東アジアへのネットワークを強く指向していることは多くの先学が指摘するところであり、それを抜きにして難波地域の特性を語ることはできない。

なお中世での諸例と同様、松原弘宣氏も指摘するように難波津の港湾所在地を一箇所に限定する必然性はなく、むしろ二説の立地の違いによる機能差（三津寺付近＝海港＝外部への結節点、高麗橋付近＝川港＝内陸への結節点）とする見解が成立し得るかどうか検討できる余地もあるのではないだろうか。また古代難波津の港湾施設として想定されるのは、三節での検討を踏まえると自然地形依存の大きい状態であるが、古代国家による港湾建設の動きを考慮すると、少なくとも七世紀以降には、石椋による船瀬や礫敷きによる荷揚げ場の造成という選択肢が存在した可能性はある。ただし八世紀以降のいわゆる五泊（摂播五泊）には難波津は含まれず、史料上石椋の存在は確認できない。また「住吉大社神代紀」（九～一〇世紀）記載の「長柄船瀬」は、「東限高瀬。大庭。南限大江。西限鞆淵。北限川岸」と記される四至からすれば大川（旧淀川）に設けられた施設であることは明らかで、石椋を伴わない船瀬の可能性があろう。

讃岐の国府津と郡津

難波―難波津のような構成は、より緩やかな形ではあるが古代における国府津や郡津においても認められる。讃岐の国府津は、瀬戸内海に半島状に突き出す雄山・雌山の周辺（坂出市高屋町・林田町）に展開していたようであり、東側で大きく湾入する入江の港湾（松山津）と、西側の綾川河口部を利用した港湾（林田津）から構成され、広義の「松山津」を形成していたと推測される。ここでは、①綾川河口の中洲（砂堆）上で、八～一二世紀代（八～九世紀主体）に総社神社遺跡が形成されること、②讃岐守菅原道真（任八八六～八八九年）の詠んだ「寒早十首」（『菅家文草』）に、「賃船人」「釣魚人」「売塩人」の存在が確認できること、③同じく道真の漢詩に、国司の滞在する官衙としての「松山館」が登場すること、④付近で鎌倉時代に新田・塩田開発の進んだ「梶取名」が、平安時代における梶取の存在と、その存立基盤（国府による給免田か）を示唆すること、などが注目される。地形的には総社神社遺跡の周辺が自然地形依存の港湾としてはふさわしく、道真が「津頭に吏に謁すること頻り」と詠んだ情景はこの付近である可能性があろう。同遺跡の内容については全く今後の調査を待つしかないが、製塩や漁撈などに重点を置かない遺跡としては異例の海浜部立地と長期継続であり、しかも採集遺物から畿内系土師器や楠葉型瓦器を伴う外向的な性格が垣間見えることから、港湾に伴う官衙的な性格を備えているようである（図8）。

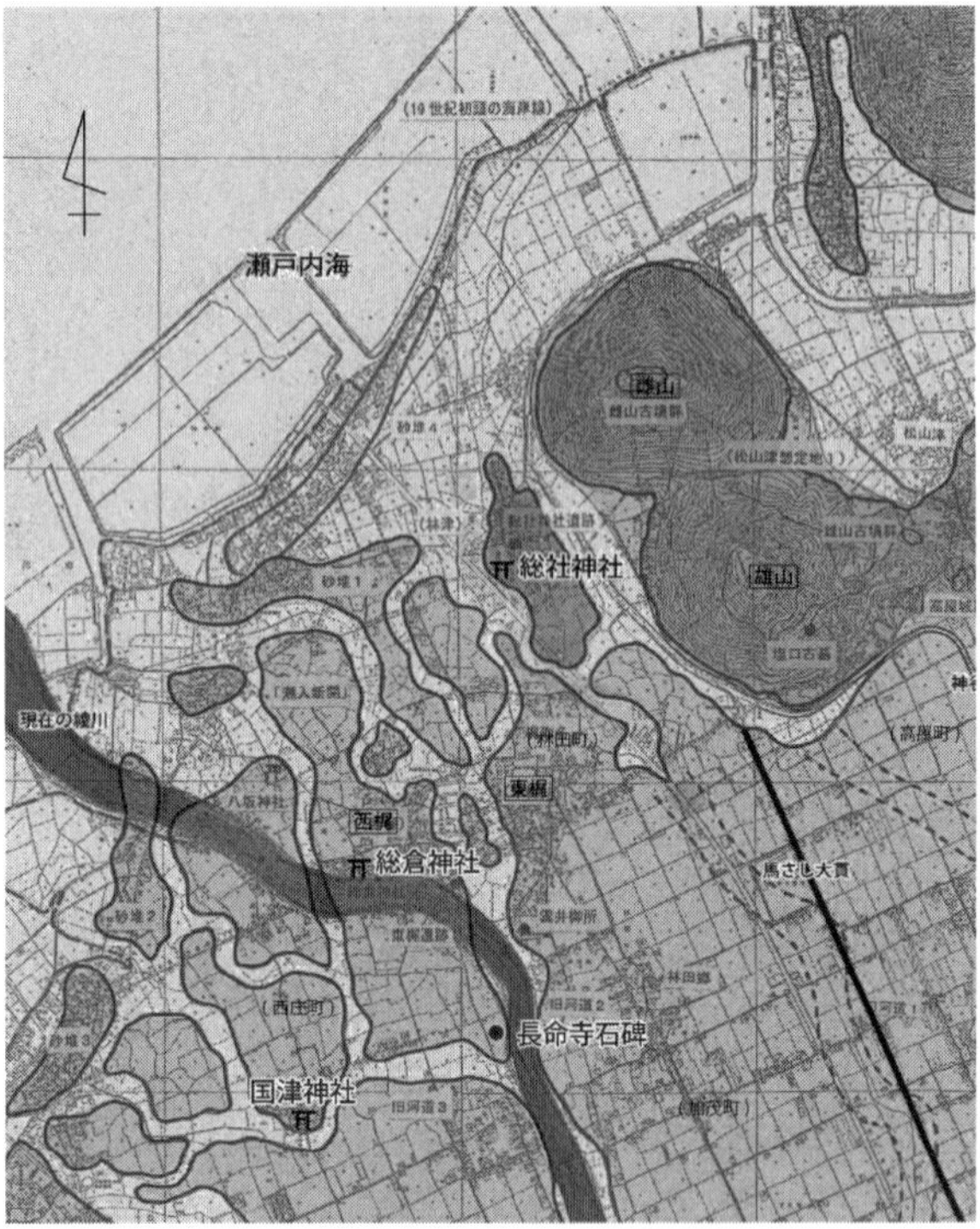

図8　松山津周辺の景観

こうしたポイント的な遺跡を介して、綾川上流四㎞の地点に讃岐国府が存在する。讃岐国府跡での昭和五〇年代の発掘調査所見によると、一二〜一三世紀前半における輸入陶磁の出土密度が小地域の居館の一〇〇倍、高松城下層遺跡等の港湾(既述のようにまだ港町は形成されていないことに注意)の一〇倍程度の高い密度を示していることが指摘でき、そこでの日常的な使用頻度を超える集積量と見られることから、在庁官人に代表される国府経営層による積極的な経済活動が推測される。こうした傾向が急速に低減する一三世紀後半が、讃岐の港町形成の起点と考えられることは注目してよいであろう。また讃岐国鵜足郡の郡津では、大束川河口域(後の宇多津)に古代の集落域が認められず、同河川を二㎞遡った地域で官衙的要素をもつ集落の広域展開(川津地区遺跡群)が継続する。ここでも一三世紀前半をもって卓越した中心性は失われ、それと相前後して入れ替わるかのように宇多津が文献史料に見え出す(初見は仁治四年〈一二四三〉)。

讃岐国府津・鵜足郡津などの事例には、港湾とその背後にある政治的拠点との関係性が表れているが、このような関係性は中世の守護所（あるいはそれを代行するような政治拠点）と港町との関係にも継承されていく部分があるようであり、近世に至って政治拠点と港町との一体化（城下町化）が完成すると見られる。そうした流れを考慮すると、古代の諸例を「港町」の一類型とするには躊躇を覚えるが、讃岐国府津で道真が目にした様々な生業の人々が集まる平安時代の「津頭」の風景に、「港町」の端緒を見出せる可能性は残されているのではないか。

２ 中 世

兵庫津―二系列の港湾施設の並存

兵庫津については石椋との関係で三節2項で述べたが、『兵庫北関入船納帳』に見える兵庫津内部の地名は、ほとんどが経島の内陸側に比定できることから、一五世紀には経島周辺に港湾関係者が集中していた状況が読み取れる。兵庫関（北関・南関）が置かれたのも経島とされており、ここが兵庫津の中核をなすエリアとみなされるのは妥当な見解であろう。

一方で最も内陸側の砂堆基部付近で一五世紀後半～一六世紀の礫敷きの荷揚げ場（御崎本町地点ＳＸ一八）が検出されていることから、この付近が船を入れられる水域であったことが推測される。この付近で中核をなす存在である真光寺が、阿波から淡路を経由して渡ってきた一遍の臨終の地とされることからも、その周辺にも港湾機能があったと考えることはできよう。また近年の発掘調査においても、真光寺周辺に中世遺構の検出事例が集中する傾向が指摘できる。これらを踏まえると、むしろ真光寺周辺での状況の方が、瀬戸内沿岸の一般的な港湾のイメージに近い立地ともいえる。大輪田泊（兵庫津）では、中世を通じて在来的な港湾形態（砂堆による船瀬）と、国家的な港湾形態（築島による船瀬)が並存し、遠隔地からの輸送船の場合には、大型船の停泊も可能な経島により高い利便性が認められた、ということなのであろう。

このように見てくると、最も国家的な関与が認められる兵庫津でさえも、国家は港湾施設と集落(町)をトータルにゾーニングしたと捉えるよりも、石椋(経島)周辺を点的に押さえるのにとどまったと捉えることができるのではないか。その背景には、構造物としての堅牢さや組み合わせの豊富さ、あるいは恒常性という点において、近世のそれには及ぶべくもない中世港湾施設のもつ特性を考慮する必要があろう。史料的には、一四～一五世紀の経島周辺には様々な権力主体のアプローチが錯綜していたことが確認できる。国家の公認を得た上部権力だけでも、住吉社・東大寺・興福寺が挙げられ、さらに室町幕府自体による支配も試みられた経緯がある。一方で、これら上部権力に反発した「悪党」の存在も注目される(「兵庫関悪党交名注進状案」、『大日本古文書』所収東大寺文書之五)。兵庫周辺から淀に至る、大坂湾沿岸―淀川流域の僧や地下人たちが蜂起しており、兵庫津での権益に関与することを指向していた(あるいは既得権益を保持していた)交易関係者が、多数存在したことが窺える。

施設の構造的な制約と、それに関わる諸権力の錯綜という事態が、不安定で流動的な港湾の管理形態という状況を生み出したのであろう。

尾道―水際に並列する港湾施設

兵庫津とは異質な、並列的な港湾の構成が、尾道で認められる。既に市村高男氏が港町尾道の構成を堂崎・長江・十四日市・辻堂・御所崎などの単位による連鎖的なものと指摘しているが、一九八〇年代以降蓄積された尾道市街地での発掘調査(平成二四年度現在で二〇一次にも及ぶ)の成果は、このことをよく示している。

発掘では中世～近世の海岸線が各所で検出されており、全体に大きく湾入する入江と、背後の谷筋に連なる狭長な小入江、また海に突出する砂堆などが複雑で変化に富んだ状況が復元可能である。このうち、土堂（中世辻堂）に二箇所、久保（中世堂崎）に二箇所、一四〜一五世紀の礫敷き遺構や石積み遺構が確認されているが、いずれも入江もしくは小入江の出口側面付近に認められるという点で立地が共通する[7]（図9）。そもそも尾道は、対向する向島との間に尾道水道という自然の船瀬を伴う一方で、その水道では半日単位で海流の方向が逆転するという条件下にある。このため、それぞれの港湾施設の位置が海流との関係を一因として選ばれたことも考えられ、そこに相互補完的な機能分担を読み取ることができるかもしれない。加えて背後に位置する寺社ひいては檀那としての住民が保持していた広域的なネットワーク（南都・西大寺との強い関わりをもつ浄土寺がその典型）が並立・錯綜していたことも、複数の荷揚げ場を必要とした要因ではなかろうか。

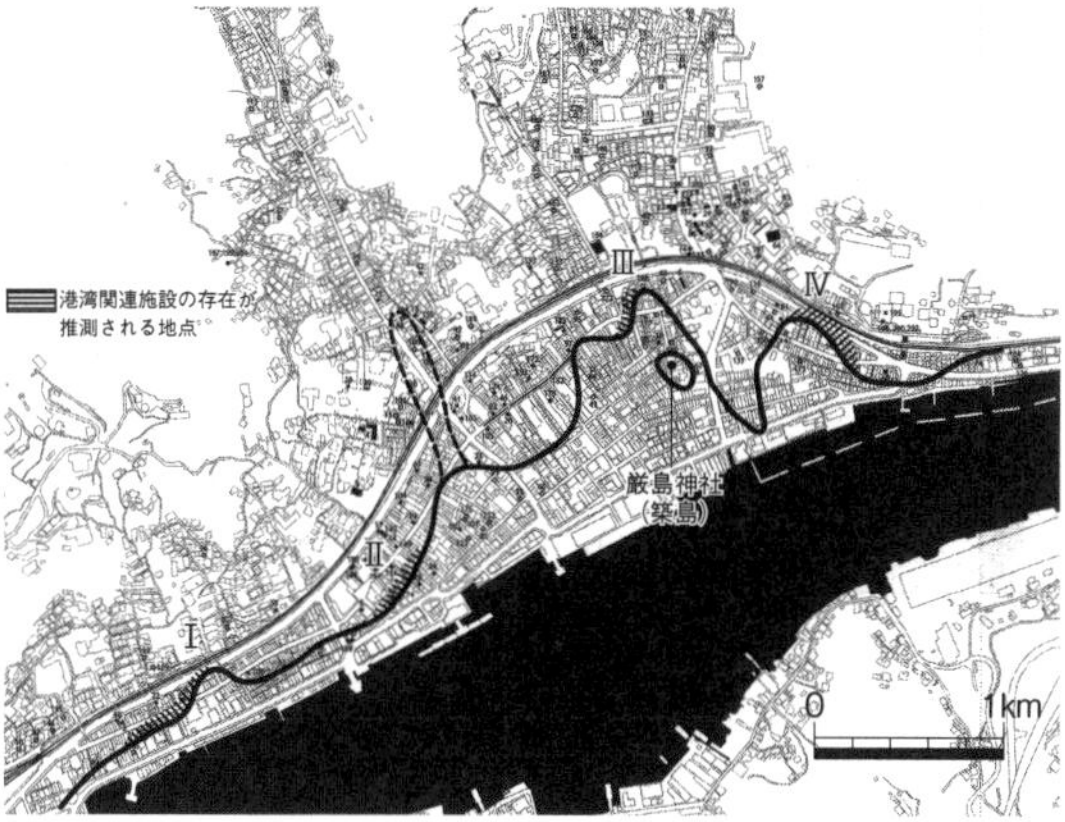

図9　尾道推定図（尾道市教育委員会『尾道市埋蔵文化財調査報告書　第47集　尾道市内遺跡、平成25年度』、2015年より引用、改変）

　以上の調査成果と想定は、十四日町に港湾空間を限定して捉える宮本雅明氏の所論とはかなり異なる。宮本氏は水際線（港湾施設）に対し直角にアクセスする街路とマチをもつ「タテ町型」類型―その背景に限定的な管理交易をイメージしているのであるが―の典型として尾道を構想する。宮本氏の立論は、高野山領太田庄の倉敷地の位置を長江通り南側に求める青木茂氏の所論（『新修尾道市史』第一巻）を前提にし、これに寛永期の景観復元と平成七年（一九九五）以前の発掘成果を照合させることで組み立てられていると推察されるが、近年の発掘成果とそこから再評価された過去の発掘成果での所見は上記の通りである。してみると、宮本氏が根拠とした寛永期の尾道の景観は、既に近世的な空間構成へと転換を遂げた状況を示していると見る方が妥当ではなかろうか。おそらく、室津や牛窓・鞆・宇多津といった一定規模をもつ瀬戸内の主要な中世港町では、尾道同様の空間構成が指摘できるものと思われる。

益田―荷揚げ場と屋敷地との関係

益田平野の臨海部に位置する中須西原・東原遺跡では、古益田湖（もしくはそこに注ぐ高津川旧河道）に面した砂堆上に集落域が展開し、その汀線のうち東西約二四〇mの範囲に礫敷き遺構（荷揚げ場）が検出されている。集落域では、区画溝（大半は通路と推定されている）を伴った屋敷地が少なくとも一二群、礫敷きに隣接して並列する状況が読み取れる。注目されるのは、屋敷地内の構成である。ピット（柱穴）の分布を見ると、屋敷地内の南側すなわち汀線の礫敷き側に近い範囲に集中することが分かる。屋敷地の北側には東西方向の街路の存在が想定されているが、そちら側へのピットの分布はより疎らであり、反対側の礫敷き直近に建物が集中するような傾向が明確である。また建物群の集中部を中心に、鍛冶炉や鍛冶関連遺物が広範に検出されており、中世史料に見える「大中洲鍛冶」に関連することが指摘されている。その内容は、遺跡内での消費量をはるかに超える規模の操業と見られ、当初から他地域との交易を目的にした立地と推測される。一方で、土錘も大量に出土していることを考慮すると、屋敷地の居住者は漁業にも従事していたことが窺え、鍛冶・漁撈・流通といった複合した生業を基盤とすることが予測される。

屋敷地内の空間構成のさらなる分析が必要ではあるが、汀線背後の街路に面して屋敷地の正面が設定される両側町的な景観を想定することは難しく、むしろ汀線側に正面を構えるようなあり方が認められる。このような水際に面した片側町的な事例は、近世以降の事例を見ても多くはないが、高松城下の東浜舟入周辺（「高松城下図屏風」、一七世紀中葉）や宇多津湛甫に面した浜町（一八～一九世紀）、与島（一九世紀）など讃岐の港町で存在を指摘できる。やや特殊な事例としては、近世～近代に瀬戸内有数の生産規模を誇った菊間（愛媛県今治市）や、近代の粟島西浜（香川県三豊市）といった瓦生産地でも認められる。菊間・粟島ともに山がちで狭長な海浜部であり、汀線沿いに達磨窯を伴う工房（屋敷地）が並列する。ともに海運を利用した瓦の広域供給を前提にしており、正面の汀線（菊間は人工的な港湾、粟島は砂浜）が瓦の搬出と、帰り荷である粘土・薪の搬入に供された。時代は異なるが、臨海性の瓦産地に見られる操業形態と汀線との関係は、「大中洲鍛冶」の根拠地としての中須西原・東原遺跡の空間構成を考える際に示唆に富む。

日本の港町（水辺都市）の特質として、「水辺に向かって正面を向ける（water-front）のではなく、海から少し距離をとって、水辺に寄り添うかたちで（water-along）存在していたということができる」ともいわれる（伊藤毅）。大勢としては適切な指摘と考えるが、近世以降においてすら、水辺と集落（町）との関わりには個別の状況に応じた多様性が存在すると思われる。多様性の要因の一つは、その集落の存立基盤となる生産のあり方（生産方式・生産用具）と港湾機能との関連に求められよう。日本の港町の空間的帰結である近世の普遍的なイメージを、中世にまで遡及させ重ね合わせるのではなく、遺跡や地域での個別的要因を重視した分析が当面は求められる。

港町の規模―讃岐と阿波での比較

一五～一六世紀、讃岐・播磨・備前・備後・阿波といった中東部瀬戸内では、それぞれの地域における中世最大の都市として、港町が立ち現れる。これらの地域では、大規模な城下をもたない一国の政治拠点とは対照的に、沿岸部の港町（播磨・室津、備前・牛窓、備後・尾道などを中心とする大小の港町）が地域最大の都市群として林立する。本巻別稿で見るような人口集積を伴う地域内構造の変動が想定できるであろう。

その上で、東部瀬戸内地域間における港町の規模の格差も指摘できる。例えば阿波であるが、土佐泊・撫養・木津・

図10　撫養・土佐泊推定図（国土基本図4-FG-65、4-FG-55を使用）

牛岐・牟岐・海部・宍喰などは相対的に人口集積が進んだ港町といえるが、地形等から想定できる都市域の規模は三〇〇m前後までの事例が多い（図10）。これは、一㎞を超えることが多い讃岐本土部の港町（宇多津・野原・志度・仁尾等）には及ばず、備讃海峡の島嶼部の港町（直島高田浦、塩飽本島泊・笠島、与島浦城）と同等である。

　規模の差異は、港町の構造にも関わるようである。阿波の土佐泊・木津・牛岐・牟岐・海部では、都市域に接した丘陵上に城郭が存在しており、特に土佐泊城や牟岐城・海部城は海浜の港町中心部から海側に張り出した位置にある。これは、讃岐の仁保城や志度城のような港町背後に引いたような立地とは異なり、むしろ高原城（直島）・笠島城（塩飽本島）・城山城（与島）など備讃海峡の島嶼部におけるような、麓の港町と港湾への直接的な管理の意図が読み取れる事例と同様であることに気付く。一方、阿波国内においては、港町の規模は政治拠点である勝瑞に伴う町場の規模（西町、延長二〇〇m）と相似的であり、讃岐ほどに港町への人口集積が進んでいないことを窺わせる。

　つまり阿波では、政治拠点に小規模な形で経済拠点が包摂されており、小領主が関与する港町と並立的な関係で経済ネットワークを構築する、と見る仮説が提示できる。讃岐では、大規模経済拠点（讃岐本土部港町）と小規模凝集が格差をもちつつ構成されるネットワークに、守護代もしくはそれと同等の領主は自前の経済拠点をもたずにネットワークへの吸着を試みる。これに対し阿波では、港町も政治拠点もほぼ似た規模の小凝集を伴いネットワークを構成しており、そこには守護代級領主も積極的に参画している。仮にこのように見ることができるのであれば、三好氏による畿内の経済拠点掌握についても、港町をはじめとする都市間格差に注目することで、より立体的に捉える視角が提供できるかもしれない。

３ 近 世

港湾空間の独占

天正一八年（一五九〇）、豊臣秀吉は備讃海峡の西側に位置する塩飽諸島の海賊衆に対し、水主役を務める見返りとして六五〇名の島民（人名、にんみょう）による知行を認めた。その一つである与島（香川県坂出市）では、四〇名の人名を中心に島の南東部への集住が認められ、日常的には二箇所の浜（浦城・穴部）が船着場や荷揚げ場に使用されていたと推測される。ところで「寛政八年与島屋敷割図」（一七九六年、瀬戸内海歴史民俗資料館所蔵）（図11）によれば、条件の恵まれた東側の浦城の浜に埠頭状の人工的

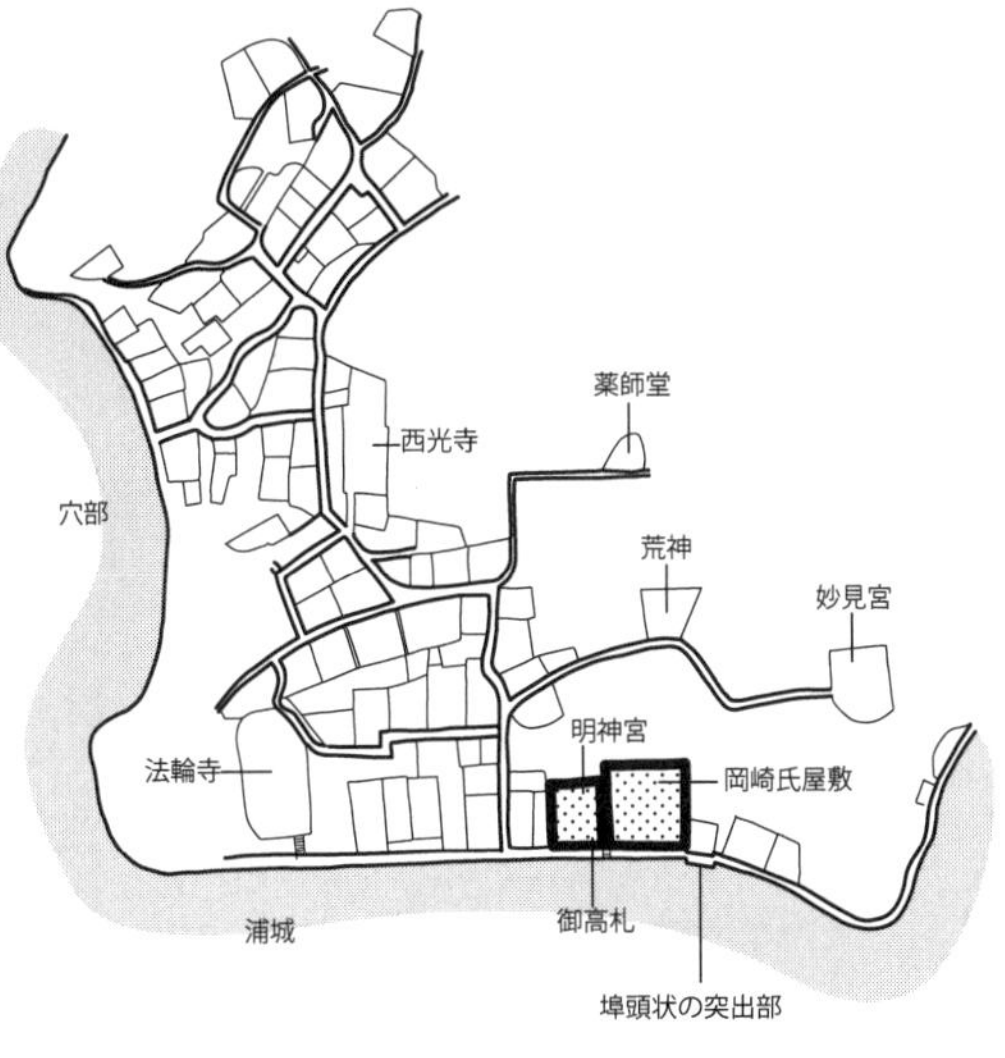

図11　「寛政八年与島屋敷割図」
（一部省略してトレース）

な突出が描かれている。背後には島の庄屋・岡崎氏の屋敷があることから、港湾空間の公的な掌握は、岡崎氏によって独占的に行われていた可能性がある。同様な埠頭状の施設は、既述した牛島（人名三七名）の小浦にも認められる。また、近世宇多津において高松藩米蔵（一辺約七〇m四方で堀を伴う政庁）の北側の掘割に設けられた荷揚場や人足寄場も、与島での状況と相似的である。

権力諸階層が港湾空間の掌握・管理を意図して、特定箇所に荷揚げ場などの構造物を建設し、そこを独占的に押さえる傾向は、近世段階ではかなり普遍的であると見てよいと考える。与島や牛島での事例は、その最も基礎的でシンプルなあり方を示している。また城下町の港湾施設では、高松のように序列化された港湾のゾーニングが認められる事例もある（佐藤竜馬「初期高松城下町の在地的要素」『港町の原像・上』参照）。

近世におけるこうした状況は、即物的には技術革新に支えられた構造物の顕在化（画期④・⑤）を前提にしていることが重要であるが、さらに経済システムのきめ細かな管理形態を企図した制度（番所・会所）によって、もたらされたと考えられる。ここに、中世港町とは質的に異なる港湾空間のあり方を見ることができる。

横浜港―前近代技術の応用

安政六年（一八五九）に開港した横浜は、砂堆の前面（汀線側）に港湾とバンド、砂堆上と後背湿地に町域を造成した港町である。当初は、浜に二本の短い直線的な石波止を突出させ、その間に雁木が構築され、波止場とされた。東側の波止が外国貿易用として供され（東波止場）、西側の波止が内国用として供された（西波止場）。このうち、東波止は明治までには延長されて波止場全体を囲い込むようになったが、その形状は画期⑤によって出現した3ｂ類の碇泊地と基本的には同じである。東西波止場の正面（陸側）には、税関を含む外国事務全般を取り扱う運上所が置かれ、横浜を見下ろす対岸の台地上（戸部）に置かれた神奈川奉行所から、五四名の役人（神奈川奉行所全体の六割の人員）が運上所へと出勤していた。開港当初は厳格な港湾管理が行われていたことが窺える。

横浜市街地の計画や諸施設、施工技術の一部には、明治になり英人技師R・H・ブラントンによる西洋のそれが移植されたが、こと港湾施設に関する限り、施工・管理などの「技術」は、近世的なスタイルの応用で始まったことが分かる。横浜港が近代港湾として変貌するのは、明治二二～二九年（一八八九～九六）に始まる数次の横浜築港事業を経てからである。(8)

粗放で流動的な管理から厳格な管理へ

ところで、中世から近世における港町の空間構成の展開について、体系的な図式の提示を指向した宮本雅明氏の所論では、港湾空間の限定的な管理（中世）から均質的な解放（近世）を経て、その到達点として居留地のバンドが位置付けられている。しかしこれまで縷々述べてきた筆者の立場は、そうした図式とは異なり、むしろゾーニングを伴う厳格な港湾管理が近世以降に実現したと捉える。そうした展開を可能ならしめた条件の一つに、港湾構築の技術的要素の飛躍（画期④⑤）が存在するといえる。

詳論は避けるが、以後の近代港湾の展開は、画期⑥一八九〇～一九三〇年代の近代技術（計画含める）の広範な適用（コンクリート・鉄の適用、近代的ドック・臨港鉄道の建設）と在来技術の新展開（谷積技法、巻石防波堤）、画期⑦一九六〇～七〇年代における施設の総コンクリート化、大型機械化、港域巨大複合化、という展開をたどる。そこでは次第にそこでの生業を基盤とする集落＝居住域は排除され、徹底的に管理の行き届いた効率的な作業空間の創出が指向される。しかし、特に画期⑦以後は地方も含めて都市そのものが広域化しており、また港湾を経るネットワークの範囲と物量も劇的に拡大する。したがってその理解には、中・近世とは異なるレベルでの港湾論や都市論を用意すべきなのかもしれない。そうした意味で、逆に港湾と市街地を一体的に捉える「港町」という概念自体が、歴史的に限定されるべき存在のようにも思えてくる。

本稿は、シンポジウムの資料集『港町の原像―中世港町・野原と讃岐の港町―』(二〇〇七)の資料編に掲載した「資料調査メモ1 中世〜近代の港湾施設」のうち、近代に関する記述を削除し、中世・近世について大幅に加除筆したものである。また、四節2項「港町の規模」は、「中世・近世移行期における守護所・城下町の総合研究」徳島研究集会での発表「讃岐における中世の政治拠点」での記述を改変して掲載した。事例の増加や新たな知見の提示に接する中で、成稿までかなりの時間が経過してしまったことを関係者の方々にお詫びしたい。横浜港はじめメモ段階での思い込みや間違いを訂正することができたのは幸いであるが、なお誤認はあるものと思われる。多くの方々の御指摘・御叱正をお願いしたい。

註

(1) 石井謙治氏は、近世の和船が舵を引き上げて碇泊することを、水深の浅い港湾事情に対処するための知恵とした上で、以下のように述べている。「今日の港しか知らない人々には信じ難いものだろうが、事実、江戸時代までは廻船が岸壁や桟橋に横づけになるなんていうことはなかった。天下の江戸ですら品川沖に沖懸りしていたにすぎないし、最大の港湾都市大坂でも安治川や木津川内に入って碇泊していたから、荷役はすべて小型の瀬取船(別名茶船)や上荷船で行うよりほかなかった。(中略)これが当時の河口港の現実の姿だったのである。ただし船の出入りの多い瀬戸内の多数の港では、大きな河川も少ないため港湾の地形に応じた石組の波止を設けるという、大がかりな築港工事を行っている。これは日本の土木史上特筆すべき事業だと思うのだが、全く評価されてないのは残念である」(石井謙治『ものと人間の文化史七

六―I　和船I』、法政大学出版局、一九九五年）。

（2）　そもそも砂堆の規模自体が、瀬戸内海と日本海とでは全く異なる。冬季を中心として波や風の強い日本海側では、高さが一〇mを超えるような砂堆の存在は珍しくなく、十三湊をはじめ砂堆背後の潟湖に面した港湾が一般的で、砂堆前面に港湾を営んだり、砂堆上に集落を営むのは極めて困難である。これに対し瀬戸内海では、日本海とは比較にならない程静穏な海域をもち、砂堆の規模も極めて小さいため、砂堆上に集落が形成され、また海域に面して港湾を構えることができる。砂堆をめぐるこのような自然条件の差異にも留意しておく必要があろう。

いずれにしても、微地形と港湾施設との動態的な関係の把握は重要だが、ほとんど未着手の課題である。この課題を追究するためには、①特定時代に限定されない長いスパンでの時間軸設定と、②自然地形の変化に注目するだけでなく、そうした事態に様々な形で試みられた港湾関係諸団体のリアクションの実態と意義の明確化、の二つの視点が肝要である。古代の港津に「浅い津」と「深い津」の二類型を見出し、前者から後者へと港湾機能の重要性が変化したとする石村智氏の所見(石村　二〇一二「日本古代港津研究序説」『文化財論叢Ⅳ』奈良文化財研究所)は、具体的事例の検討において二類型があまりに類型的に過ぎ、「深い津」での構造船の停泊方法といったテクニックの問題等を含め、なお検討の余地を残すといえる。

（3）　したがって、古代の史料に見える「船瀬」が、全て石椋を伴った人工構造物であるとは限らないと考える。砂堆や岩礁のような自然地形を利用した船瀬もあり得る。また人工構造物としても後述するような掘り込み式の原初的な形でも船瀬は造成できる。古代～中世において、最も大がかりで継続的なメンテナンスを必要とする人工構造物として、石椋が位置付けられるのであろう。

（4）　その場合でも、近世初頭まで遡らせ得るかどうかは微妙である。最近発掘された兵庫城石垣が、比較的小振りな自然石を主体とするという知見からすれば、より後出すると見た方がよいのかもしれない。

（5）「かの島は、去んぬる応保［承安か］元年二月上旬に、築き始められたりけるが、同じき八月二日の日、俄に大風吹き大浪立つて、皆揺り失ひてき。同じき三年三月下旬に、阿波民部重能を奉行にて築かれけるに、人柱立てらるべきなんど、公卿僉議ありしかど、それはなかなか罪業なるべしとて、石の面に一切経を書いて、築かれたりける故にこそ、経島とは名づけけれ」（『平家物語』巻第六）。「東海道諸国司、応に庸物運上船の梶取水手下向の時は、人別に摂津大輪田石椋造築の役に勤仕する事、右入道前太政大臣家今日解状を得て称く、謹みて案内を撿するに、輪田崎は上下諸人経過絶ゆることなし、公私の諸船、往還数有り、而るに東南の大風常扇ぎ、朝暮の逆浪凌ぎ難し、是れ則ち泊り無きの致す所也」（「山塊記」治承四年二月二十日）。「山塊記」の記載から、大輪田石椋＝経島修築の目的が、泊りすなわち船瀬の確保にあることが分かる。

（6）原の辻遺跡の船着き場遺構については、灌漑施設など他の機能の可能性を念頭に置いた懐疑的な見方も提示されている（辻尾榮一氏の所論）。敷き粗朶工法が古代中国の構築に利用された事例が未見であることも、否定的な見方の論拠になっている。ただし、辻尾氏の指摘通り「日本では大型舟・船の河川航行は乏し」いが、一方で小型船主体の河川交通は盛んであったことはよく知られている。原の辻遺跡の事例は、川港としての性格を評価できるかどうかが課題であり、技術論として当面は東アジアでの調査事例の増加（敷き粗朶工法の川港への適用）を視野に入れつつも、同遺跡周辺の地形環境を含めた遺構論の構築が重要と考える。その場合、トレンチ調査での知見による遺構の形状復元の妥当性も検証される必要があろう。二本の波止に挟まれた船着き場、という形状は、幕末期の横浜港の波止場に近似的であり、解釈者としての現代人の港湾イメージがそこに投影されてはいないだろうか。

（7）発掘調査で検出された箇所以外にも、長江川河口部（近世十四日町と久保町の境界周辺）では同河川による沖積作用により、尾道では最大規模の安定した地形面が認められる。この付近での中世汀線は未見であり、今後港湾施設が発見される可能性はあろう。また八七次調査では、坊地川河口部（おそらく右岸）に形成された砂洲もしくは砂堆が検出されているが、その西側に隣接する厳島神社境内周辺は「此地もと海中の小島なりしと云」うとされ、一名が「築島」と呼ばれていたという（『芸藩通志』巻二三二）。現在でも境内を中心とした微高地状の地形面を認めることができる。したがって、この場所に形成途上の砂堆を利用した築島、すなわち石椋が存在した可能性も一考の価値がある。ただし石椋が存在した場合でも、同地は中世尾道の有力寺院で室町幕府関係者との関わりの深い浄土寺や天寧寺門前とは単位を異にする港湾施設と位置付けられるため、兵庫津での経島ほどの中心性は認められないであろう。

（8）　明治一一年、横浜に上陸したイギリス人イザベラ・バードは、横浜港の印象を以下のように記している。「横浜はどのようにも印象的ではありませんでした。このような混成の都市は少しも心に残りなどしません。（中略）波止場―防波堤のようなわびしい出っ張りにすぎず、石を積んだ斜面のその石の表面も磨いてありません―はイギリスのものとフランスのものと二カ所ありますが、ドックも埠頭もなく、大半が蒸気船の大型船は係留地で荷の積み下ろしをします。（中略）係留すると、船はただちに外国人がサンパンと呼ぶ現地の船の群れに囲まれました。（中略）なかば三角形をしたこれらの船は、イギリスの河川で用いられる鮭漁の平底船に似ています。（中略）上陸してつぎにわたしが感心したのは、浮浪者がひとりもいないこと、そして通りで見かける（中略）人々には、全員それぞれ気にかけるべきなんらかの自分の仕事というものがあったことです。（中略）税関でわたしたちに応対したのは、洋式の青い制服に革の長靴をはいた小さな役人たちでした。とても礼儀正しい人々で、わたしたちのトランクを開けて入念に中身を調べてからまたふたを閉め、ニューヨークで同じ検査をした横柄で強欲な役人たちとは小気味のよい対照を示していました」。イギリス波止場が開港当初の東西波止場、フランス波止場がその後に追加された波止場で、後者にも運上所（東運上所）が置かれた。バードがどちらの波止場に上陸したかは明確でないが、開港場横浜の雰囲気が活写されている。

主要参考文献

栗原良輔「港津」(『明治前　日本土木史』、日本学術振興会、一九五六年)
眞田秀吉『日本水制工論』(日刊工業新聞社、一九五三年)
神宮司庁編『古事類苑』地部三(吉川弘文館、二〇〇五年)
赤星忠直「和賀江島築港址」(『中世考古学の研究』、有隣堂、一九八〇年)
脇田晴子「中世の交通・運輸」(『講座・日本技術の社会史　第八巻　交通・運輸』、日本評論社、一九八五年)
綿貫友子「宗教勢力と河海」(『鎌倉時代の考古学』、高志書院、二〇〇六年)
吉田伸之「肴納屋と板舟―日本橋魚市場の構造的特質1」(『巨大城下町江戸の分節構造』、山川出版社、二〇〇〇年)
宮本雅明「都市空間の均質化と近世都市の建設」(『中世都市研究5　都市をつくる』、新人物往来社、一九九八年)
「日本型港町の成立と交易」(『港町の世界史2　港町のトポグラフィ』、青木書店、二〇〇六年)
市村高男「中世日本の港町」(『港町の世界史2　港町のトポグラフィ』、青木書店、二〇〇六年)
大庭康時「博多の都市空間と中国人居住区」(『港町の世界史2　港町のトポグラフィ』、青木書店、二〇〇六年)
伊藤　毅「水辺の空間―都市と建築―」(『別冊都市史研究　水辺と都市』、山川出版社、二〇〇五年)
栄原永遠男「奈良時代の海運と航路」(『奈良時代流通経済史の研究』、塙書房、一九九二年)
松原弘宣「古代瀬戸内海の津・泊・船瀬」(『日本古代水上交通史の研究』、吉川弘文館、一九八五年)
佐藤竜馬「考古学の視点から見た『高松城下図屛風』」(『調査研究報告書』第三号、香川県歴史博物館、二〇〇七年)

「中国産磁器」（『讃岐国府跡Ⅰ』香川県教育委員会、二〇一六年）
西村尋文・佐藤竜馬「綾川河口域における開発史—古代から中世の林田郷周辺—」（『香川県埋蔵文化財センター研究紀要』Ⅷ　特集讃岐国府を考える、二〇一二年）
榊原重高「国史跡・十三湊遺跡の調査成果について」（『十三湊遺跡　国史跡指定記念フォーラム』、六一書房。二〇〇六年）
鈴木和子「十三湊遺跡　港湾部・町屋地区・檀林寺の調査」（『中世十三湊の世界—よみがえる北の港湾都市』、新人物往来社、二〇〇四年）
西　和夫『海・建築・日本人』（日本放送出版協会、二〇〇二年）
森　浩一「潟と港を発掘する」（『日本の古代3　海をこえての交流』、中央公論社、一九八六年）
脇田修ほか『大阪上町台地の総合的研究—東アジア史における都市の誕生・成長・再生の一類型—』（大阪市博物館協会大阪文化財研究所・大阪歴史博物館、二〇一四年）
黒田慶一「難波『八十嶋』と神崎川・猪名川下流域」（『地域史研究　尼崎市立地域研究史料館紀要』第一一一号、尼崎市立地域研究史料館、二〇一一年）
大阪府立狭山池博物館『重源とその時代の開発』（二〇〇二年）
森田隆明「鐘崎船瀬建設の史的背景」（『地方史ふくおか』第一〇七号、福岡県地方史研究連絡協議会、二〇〇〇年）
川上厚志「兵庫城の変遷」（『兵庫津遺跡第五七次発掘調査報告書』、神戸市教育委員会、二〇一四年）
大国正美「軍事拠点としての近世兵庫城と尼崎の再検討—天正年間の織豊城郭遺構伝存の意義—」（『地域史研究—尼崎市立地域研究史料館紀要』第一一三号、尼崎市立地域研究史料館、二〇一三年）
春成秀爾・工藤雄一郎・稲原昭嘉「魚住泊の位置と年代　明石市江井ヶ島港出土木材の再検討」（『国立歴史民俗博物館研究報

告』第一九〇集、国立歴史民俗博物館、二〇一五年）
青木　茂『新修尾道市史』第一巻（尾道市役所、一九七一年）
頼杏坪ほか『芸藩通志』第一巻（国書刊行会、一九八一年）
木原　光「石見国益田の中世港湾遺跡群―最近発見の中須西原・東原遺跡を含めた中世湊の変遷―」（『日本考古学』第三二号、一般財団法人日本考古学協会、二〇一一年）
馬場俊介・後藤治『建物の見方・しらべ方　近代土木遺産の保存と活用』（ぎょうせい、一九九八年）
関田駒吉「野中兼山に関する築港史料」（『土佐史談』第四七号、土佐史談会、一九三四年）
依光貫之「室戸市」（『高知県の地名』、平凡社、一九八三年）
辻尾榮一「古代の造船所・船着き場施設―中国安徽省寿県安豊塘水門堰堤施設遺跡に見る一例から―」（『郵政考古紀要』第五六号、大阪・郵政考古学会、二〇一三年）
イザベラ・バード（時岡敬子 訳）『イザベラ・バードの日本紀行』上（講談社、二〇〇八年）
横浜郷土教育研究会『横浜の歴史』（横浜市教育委員会、一九七六年）
玄海町町誌編纂委員会「波止場の記録」（『玄海町誌』、玄海町、一九七九年）
紙幅の関係から、各遺跡の発掘調査報告書は省略した。御寛恕願うとともに、詳細な内容については報告書に当たられることをお勧めする。

付記　なお調査の過程で、榊原滋高（五所川原市教育委員会）、鈴木和子（青森県教育庁）、若林邦彦（同志社大学）、山下俊郎（明石市教育委員会）、池澤敏幸（高知県文化財団埋蔵文化財センター）、綿貫友子（大阪教育大学）、佐藤亜聖（元興寺文化財

研究所）、北垣聰一郎（石川県金沢城調査研究所）、鈴木康之（県立広島大学）、大久保徹也（徳島文理大学）、信里芳紀（香川県埋蔵文化財センター）、乗松真也（香川県教育委員会）の各氏、横浜開港資料館、瀬戸内海歴史民俗資料館に御教示と御協力を得た。また、本稿も含めたシンポ資料集作成とシンポ開催にあたり、財団法人福武学術文化振興財団の助成を得た。製図にあたっては、真鍋貴匡・竹内裕貴各氏（香川県埋蔵文化財センター）の助力を得た。以上の諸氏諸団体に感謝申し上げたい。なお絵画史料の検討にあたり、多くの博物館・美術館の展覧会図録等の恩恵に与った。さらに史資料の検索・閲覧にあたり、東京大学史料編纂所データベース、公益社団法人土木学会のウェブサイト、国土地理院地図・空中写真閲覧サービスを利用した。本稿と上巻論考の冒頭に示した『パンセ』断章は、前田陽一・由木康訳（『世界の名著二四　パスカル』、中央公論社、一九六六）を引用した。

追記

脱稿後、①滋賀県塩津の発掘調査成果（滋賀県文化財保護協会「平成二六年度塩津港遺跡の発掘調査における調査成果について」『古代塩津港の本格的な港の姿が明らかになる』、二〇一五年）と、②古代東国の河川における港湾の類型論（井上尚明「古代東国社会の成立と展開」、二〇一二、インターネット版で閲覧）、③古代～中世の播磨での港湾立地に関する歴史地理学的考察（南出眞助「瀬戸内海における中世港町の立地条件とその変化について」『財団法人福武学術文化振興財団創立二〇周年記念誌』附録CD－ROM、二〇〇六年、福武学術振興財団）に接することができた。

①は、一方向ないし発展段階的思考では捉え切れない港湾施設と土木技術の多様なあり方と、それに付随する町の成立時期について、多くの問題を提起する調査成果といえる。一三世紀後半前後を港町成立の重要な画期と見る従来の所見を大きく遡り、一二世紀前半を港町としての塩津の成立とする成果であり、本稿四節１項での記述にも関わる。

港湾施設周辺の遺構群の配置と構成、その拡がりといった微視的な遺跡論の提示が期待される。

②では、筆者には全く欠けていた視点が提示されている。河川交通が低調だと考えられる讃岐地方をフィールドとする筆者の先入見(もっともその認識自体を問い直さなければならないが)を痛感した。河川の規模や勾配、海域への繋がり(河口部の形態)といった自然条件が、井上氏の設定した四類型を規定することも考えられる。河川本体・湖沼・河口・海浜部・島嶼部などがそれぞれもつ地域差をも包括した港湾論の組み立てが、今後の重要な課題であることは間違いないであろう。

③は、第一義的には港湾の立地とすべき内容であり、港湾施設の仕様や構築技術と地形との微視的関係、それと一体的に港町を構成する集住地(集落)には議論が及んでいないが、「港湾が立地し港町が発展する場所は、必ずしも自然的条件を最重要視した結果とは限らない」と指摘し、自然地形の変化が、港湾の場所選定の変化や、地域内で担う機能の変化をもたらすことを播磨での実例を挙げて示唆している。松原弘宣氏による分類を地理学的観点で「河口型・入湾型・外浜型」と整理し、港湾と内陸交通との関係を考える素材として古代山陽道の駅家との位置関係に着目する等、学ぶべき視点が示されている。後者については最近、高松平野における古代道路状遺構と港湾(野原等)とのアクセスに注目した見解が提示されており(乗松真也「高松平野における八～一〇世紀の道路と敷設目的」『県道太田上町志度線道路改築工事に伴う埋蔵文化財発掘調査報告　多肥北原西遺跡』、二〇一五年、香川県埋蔵文化財センターほか)、野原や古・高松湾の機能を考えるにあたっても深められるべき課題である。

港湾集落「備後草津」の特質
―草戸千軒町遺跡の調査成果から―

鈴木康之

はじめに

広島県福山市草戸町に所在する草戸千軒町遺跡は、中国山地に源を発する芦田川が瀬戸内海へと流れ出る河口近くに成立した一三世紀中頃から一六世紀初頭にかけての港湾集落跡である（図1）。遺跡の発見から発掘調査に至る経緯や三〇年以上におよぶ発掘調査の成果などについては、すでに発掘調査報告書(1)や発掘調査終了後の刊行物(2)などにまとめられているため、詳細はそれらを参照していただきたい。

さて、一九六一年に始まる草戸千軒町遺跡の発掘調査がもたらした成果は、大きくは二つの側面から評価できると思われる。一つは、中世遺跡調査の先駆的事例としての側面である。この遺跡から出土した厖大な資料は、中世集落を拠点に活動する人々の生活の実態を具体的に示しており、それまで文字資料を中心に構築されてきた中世の社会像の改変を迫るものであった。草戸千軒町遺跡の発掘調査によってもたらされた豊かな成果は、その後各地で中世遺跡の発掘調査が活発化するきっかけとなり、「中世考古学のさきがけ」として評価されることになったのである。

もう一つの側面は、不明な点の多かった芦田川河口地域一帯における中世の状況を復元するための貴重な手がかり

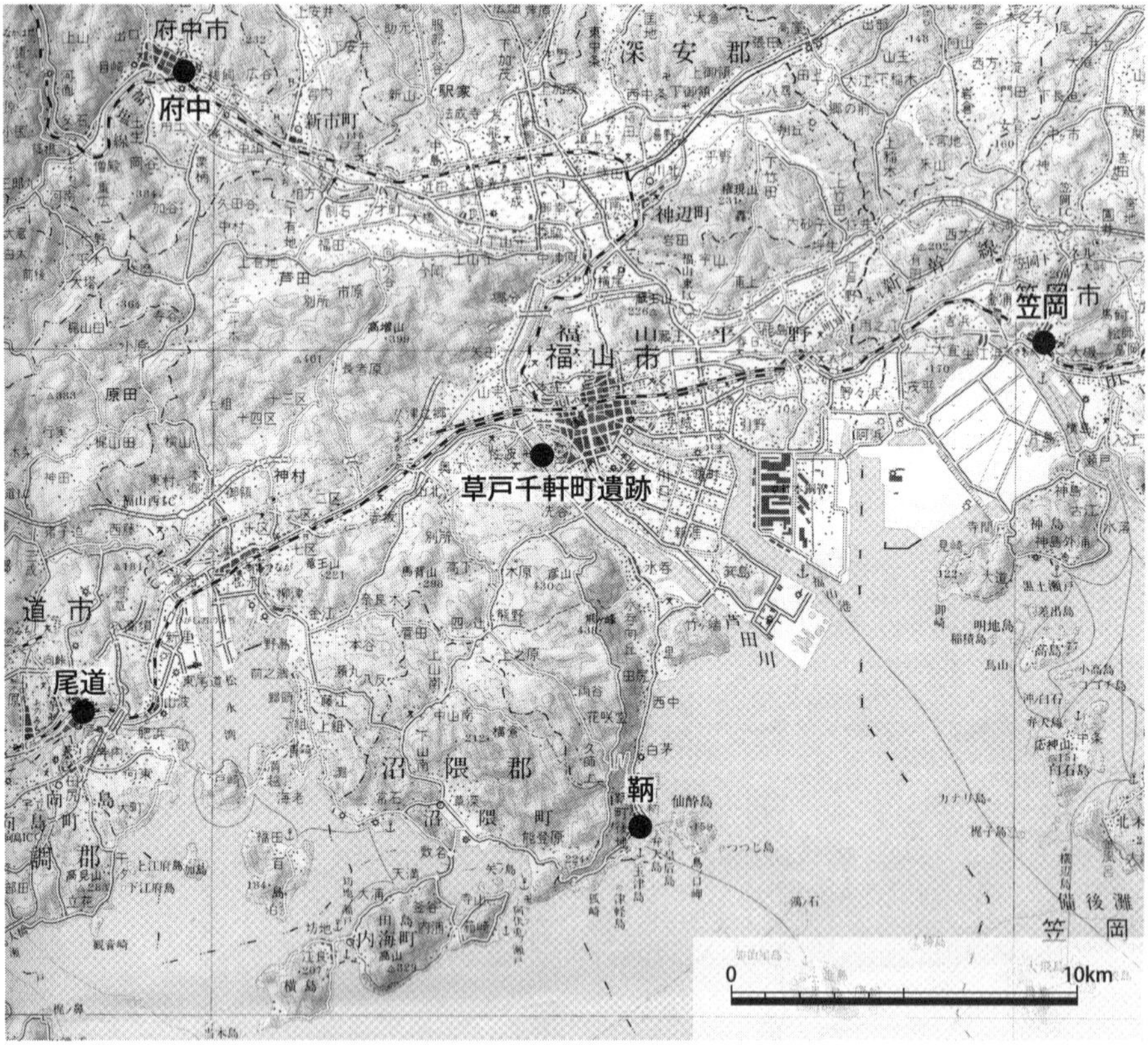

図1　草戸千軒町遺跡の位置（国土地理院発行20万分1地勢図「岡山及丸亀」を使用）

を提供したことにある。遺跡のある広島県福山市は、関ヶ原の戦い（慶長五年〈一六〇〇〉）によって安芸・備後両国を領有した福島正則が、広島城を無断で改修したとの理由で元和五年（一六一九）に改易され、そののち備後東南部に入封した水野勝成が建設した城下町・福山[3]を基盤に発展した地方都市である。福山藩成立後のこの地域の状況は、地元に伝わる近世文書や、江戸時代中・後期に編纂されたいくつかの地誌[4]などから復元することができるが、それ以前の史料はほとんど残されておらず、中世の状況は近世地誌などに記された断片的な情報によってしかうかがうことができなかった。そのため、城下町が建設されるまでの芦田川河口域は、葦の生い茂る荒野であったなどと言われることさえあり、地域社会の具体的なイメージが把握できずにいたのである。

しかし、草戸千軒町遺跡の発掘調査とその後の研究によって、城下町建設前からこの地域が水陸交通の結節点として地域経済に重要な役割を果たしていたことが明らかになった。この場所に城下町が建設されたのも、芦田川河口域の港湾集落が有する経済的機能を城下町に集約し、円滑な藩経営を図ることに目的があったと考えられるようになり、地域社会の形成過程をめぐる従来の理解は、再構築を迫られている。

本書のきっかけとなったシンポジウム「港町の原像―中世港町・野原と讃岐の港町―」(二〇〇七年)では、近世城下町・高松の影に隠れていた中世港湾集落・野原の姿が浮き彫りにされ、瀬戸内地域における港湾集落の研究方法に新たな視点が示された。ここで取り上げる草戸千軒町遺跡の事例も、城下町・福山のベールを剝ぎ取り、中世の福山湾岸における港湾集落の姿を明らかにするという点において、研究課題には共通する点が多い。そこで本稿では、草戸千軒町遺跡の港湾集落跡としての特質を示す資料を紹介することによって、瀬戸内海に面した港湾集落の一事例を提示してみたい。

一　港湾集落「備後草津」の概要

1　集落の名称

草戸千軒町遺跡という遺跡名は、近世地誌に記された伝説の町「草戸千軒」にもとづくものであり、集落が存在した当時にこの集落が「草戸千軒」と呼ばれていたわけではない。当時の集落の様子を記した文字資料は確認できていないが、集落一帯を示すと思われる地名をいくつかの記録などに見いだすことができる。

　これまでに確認できた「草戸千軒」に関係する地名の主要なものは表1のとおりで、[5]なかでも重要な手がかりとなるのが明徳二年（一三九一）の『西大寺諸国末寺帳』である。西大寺流律宗の末寺を書き出したこの記録には、備後国における末寺の一つとして「草出（くさいつ）」に所在する「常福寺」が挙げられている。常福寺は、遺跡のすぐ西側の丘陵中腹にある現在の明王院のかつての寺号であり、[6]このあたりの地名が「くさいつ」であったことがわかる。「草出」という字が宛てられていることからは、「くさいづ」と呼ばれていたものと思われる。さらに、清浄光寺蔵の『時衆過去帳』には康永二年（一三四三）に「備後草津」で唯阿弥陀仏という人物が往生したことが記されることや、『萩藩閥閲録』の「内藤肥後徳益丸代審覚謹言上」には貞和五年（一三四九）に足利直冬が鞆から「草津」を経由して尾道に移動したことが記されることなどを考慮すると、「くさいづ」は本来「草津」と表記されていたと考えられる。

　このように、のちに「草戸千軒」と呼ばれることになる集落は、当初は「草津」という名の「津」、すなわち港湾機能を有する集落であったと考えられるのである。現在の福山市域にはこのほかにも「深津」「奈良津」「吉津」「津之郷」といった「津」の存在を示す地名が残っており、これらの多くは近世より古くさかのぼることが確認できる。[7]したがって、芦田川河口が位置する福山湾岸には城下町成立以前からいくつかの港湾が存在し、芦田川流域の河川・陸上交通と瀬戸内海の海上交通とを結びつける役割を果たしていたと考えられる。「草津」も、そうした集落集落の一つとして成立したことが想定できるのである。

　やがて室町時代になると、『西国寺文書』や『三浦家文書』に見られるような、「草土」という表記が確認できるようになる。これは現在の地名「草戸」につながる地名であり、「くさど」と読まれていたと考えられる。集落の名称が「くさど」へと変化した原因としては、一つには「づ」から「ど」への音便変化が考えられ、[8]これに類似する事例が

「江戸」をはじめとして各地に認められることが、岡野友彦によって指摘されている(9)。また一方では、地名の変化とともに、集落の性格に何らかの変化が生じていた可能性を検討してみる必要もあるだろう。というのは、後述するようにこの集落は、一四世紀後半を中心とする時期にいったん衰退・停滞期を迎えており、それ以前と以後とでは断絶が認められる。こうした集落の断絶や変質が、集落の名称の変化にも影響を及ぼした可能性が考えられるのである。

さらに、一六世紀初頭に集落がその役割を終えたのちには「草戸」という表記に変化し、これが近世の草戸村に継承され、現在の福山市草戸町へと至っている。

表1　「草戸千軒」に関係する古地名

年号	事項・地名	出典
一三三〇年（元徳二）	厳島神社への奉納経の紙背に「くさいつ」	『反故裏経紙背文書』
一三四三年（康永二・興国四）	唯阿弥陀仏、「備後草津」で往生	『時衆過去帳』
一三四九年（貞和五・正平四）	足利直冬、鞆から「草津」を経て尾道に	『萩藩閥閲録』
一三五一年（観応二・正平六）	上杉朝定、「草井地」から高師泰を追撃	『太平記』
一三九一年（明徳二・元中八）	「備後国　クサイツ　草出　常福寺」	『西大寺諸国末寺帳』
一四三〇年（永享二）	「備後草戸住一乗　永享二年八月二日実家作」	『古刀銘尽』
一四三六年（永享八）	「備後　クサイツ　常福寺」	『西大寺坊々寄宿諸末寺帳』
一四七一年（文明三）	山名是豊、「草土」の城を攻める	『三浦家文書』
	「草土東泉坊」	『西国寺文書』
一四八五年（文明一七）	「草出津」の住人、熊野詣に	『汐崎稜威主文書』
一五九一年（天正一九）	小早川隆景の書状に「草戸」	『譜録』

2　集落の機能

現在の福山市街地の多くの部分は、おもに新田開発を目的とする近世以降の干拓によって陸地化したものであり、中世の段階では、芦田川河口に狭小な三角州が存在するに過ぎなかったと考えられている。したがって、この集落は瀬戸内海にもほど近い三角州の南西端に位置していたことになる。こうした集落の立地によって、芦田川流域の河川交通や陸上交通を瀬戸内海の水運へと結びつける結節点の機能を果たす集落であったと考えられる。

また、出土木簡に記された地名を検討すると、そのほとんどは芦田川中・下流域から福山湾岸にかけての地域に比定できるものであり、集落がこうした地域と密接に結びついていたことが想定できる。(10)また、木簡の記載内容には、商品・金融取引などの経済活動や、醸造などの食品加工を示すものなどが含まれるほか、(11)番匠・漆工・鍛冶・骨角加工といった手工業に関係する遺物も出土しており、この集落が商人・金融業者や手工業者たちの活動拠点となっていたことが確認できる。

こうした手がかりによって、「草津」あるいは「草土」などと呼ばれたこの集落は、芦田川中・下流域から福山湾岸にかけての地域交通網や経済活動を集約し、瀬戸内海を経由する広域経済圏へと結びつける役割を果たしていたことが想定できるのである。ただし、芦田川の河口近くに位置するため、吃水の深い大型船が集落付近に接岸することは困難であったと考えられることや、木簡の記載に遠隔地の地名が見いだせないことなどから、この集落が直接遠隔地と結びついていた可能性は低い。その機能は、約一一㎞南方の沼隈半島南端に位置する港湾・鞆を経由することによって実現されていたと考えられる。(12)鞆は、瀬戸内海の基幹航路に結びついた港湾として前近代には一貫して重要な役割を果たしており、港湾集落「草津」は、鞆から分岐して備後南部へと延びるルート上に位置する通過点の一つであったとみなすことができる。(13)

二　集落の変遷と水路の消長

1　集落成立の契機

発掘調査によって、この集落は一三世紀中頃に成立したことが明らかになった。中世集落に先行する九世紀末から一〇世紀にかけての黒色土器や緑釉陶器といった遺物も、中世遺構面の下層にある包含層から出土しており、この場所の利用が平安時代前期にまでさかのぼることが確認できるものの、明確な遺構は検出できていない。また、これに後続する一一世紀から一二世紀にかけての遺物がほとんど出土していないことから、平安時代の施設は一〇世紀のうちには廃絶し、中世集落へと直接つながるものではなかったと考えられる。

「草津」成立の背景として注目されてきたのが、遺跡東側の丘陵一帯に荘域が比定される皇室領荘園（領家は安居院悲田院）長和荘である。遺跡の所在地も荘域に含まれていたことが想定でき、従来から長和荘の年貢積出港や荘内市場などとして成立した集落だと理解されてきたのである。(14) ただ、長和荘の成立が鳥羽院政期の一二世紀中頃と考えられるのに対して、集落の成立は前述のように一三世紀中頃にまで降り、両者には一〇〇年ほどの開きがある。そのため、皇室領荘園としての長和荘の成立が、「草津」成立の直接的な契機になったとは考えにくい。一三世紀中頃という集落の成立年代を重視するならば、承久の乱（承久三年〈一二二一〉）ののちに長和荘地頭となった長井氏との関係に注目すべきであろう。

鎌倉幕府の有力御家人であった長井氏は、大江広元の第二子時広を祖とし、時広は承久の乱ののちに備後守護に任じられている。(15) その後、備後守護職は時広の子・泰重の系統に相伝され、備後国内では長和荘のほかに小童保（広島県三次市）・信敷荘（広島県庄原市）・田総荘（同）といった備後北部の荘園の地頭職を有していた。こうした内陸部に所在する長井氏の所領を瀬戸内海の水運に結びつける拠点として、瀬戸内海沿岸に位置する長和荘の一角に港湾を整備したことが考えられるのである。[16]

備後守護・長井氏とこの集落との関係を具体的に示す出土資料は、今までのところ確認できていない。ただ、「草津」が地域に密着した港湾で、遠隔地とは直接結びついていなかったと評価できる一方で、[17]出土資料には京都や鎌倉との密接な関係を想定させるものがいくつか存在している。たとえば岩本正二が指摘したように、[18]この集落の中心部に特徴的な多角形縦板組井戸は、鎌倉では幕府の中枢に近い人物の屋敷に比定されている今小路西遺跡や、京都においては貴族の屋敷や七条町などの商工業の中心地で多く見いだされるもので、「格」の高い井戸の構造と理解されている。鎌倉時代の「草津」の集落でこうした構造の井戸が出現するのも、京都・鎌倉に活動拠点を置いた長井氏との関係によって理解できるのではなかろうか。

２「中心区画」と水路の形成

一三世紀中頃に成立した港湾集落「草津」は、その後一四世紀初頭にかけて順調に発展を遂げていったことが検出遺構の分布状況などから確認できる（図２）。

集落成立当初から一貫して遺構が集中しているのは、遺跡中央部やや北寄りに位置する「中心区画」と呼ぶ区域である。[19]この区域は、商品・金融取引に関係する木簡がまとまって出土していることや、出土遺物が質・量ともに卓越していることなどから、活発な経済活動が展開されていたことが予想され、集落経営において中心的な役割を担ったことが想定できる場所である。中心区画の東側には、一四世紀に入る頃までに水路が築かれている。活発な経済活動の存在を考慮するならば、この水路はさまざまな物資を集落中枢部へと搬入するための船入の機能を果たしていたと判断できる。ここでは、この水路を「北部水路」と呼んでおく。

この北部水路は中心区画の東部に位置するY字状の溝で、東西方向の溝（SD五七〇）と北東から南西に延びる溝（SD五二〇）が一本に合流して南へと流れている（SD六二六）。南部の状況は遺構の残存状況が悪く不明であるが、その延長部分はかつての芦田川、あるいはその支流につながり、瀬戸内海へと至っていたと考えられる。SD五二〇の幅は最大部分で五mほど、深さは〇・八mほどで、東岸には径四～五cmの杭を三〇～四〇cm間隔で打ち込んだ部分がある。

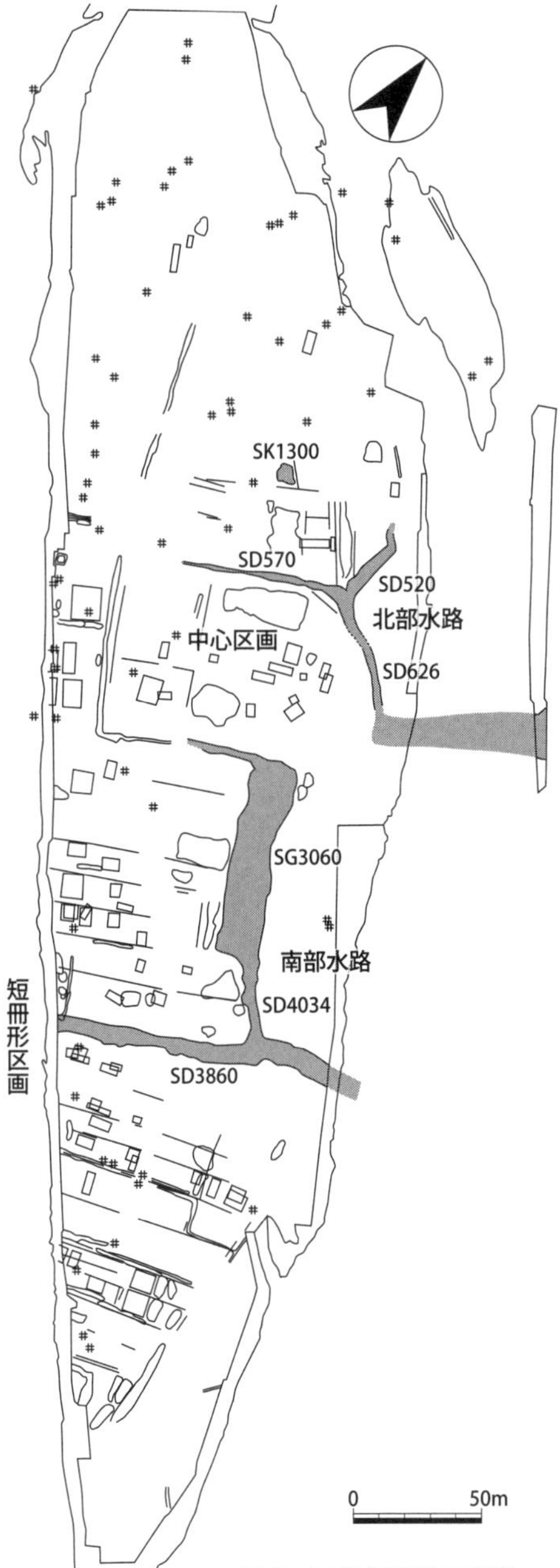

図2　14世紀前半の遺構

大型船を導き入れるのは困難であっただろうが、刳船構造の小型船であれば問題なく通行できたであろう。

一方、遺跡の南半部は土地が若干低く砂質の土層が広がっていたためか、集落成立当初には居住域がおよんでいない。しかし、一四世紀に入る頃から盛土によって地盤を改良することにより急速に開発が進められ、東西方向に細長い短冊形の地割が展開することになる。この「短冊形区画」と呼ぶ区域は、遺跡包蔵中州西側の調査範囲外に想定される南北道路に間口を開く区画に復元でき、発掘調査されたのは区画の奥の部分に相当する。この短冊形区画の北半には、自然流路を整備した西から東へと流れる溝(SD三八六〇)と、これに合流する北から南へと流れる溝(SD四〇三四)が構築される。ここではこれら一連の溝状遺構を「南部水路」と呼ぶことにする。

南部水路のうち、東西溝は本来集落西側の丘陵地から流れ出す幅一〇〜二〇mほどの自然流路であったらしく、それを一四世紀に入る頃から集落の区画の方向に揃えて整備し、幅九〜一四m・深さ〇・六〜一・五mほどの溝に改修している。整備後も西部の丘陵からの水を流す役割を担っていたためか、溝は砂質土によってたびたび埋まっており、何度か浚渫した痕跡が認められる。また、南北両岸には直径一〇cmほどの木を打ち込んだ杭列や、杭の間に竹を渡した護岸施設などが確認できるほか、桟橋状の施設の存在も想定されている。

この東西溝の東部には、一四世紀に入る頃までに南北溝が取り付けられている。一四世紀初頭の段階では、幅八〜一〇m、深さ〇・九mほどの溝であるが、のちに東西溝の改修にあわせて掘り直され、南北長三三m・深さ〇・八m・幅四〜六mほどの細い溝(SD四〇三四)の北側に、南北約七五m・東西約一五m・深さ一・五m前後の長方形の池状遺構(SG三〇六〇)が取り付く形に整備されている。

このように、南部水路は東西溝と南北溝(池)によって構成され、短冊形区画北半を囲むように整備されている。また、池状遺構SG三〇六〇は、単なる水路としては幅が広く、西岸に護岸用の杭列が認められることなどから、集落に出入りする船を係留する船溜まり、あるいは船着場のような機能を有していた可能性がある。この南部水路の東側延長部分も、北部水路と同様にかつての芦田川を経て瀬戸内海につながっていたはずである。

以上のように、一三世紀中頃に成立した港湾集落「草津」は、成立当初には明確な港湾関係の遺構が見いだせないものの、一四世紀に入る頃までには水路の整備が進められ、一四世紀前半のうちに北部水路・南部水路といった船入が構築されている。こうした施設の構築・整備によって、集落の物流機能は高められていったにちがいない。

３　集落の停滞・衰退期

ところが、一四世紀前半のある時期、おそらくは一三三〇年代頃に、集落内の多くの施設がほぼ一斉に廃絶することになる。集落経営の中枢を担った中心区画をはじめ、集落南半に展開していた短冊形区画も活動を停止し、それらに取り付く北部水路・南部水路もともに埋め戻されている[20]。

この頃に構築された中心区画の廃棄土坑（ＳＫ一三〇〇）からは、商品・金融取引、あるいは食品加工などに関係する木簡がまとまって出土しており、廃絶の直前まで活発な経済活動が展開されていたことがうかがえる。

集落が停滞あるいは衰退した原因としては、巨視的には南北朝時代の社会的動乱が想定できるであろう。また、より具体的にその原因を探るとすれば、施設廃絶の時期が一三三〇年代に想定できることから、鎌倉幕府の滅亡によって備後国内における長井氏の勢力が衰退したことが影響していた可能性が高く[21]、この点については今後さらに検証を進めていく必要がある。

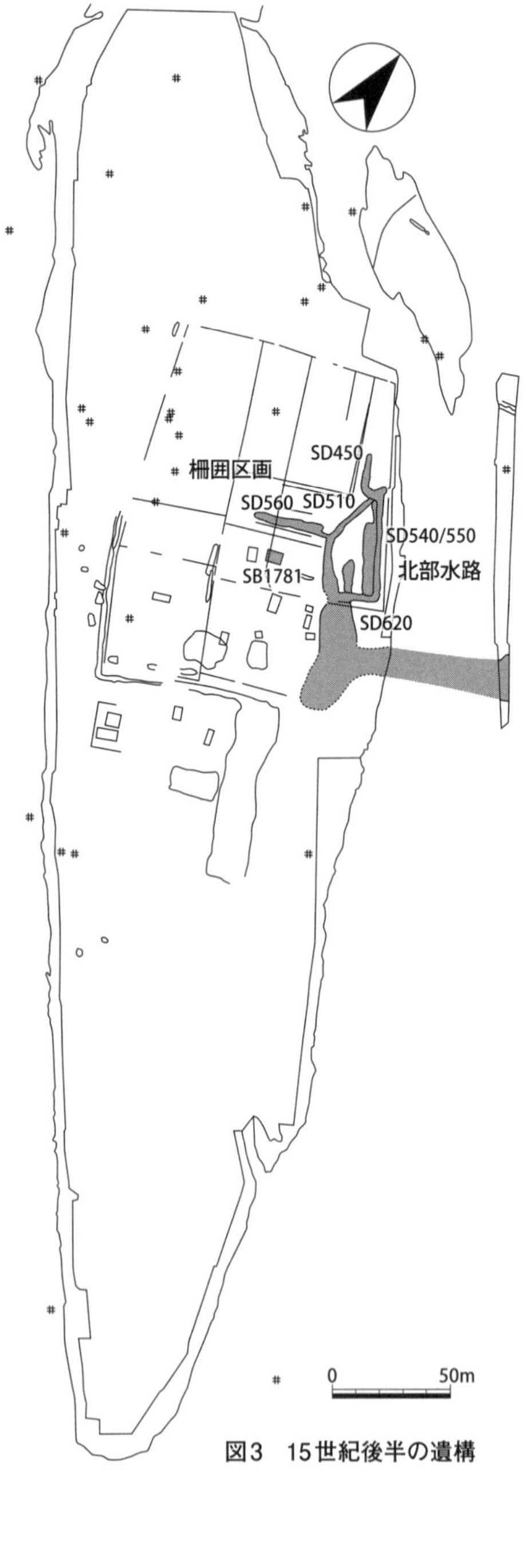

図3　15世紀後半の遺構

4　集落の再開発と「柵囲区画」の形成

やがて、一五世紀前半から中頃になると再び遺構の存在が確認できるようになり、この時期に集落の再開発が進められことがわかる。遺構はかつての中心区画とその周辺に集中的に分布しており、集落中心部の溝などを同じ場所で再び掘り返したような状況が認められることから、かつての集落の機能を再生することを意図したのではないかと考えられる。さらに、一五世紀の後半に入る頃には、中心区画の一帯が柵や塀によって区分されるようになり、これ以降のこの区域を「柵囲区画」と呼んでいる[22](図3)。

柵囲区画の東側に位置する北部水路も一五世紀前半頃から再構築が開始され、一五世紀後半には一部に石積護岸をもつ水路へと改修されている。一五世紀後半段階の北部水路は、北端に長さ一七・五ｍほどの短い南北溝（ＳＤ四五〇）が取り付き、そこからまっすぐ四一ｍほど南下する溝（ＳＤ五四〇・五五〇）と、一四世紀代の北部水路を踏襲するＹ字状の溝（ＳＤ五一〇・五六〇）とに分岐している。さらにその南で二条の溝は合流し、南北溝（ＳＤ六二〇）につながっている。その南の状況は遺構の残りが悪く不明確であるが、やはり芦田川を経由して瀬戸内海に至っていたものと考えられる。

一五世紀代の北部水路を構成するこれら複数の溝状遺構には、相互に重複するものがあり、何度か改修されていたことがわかる。ただ、遺構内から出土する土器にはほとんど時期差を見いだすことができず、遺構相互で接合する資料も何点か存在することから、比較的短い期間内に改修が行われた可能性が高い。

この時期の柵囲区画において活発な経済活動が復活していたことは、北部水路一帯の遺構から出土した木簡から明らかになっている。石積護岸によって整備・復活された水路は、この区画への船によるアクセスを可能にする船入の役割を果たし、活発な経済活動を支えていたもの考えられる。さらに、水路に隣接する一角には土壁造りの倉庫に復元できる礎石建物（ＳＢ一七八一）が存在し(23)、商人や金融業者の活動拠点であったことがわかる。

一方、一四世紀の段階で短冊形区画が展開し南部水路が取り付いていた区画は、この段階になっても再生されることはなく、遺構のまばらな空間が広がっている。

５「方形環濠区画」の成立と集落の終焉

こうして、集落の再開発は一定の成果を収めたようであるが、一五世紀後半の、おそらく一四七〇年代を前後する時期になると、北部水路に関連する施設の多くが再び廃絶されることになる。船入はすべて埋められ、そこには木簡がまとまって廃棄されている。また、墨書のある木簡とともに、木簡として用意されながらも記載のない、いわば「白紙の木簡」とでも呼ぶべき木札が大量に含まれていることから、(24) 経済活動が突然停止したような状況がうかがえる。さらに、前述した土壁造りの倉庫もほぼ同時期に焼失しており、集落の物流機能は大きなダメージを受けたようである。

しかし、一五世紀末になると、今度は遺跡南部に幅一〇mほどの環濠で囲まれた一辺約一〇〇mの方形の区画が成立する(方形環濠区画)。この区画は、その構造や出土遺物などから領主クラスの人物の居館と考えられるものである。また、方形環濠区画の成立後も北部の柵囲区画は引き続き存続していることから、この時期の集落には、北部に塀や柵で囲まれた区画、南部に環濠で囲まれた居館という性格を異にする二つの区域が、約一三〇mの間隔をおいて並存していたことになる。ただし、北半の区画にあった水路は再構築されておらず、商品・金融取引にかかわる木簡もほとんど出土しなくなることから、一四七〇年代頃に失われた集落の物流機能は、その後も完全に再生されることはなかったようである。

そして一六世紀の初頭、一五一〇年代頃になると、集落北部の柵囲区画、南部の方形環濠区画のいずれもがほぼ同時に廃絶し、集落は終焉を迎えることになる。なお、近世地誌『備陽六郡志』には、寛文一三年(一六七三)の洪水によって集落が消滅したかのような記述が見られ、それをもとに集落が江戸時代前期まで存続していたと考えられたこともあったが、発掘調査にもとづく研究の成果からはその点は否定されており、地域経済拠点としてのこの集落の機能や景観は、一六世紀初頭の段階ですでに失われていたことが明らかである。

さて、一五世紀前半の再開発から一六世紀初頭の終焉へと至る後半期の集落経営に深く関与していたと考えられるのが、備後渡邊氏である。渡邊氏の動向は広島県立歴史博物館に寄託されている『渡邊氏先祖覚書』によって断片的ながらもうかがうことができる。(25) それによれば、渡邊氏は悲田院(長和荘の領家)の年貢請負代官として備後に下向するが、まもなく備後守護・山名是豊の守護代・犬橋氏の被官となり、備後南部に散在する守護領の一部の管理を任されたらしい。「草土」の集落は、そうした所領経営の拠点であったと考えられる。渡邊氏が備後に下向した時期は、応永年間(一三九四〜一四二八)の後半、一四二〇年前後と考えられており、(26) 集落の再開発が始められた時期に相当することから、渡邊氏の備後下向が集落の再開発に関係していた可能性は高い。そして、渡邊氏は応仁文明の乱に際しては東軍の山名是豊に従うものの、是豊の没落によって所領をすべて失うことになった。一四七〇年代に比定できる柵囲区画における水路・倉庫などの廃絶は、これを反映するものと考えられる。

やがて渡邊氏は、応仁文明の乱ののちに備後守護となった山名政豊に赦され、再び「草土」を安堵される。そして、「土居」を構えたらしく、これが遺跡南部に出現する環濠で囲まれた方形館に比定できる可能性がある。さらに、永正年間(一五〇四〜二一)頃には、周辺地域の領主間の紛争を調停するなかで「山田」(福山市熊野町)に領地を与えられ、ここに拠点を移すことになる。現在福山市指定史跡となっている一乗山城跡(熊野町上山田)は、山田に移った渡邊氏によって築かれた山城だと考えられている。渡邊氏の山田への移転が、集落が終焉を迎える直接の原因であった可能性が高い。

このように、『渡邊氏先祖覚書』に記された内容は、発掘調査によって明らかになった集落の変遷過程に合致しており、渡邊氏の動向が集落に強い影響をおよぼしたことを想定することができる。『渡邊氏先祖覚書』には十分に検証できていない部分も多いが、今後研究を進めることにより、集落についての理解をより深めることができるものと期待される。

三　出土した船材

1　草戸千軒町遺跡出土の船材について

前節では、集落内にめぐらされた水路の消長に焦点を当てながら、集落の変遷過程の概略を述べた。こうした船入の役割を有する水路によって集落内部に船がアクセスすることが可能になり、この集落で展開された活発な経済活動を支えることになったのだろう。

それでは、この集落に出入りしていた船とはどのようなものであったのだろうか。それを探る手がかりの一つが、遺跡から出土した舟形である。舟形は、呪術的な意味をもつと考えられる形代の一種で、当遺跡からは三〇点ほどが確認できている(27)。船をかたどったミニチュアであるため、デフォルメされている可能性があるものの、墨によってディテールが表現された資料もあり、当時の集落近辺を往来していた船の姿を検討するための手がかりとなりうる貴重な資料である。

そしてもう一つの手がかりが、次に紹介する船材である。これらは、本来は船を構成する部材であったものが解体され、井戸材として転用されたと考えられるものである。船体を構成するごく一部であるため、船の全体像までが確認できるものではないが、舟形などとあわせて検討することによって、当時の瀬戸内海沿岸の港湾集落で利用されていた船の形態や構造を具体的に知るための資料となる。ここではこれまでに確認されている草戸千軒等遺跡出土の船材のなかから、代表的な資料を紹介する。

２　ＳＥ一九〇〇

第二八次調査で検出したＳＥ一九〇〇井戸は、中心区画に位置する井戸の一つで、一三世紀後半に構築され、一四世紀前半に廃絶したと考えられる[28]（図４）。上下二段の木組みの井側をもっており、上段は方形縦板組隅柱横桟型の井側で、下部のごく一部が残るのみである。下段の井側は、三枚のクスノキの刳り抜き材を筒形に組み合わせ、接合部分には外側から添板を当てている。この下に、同じくクスノキ一木の刳り抜き材が井筒として据えられていた。

最下部の井筒として利用された刳り抜き材については、木製容器の刳桶が転用されたものであることをかつて論じたことがある[29]。刳桶は、丸太材を刳り抜いたものに円形の底板をはめ込んだ桶で、短冊型の板を組み合わせて箍で締めた結桶が普及するまでは、中・大型容器として重要な役割を果たしていたと考えられるものである。

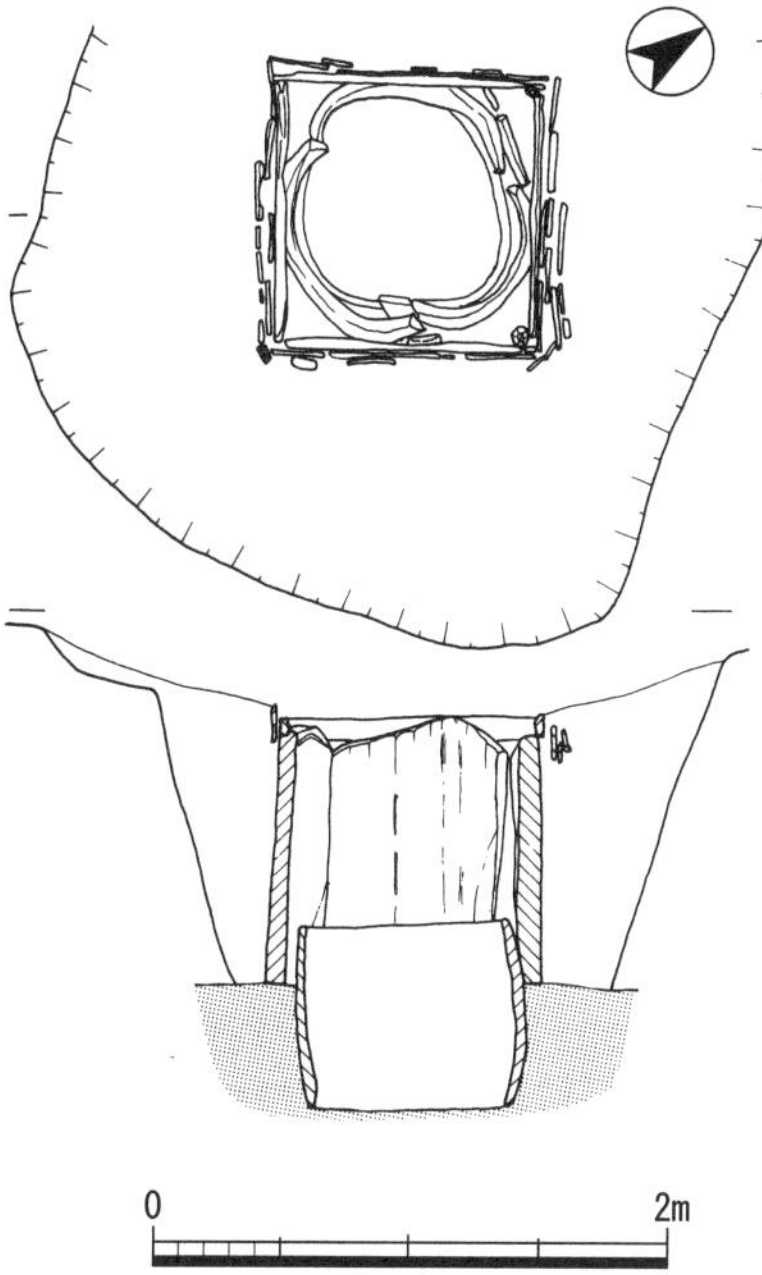

図４　SE1900井戸実測図

その上部に設置された三枚の刳り抜き材についてはこれまで検討が加えられていなかったが、その形態や表面に残された痕跡から、船の底部に使われた「航（かわら）」と呼ばれる部材であったと考えられる[30]。図５に示すように、これらは断面がＵ字形を呈し、ａは長さ一〇五㎝・幅八三㎝、ｂは長さ一〇三㎝・幅七六㎝、ｃは長さ一一九㎝・幅六四㎝ほどの大きさである。樹

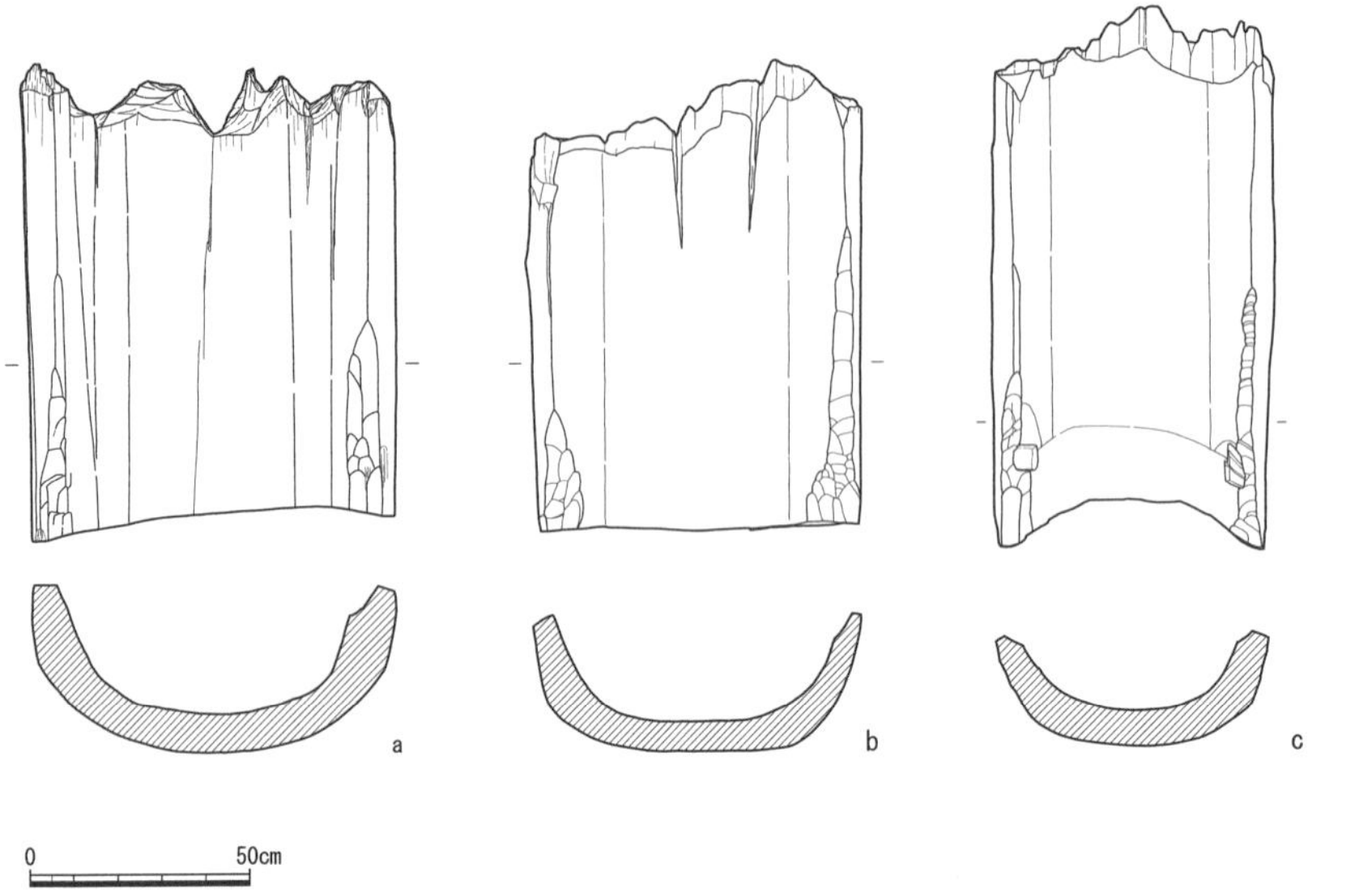

図5　SE1900井戸に転用された船材

図6　転用材に残るフナクイムシの痕跡

種はクスノキと鑑定されている。このうち、aの外面には径〇・五～一・〇㎝ほどの穴が多数認められ(図6)、これらは木造船に付くフナクイムシによる穿孔とみなすことができることから、船材を転用したものと判断した。なお、いずれの材も上端は地表近くに位置していたために風化が進んで加工痕が確認できないが、a・bの下端には鋸で切断した痕跡が確認でき、本来は同一材であった可能性がある。

その場合、ａの下にｂが、その下にｃがつながり、本来は三・三ｍ以上の長さがあったことになる。三点のうち、ｃの下端の幅が最も狭いことから、こちらが舳先に相当するものと考えられ、この部分には船梁を入れるための穴が穿たれている。

それぞれの材の長辺端部には釘の痕跡が確認できることから、「航」の上に「棚」と呼ばれる舷側板が打ち付けられていた可能性もある。であるとすれば、この部材は準構造船の底部を構成していたことになるが、今後さらに詳細に検討する必要がある。

前述のように、この井戸は一三世紀後半に構築されたと考えられることから、この頃までにこうした底部をもつ船が廃棄され、井戸材へと転用されていたことが確認できるのである。

３　ＳＥ四四七〇

第四二次調査で検出したＳＥ四四七〇井戸は、遺跡南部の方形環濠区画に位置する木組みの井戸で、一五世紀末から一六世紀初頭にかけての時期に構築され、一六世紀初頭のうちに廃絶したと考えられる(31)（図７）。

井側は上下二段に分かれており、下段の方形縦板組横桟型の上に同じく方形縦板組横桟型の井側を重ねている。上段の井側は、不定

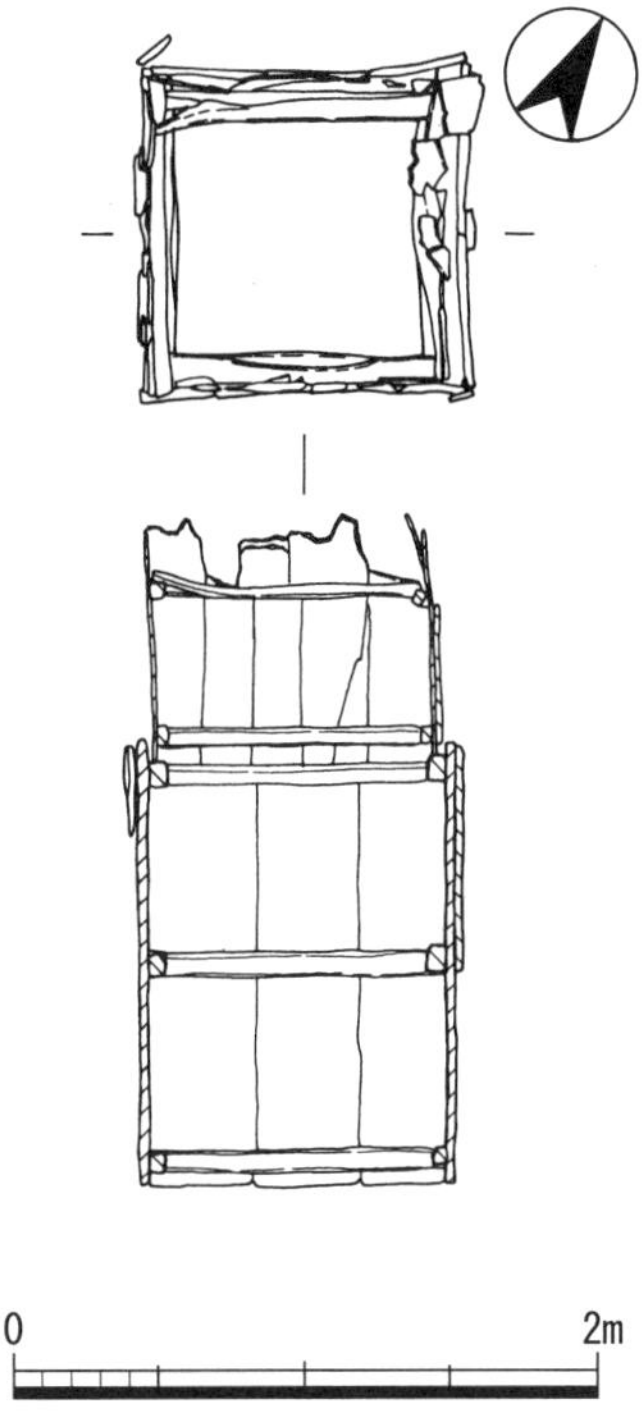

図7　SE4470井戸実測図

形の板材を寄せ集めたように組まれており、縦板の多くには井側の構造とは無関係に切れ込みや孔があるほか、釘が各所に打ち込まれていることから、その多くが船材を転用したものと考えられる。図8はそのうちの一枚で、長さ一四八cm・最大幅二一cm・最小幅一一cm・厚さ三・五cmほどの材である(樹種は未同定)。長辺には釘穴が並び、一辺には二本の鉄釘も残っているほか、中ほどには縦挽鋸による溝が認められる。このような形態から、本来は「棚」と呼ばれる舷側板であったものを切断し、井戸材に転用したものと考えられる。

この材が当初使われていた船の形状や規模の検討は今後の課題であるが、板材の両側面に釘穴列が認められることから、複数段の「棚」を重ねる構造の船であったとみなすことができる。船底の構造が明らかでないため、刳船構造の船底をもつ準構造船であったのか、板材を組み合わせた構造船であったのかは定かでないが、複数段の「棚」が重ねられていたことからは、準構造船であったとしても、ある程度発達した段階の構造を示していると考えられるだろう。

SE四四七〇は、集落の最終段階に構築・廃絶された井戸であり、この集落の最終段階には、比較的発達した段階の準構造船、あるいは構造船に移行した段階の船が存在していた可能性がある。

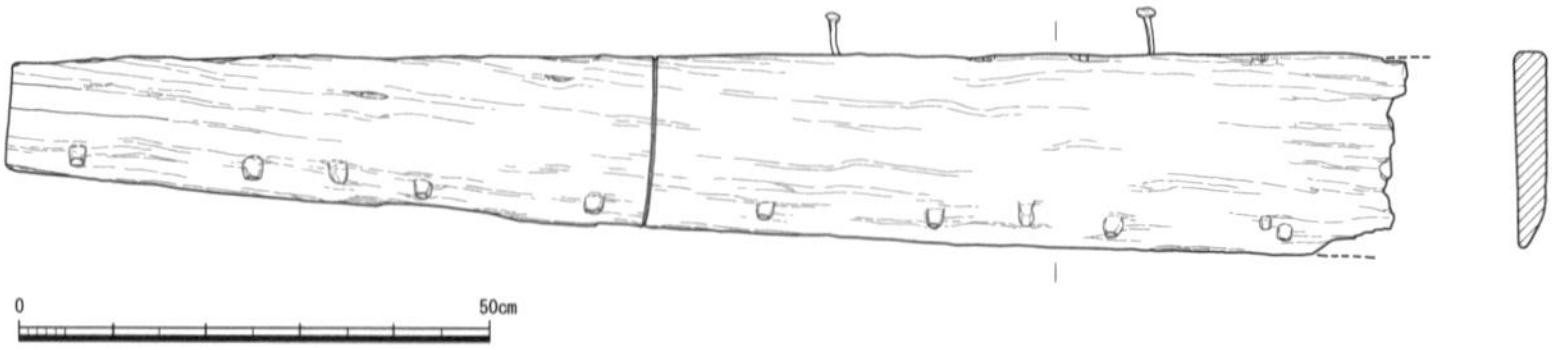

図8　SE4470井戸に転用された船材

四　まとめと課題

ここまで、港湾集落跡としての草戸千軒町遺跡の特質を示す資料として、水路に関係する遺構の状況、井戸材に転用された船材の事例を紹介してきた。次にこれらの資料にもとづきながら、この港湾集落が地域社会に果たした役割についてまとめるとともに、今後に向けての課題を示しておきたい。

前述のように、のちに「草戸千軒」と呼ばれることになるこの集落は、本来は「草津（くさいづ）」と呼ばれる港湾集落として成立したと考えられるが、成立当初の一三世紀中頃の段階では明確な港湾施設の存在は確認できない。おそらくは遺跡東側の調査範囲外の部分に芦田川の支流があり、その河岸などが利用されていたのだろう。そして、一三世紀後半代に「中心区画」の形成が進むなかで「北部水路」が、一四世紀に入る頃までには「短冊形区画」が形成されるなかで「南部水路」が構築され、それまで集落外、あるいは縁辺部にあった港湾機能が集落中枢部に取り込まれることにより、港湾集落としての機能が飛躍的に高められることになったと考えられる。

鎌倉時代のこの集落の経営には長井氏の一族が深く関与していた可能性が高く、遺構の変遷過程や出土遺物からは、物流拠点としての機能が一三世紀後半から一四世紀前半にかけて次第に高められ、集落が停滞期を迎える直前の一三三〇年代頃までにピークを迎えたことがうかがえる。この時期は、瀬戸内海沿岸の多くの中世遺跡において陶磁器をはじめとする広域流通品の出土量がピークを迎える時期であり、瀬戸内海をめぐる物流の活性化に連鎖するかたちで、「草津」の集落においても港湾施設の整備が進められたものと理解できる。

なお、ＳＥ一九〇〇で出土した船材はこの段階の資料であり、この時期までの集落に、刳船構造の船底をもつ船が出入りしていたことがうかがえる。集落内の施設に、こうした船材の転用材が利用されていることにも、この集落の水運への関与の深さが示されている。

そして、前述のとおり一三三〇年代頃に「草津」の中心部一帯では多くの施設が廃絶され、集落の物流拠点としての機能は衰退したと考えられる。瀬戸内海をめぐる広域流通網がこの時期大きな変革期を迎えていたことは、それまで多数出土していた東播系須恵器や常滑焼などが一四世紀中頃以降急速に減少することからも明らかである。そうした瀬戸内海をめぐる物流体制の変化が、何らかのかたちで集落の衰退に連動していたことは当然考えられることである。ただ、「草津」のような地域経済拠点が衰退することによって、地域経済のあり方がどのように変化したのかについては明らかにできていない。福山湾岸には「草津」の他にも、「深津」(32)などの拠点があったことが知られており、こうした複数の拠点が機能を相互に補完していたことなども想定できるが、具体的な検討は今後の課題である。

『渡邊氏先祖覚書』の記述からは、長和荘の領家であった悲田院が年貢徴収の梃子入れの方策として、一五世紀前半に渡邊氏を請負代官に起用したことがうかがえる。これが、集落の再開発が進められる契機になったと考えられる。つまり、かつて福山湾岸の経済拠点であったこの集落の機能を再生することにより、悲田院への収納を円滑にすることを意図し、それを実現する人物として渡邊氏が任命されたのであろう。

渡邊氏が「海の武士団」として「海賊的性格」を有し、水運への関与が深かったことについては、すでに網野善彦による指摘がある。(33)そうした渡邊氏の特性には、悲田院のみならず備後守護の山名氏も注目していたと考えられ、「草土」に下向した渡邊氏はまもなく守護代犬橋氏の被官となっている。そして、「国留」(広島県府中市上下町)、「上下」(同)、「市村宇山」(広島県福山市蔵王町・春日町)、「長和寺家半済」(福山市瀬戸町)、など芦田川中下流域に散在する所領の管理を任されている。(34)そうした守護領管理の拠点の一つが、沿岸に位置する「草土」の集落であり、散在する守護領の物資を集約し、京都方面へと結びつける役割が期待されたのであろう。

なお、この段階には「北部水路」の再生が行われ、石積護岸によって整備されるが、「南部水路」は再生されていない。さらに、集落中心部が柵や塀で囲い込まれるなど、一四世紀の集落の景観とはいくつかの点で相違点がある。こうした景観の違いが、集落の機能をどのように反映するのかについても、今後検討を進めていかなければならない。

一五世紀後半には応仁文明の乱にともなう社会変動により、集落に取り付く水路は閉鎖され、これにより集落の物流拠点としての機能は著しく低下したものと考えられる。その後、集落南部には新たに方形環濠区画が成立するものの、水路は再構築されることはなかった。この時期の渡邊氏は、備後守護の山名政豊・俊豊に従って行動したことが『渡邊氏先祖覚書』では確認できるが、物流機能が低下したと考えられる「草土」を拠点にどのような活動を展開したのかは明らかではない。

ただ、SE四四七〇の井戸材として船材が利用されていることからは、流通機能が限定されたと考えられる集落終末期になっても、こうした船材を転用することが可能な状況にあったことは明らかである。これまでの遺跡の調査範囲では、港湾集落としての特質を明確に示すこの時期の資料を見いだすことはできていないが、調査範囲外に港湾施設が存在した可能性なども考慮しながら、さらに検討を進めていく必要があるだろう。

おわりに

「草津」「草土」などと呼ばれたこの集落の性格については、すでにいくつかの論考によって、地域経済の拠点として果たした役割や、隣接する港町・鞆と役割を分担していたことなどが論じられている。ただ、集落の機能に直結する港湾施設に焦点を絞った研究は、これまで十分に行われてこなかった。ここでは港湾集落としての特質を示す代表的な資料を紹介することにより、集落の特質を浮き彫りにすることを目ざしたが、内容は従来の理解を大きく前進させるものとはならなかった。瀬戸内海沿岸に立地するさまざまな集落のなかにこの集落を位置づけ、瀬戸内海水運と港湾集落との有機的なつながりを明らかにするためには、港湾施設そのものについての分析を避けることはできない。この論考をその第一歩として、さらに研究を深めていきたい。

註

(1)　広島県草戸千軒町遺跡調査研究所編『草戸千軒町遺跡発掘調査報告 Ⅰ』広島県教育委員会、一九九三年。広島県草戸千軒町遺跡調査研究所編『草戸千軒町遺跡発掘調査報告 Ⅱ』広島県教育委員会、一九九四年。広島県草戸千軒町遺跡調査研究所編『草戸千軒町遺跡発掘調査報告 Ⅲ』広島県教育委員会、一九九五年。広島県草戸千軒町遺跡調査研究所編『草戸千軒町遺跡発掘調査報告 Ⅳ』広島県教育委員会、一九九五年。広島県草戸千軒町遺跡調査研究所編『草戸千軒町遺跡発掘調査報告 Ⅴ』広島県教育委員会、一九九六年。

(2)　岩本正二『草戸千軒』(吉備考古ライブラリィ・六)吉備人出版、二〇〇〇年。鈴木康之『中世瀬戸内の港町　草戸千軒町遺跡』(シリーズ「遺跡を学ぶ」四〇)新泉社、二〇〇七年。

(3)　「福山」という地名は、この段階に成立する。

(4)　福山藩領の代表的な地誌としては、吉田秀元による『水野記』、宮原直倁による『備陽六郡志』、馬屋原重帯による『西備名區』、菅茶山による『福山志料』などが知られている。

(5)　鈴木康之「草戸千軒をめぐる流通と交流」『中世瀬戸内の流通と交流』塙書房、二〇〇五年、一一九～一五七頁。

鈴木註(2)書。

(6) 現在の明王院の本堂と五重塔(いずれも国宝)は、かつての常福寺の伽藍の一部であり、本堂が元応三年(一三二一)、五重塔が貞和四年(一三四八)に建てられたものである。

(7) これらの地名についての現在知られている初見は、「深津」が『万葉集』巻一一の「深津島山」、あるいは『日本霊異記』下巻代二七の「深津市」や貞観一四年(八七二)三月九日付の「貞観寺田地目録」(『仁和寺文書』)に見える「深津庄」。「吉津」は、『経俊卿記』正嘉元年(一二五七)九月十二日条に見える「吉津庄」。「津之郷」は『和名類聚抄』の「津宇郷」の遺名とされ、中世の文書には「津本郷」「津郷」として記される。「奈良津」については、近世の奈良津村より古くさかのぼる史料が確認できていないようであるが、それ以前の港湾の存在を前提に成立した地名であると考えられる。『広島県の地名(日本歴史地名大系 第三五巻)』平凡社、一九八二年。『角川日本地名大辞典 四三 広島県』角川書店、一九八七年。

(8) 光藤珠夫「草戸の庄の古陶磁」『備後史談』第一四巻第三号、一九三八年、四～五頁。

(9) 岡野友彦『家康はなぜ江戸を選んだか』教育出版、一九九九年。

(10) 鈴木註(5)二〇〇五年に同じ。

(11) 広島県立歴史博物館編『草戸木簡集成 一(草戸千軒町遺跡調査研究報告三)』広島県立歴史博物館、一九九九年。広島県立歴史博物館編『草戸木簡集成 二(草戸千軒町遺跡調査研究報告四)』広島県立歴史博物館、二〇〇〇年。広島県立歴史博物館編『草戸木簡集成 三(草戸千軒町遺跡調査研究報告六)』広島県立歴史博物館、二〇〇四年。

(12) 岩本註(2)書。

(13) 鈴木康之「通過点としての『草戸千軒』―広島県草戸千軒町遺跡―」『中世の宿と町』高志書院、二〇〇七年、一二五

〜一五二頁。

(14)　志田原重人「荘園制と草戸千軒―草戸千軒解明の一視点(二)―」『草戸千軒』五五、広島県草戸千軒町遺跡調査研究所、一九七八年、一〜五頁。

(15)　小泉宜右「御家人長井氏について」『高橋隆三先生喜寿記念論集　古記録の研究』高橋隆三先生喜寿記念論集刊行会、一九七〇年、七〇七〜七六五頁。志田原重人「備後長井氏の動向―草戸千軒解明の一視点―」『草戸千軒』五〇、広島県草戸千軒町遺跡調査研究所、一九七七年、一〜四頁。

(16)　河合正治は、長井氏が長和荘に守護所を置き、草戸はその外港の役割を果たした可能性を指摘している。河合正治「北条氏の隆盛と草戸千軒町遺跡」『金沢文庫研究』第二〇巻第八号、神奈川県立金沢文庫、一九七四年、一四〜一八頁。

(17)　註(2)文献など。

(18)　岩本正二「西日本の中世井戸―草戸千軒町遺跡の井戸をめぐって―」『考古論集(潮見浩先生退官記念論文集)』潮見浩先生退官記念論文集刊行会、一九九三年、七七五〜七八八頁。

(19)　「中心区画」の詳細については、岩本正二「まとめ」『草戸千軒町遺跡発掘調査報告Ⅴ』広島県教育委員会、一九九六年、三七三〜四四八頁を参照のこと。

(20)　鈴木康之「南北朝期の『草戸千軒』―一四世紀後半における集落の衰退について―」『考古論集(河瀬正利先生退官記念論文集)』河瀬正利先生退官記念事業会、二〇〇四年、九三七〜九五四頁。

(21)　小泉註(15)論文。

(22)　註(19)に同じ。

(23)　鈴木康之「瀬戸内の港湾集落と蔵―広島県草戸千軒町遺跡の事例―」『都市と城館の中世―学融合研究の試み―』高志

書院、二〇一〇年、二〇一～二二八頁。

(24)　下津間康夫「草戸木簡にみる流通・金融活動」『国立歴史民俗博物館研究報告』第九二集、国立歴史民俗博物館、二〇〇二年、二四九～二六八頁。

(25)　田口義之「渡辺先祖覚書」『山城志』第七集、備陽史探訪の会、一九八四年、二八～三四頁。田口義之「一乗山城主渡辺氏―その備後土着と山田入部をめぐって―」『文化財ふくやま』二〇、福山市文化財協会、一九八五年、五五～六一頁。小林定市「渡辺氏の先祖覚書と長和庄支配構造」『福山城博物館友の会だより』三一、福山城博物館友の会、二〇〇一年、九～一二頁。広島県立歴史博物館編『備後渡辺氏に関する基礎研究』(草戸千軒町遺跡調査研究報告一一)広島県立歴史博物館、二〇一三年。

(26)　田口註(25)一九八五年論文。

(27)　広島県立歴史博物館編『草戸千軒町遺跡出土の木製形代―人形・舟形・刀形・陽物・鳥形・鬼形・臼形・斎串―』(草戸千軒町遺跡調査研究報告 九)広島県立歴史博物館、二〇一〇年。

(28)　広島県草戸千軒町遺跡調査研究所編『草戸千軒町遺跡発掘調査報告 Ⅱ』広島県教育委員会、一九九四年。

(29)　鈴木康之「『楽音寺縁起絵巻』に見る刳桶―中世前半期における刳桶の評価をめぐって―」『広島県立歴史博物館研究紀要』第三号、広島県立歴史博物館、一九九七年、一～一一頁。

(30)　船の構造や部材の名称などは、石井謙治『図説和船史話』至誠堂、一九八三年を参考にした。

(31)　広島県草戸千軒町遺跡調査研究所編『草戸千軒町遺跡発掘調査報告 Ⅳ』広島県教育委員会、一九九五年

(32)　厳島神社蔵『反故裏経紙背文書』によって鎌倉時代後期に「深津市」と呼ばれる経済拠点が存在したことがわかる。魚澄惣五郎・松岡久人「厳島神社蔵 反故裏経について」『史学雑誌』第六一編第三号、史学会、一九五二年、四八～

六一頁。

(33) 網野善彦「中世都市『草戸千軒』」『草戸千軒町遺跡』(日本の美術　第二一五号)至文堂、一九八四年、八五～九二頁。

(34) 註(25)に同じ。

付記　本稿擱筆後、ＳＥ一九〇〇の井戸材について検討した次の文章をまとめている。本稿と重複する部分も多いが、参照いただきたい。

鈴木康之「船材を転用した井戸の一事例―草戸千軒町遺跡ＳＥ一九〇〇の井戸材―」『広島の考古学と文化財保護―松下正司先生喜寿記念論集―』広島の考古学と文化財保護刊行会、二〇一四年、二五九～二六四頁。

東国御家人の地域開発
―球磨川流域 相良頼景館跡 船着き場遺構―

永井孝宏

はじめに

熊本県の南部に位置する球磨盆地は、九州山地に開口した断層盆地である。その中央を九州屈指の河川である球磨川が東西に貫流し、八代海に注ぐ。球磨川両岸に展開する河岸段丘上や、その支流に形成された複合扇状地には、相良氏関連の遺跡や社寺が数多く点在し、中世的景観を色濃く残している。本格的に陸上交通網が整備された近世期以後も、盆地内の交通は球磨川水運に大きな比重がおかれ、『多良木村勢調査書』によれば「牛嶋・八日ノ境ヲ過キテ須恵村ニ入ル、其ノ間、里城・才知田・牛嶋三ケ所ニ渡船場アリ、三間ノモノ二、四間一、五間ノモノ一、計四艘ノ船ヲ有ス、冬期約二ヶ月間、薪取リノ為仮橋ヲ架スル外、皆之ニ依リ両岸諸村ノ交通ハ行ハル、ナリ」(1)と、地域経済に密接な関係性を有していた。この球磨川右岸に直面し蓮花寺跡・相良頼景館跡が立地している。

『歴代 嗣誠独集覧』には「頼景公其前御当地居住始ハ多良木蓮花寺ノ上ニ大川端、今東ノ前ト云御屋敷也」と相良頼景の居住地に関する記載があり、「東ノ前」地名や小字名「蓮花寺」が現在に残る。(2)昭和五〇年、三方を土塁に囲繞された方形居館跡と隣接する伝蓮花寺跡の調査が行われ、昭和五二年に報告書「蓮花寺跡・相良頼景館跡」が刊行さ

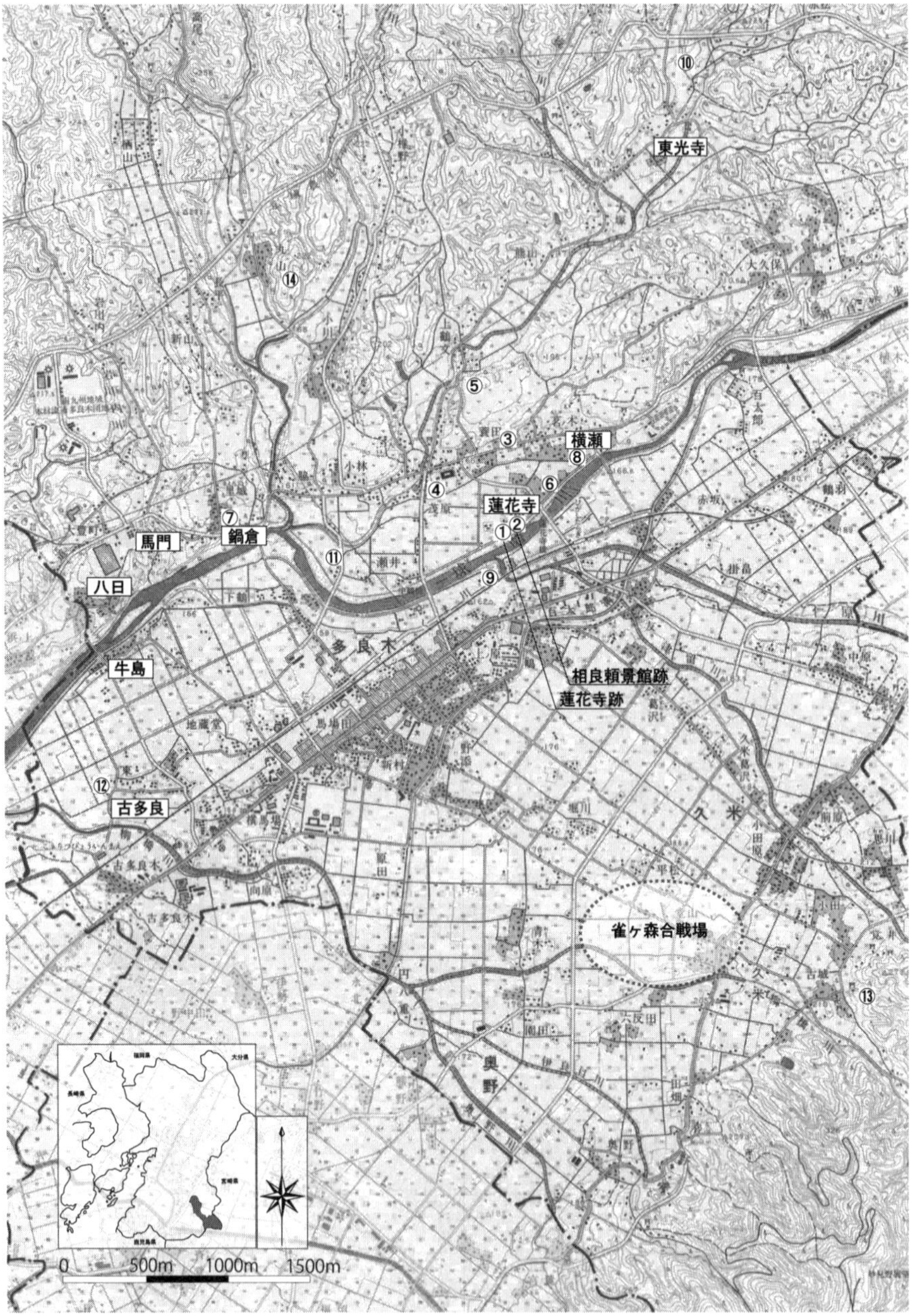

図1　相良氏関連遺跡位置図

表1　相良氏関連遺跡一覧

No.	遺跡・城跡・寺社等	遺跡概要
①	相良頼景館跡	相良家初代の館跡比定地
②	蓮花寺跡 蓮花寺跡古塔碑群	嘉禎元年（1235）、上相良家２代頼氏の創建と伝わる
③	青蓮寺阿弥陀堂 青蓮寺古塔碑群	上相良氏３代頼宗が、初代頼景を供養するために永仁3年（1295）に阿弥陀堂を創建。堂内には、永仁3年銘の阿弥陀如来立像を安置。後背斜面には上相良氏、下相良氏などの五輪塔が遺在している。
④	伝弥勒寺跡	鍋城に安置されていた大治５年（1130）銘の薬師如来座像が所在していた
⑤	内城跡	青蓮寺背後の台地の北端に所在し、上相良８代頼観が城主とされる
⑥	鮎ノ瀬井手	「永仁三年五月　鮎之瀬井手碑　領主相良頼宗建」の石碑が所在する
⑦	里ノ城跡	上相良氏滅亡後、人吉相良氏の城代が城番となる
⑧	伝横瀬館跡	永吉荘を領知した横瀬（平川）高実の館跡との伝承が残る
⑨	伝妙法寺跡	『歴代 嗣誠独集覧』によれば、仁治元年（1240）土井口妙法寺再興とある
⑩	東光寺薬師堂 東光寺経塚 東光寺磨崖梵字	上相良２代頼氏の再興と伝えられる 凝灰岩崖面に彫刻された梵字があり、隣接地にて経筒８口が出土、銘文には頼氏をはじめ、大神氏、太秦氏などの名が見られる
⑪	王宮神社	王宮神社創健には日向在庁土持氏との伝承がある 楼門は上相良7代頼久が応永23年（1416）に再建した建築
⑫	古多良木の塞	文安5年（1448）の内乱により、上相良8代頼観舎弟頼仙が城主であったが、上相良氏が滅亡すると廃城となる
⑬	久米城跡	戦国時代に相良氏が久米支配のために置いた支城の一つ、さらに古い時代の城跡も残っている
⑭	鍋城	南北朝時代の上相良氏の居城とされている

れた。史料に登場し地名を冠する両遺跡の調査は、多くの貴重な成果を得ると同時に、遺跡の三分の一が球磨川河川改修工事により消滅するという代償を負うことになる。

相良家史の多く[3]は、東国御家人である相良頼景の多良木下向を建久四年（一一九三）とし、その居住地を「東ノ前」と記載する。頼景の建久四年下向、その子長頼の建久九年下向という年代設定には、相良家史編纂の基となった天文五年（一五三六）の「沙弥洞然長状」に、すでにそのシナリオは成立しており、慎重な史料批判が必要とされる[4]。建久三年、球磨御領の再編成によって多良木村が平家没官領として再編される[5]。しかし、建久八年の図田帳には「多良木村百丁没官領　伊勢弥次良　不知実名」と記され、頼景下向が建久四年であれば、当然図田帳にその名が記されるべきである。この解釈については「伊勢弥次良」[6]を幕府から新恩補任された地頭として解する説や、相良頼景本人もしくはその代官的存在として解する説が提起されているが[7]、長頼の人吉荘地頭補任である元久二年（一二〇五）には[8]、初代頼景も多良木村に対し、何らかの権限を有していたことが想定できよう。よって、頼景館の由来地である方形居館は、在地階層社会の一つの象徴であり[9]、相良氏の領域支配の拠点であったという仮説を生むのである。今回、蓮花寺跡・相良頼景館跡から確認された遺構の形成過程を復元し、両遺跡の形成を成立させる種々の関係性を、発掘資料や文献史料を織り交ぜながら抽出し、論を進めるものである。

なお、本稿では、西遷御家人の相良氏と球磨地域生え抜きの領主たちとの違いを強調すべく、「東国御家人」という表記をしていることを、あらかじめお断りしておく。

一　地理的・歴史的背景

蓮花寺跡・相良頼景館跡は球磨川右岸の多良木町大字黒肥地字蓮花寺に所在し、遺跡地図上での登録は「相良頼景館跡」である。現在の球磨川の流路は百太郎堰付近から徐々に開析が始まり、館跡の前面付近では水勢は緩やかで、水深が比較的浅くなり、河川の最も安定した場所での占地といえる。両遺跡の後背には沖積平野が展開し、その五〇〇m北には永仁三年（一二九五）銘の阿弥陀如来立像を安置した青蓮寺阿弥陀堂が所在し、その背後の斜面には、上相良氏歴代の五輪塔をはじめ、歴代住職・下相良氏などに由来する五輪塔七八基、石塔婆二二基が遺存する。館跡から約四八〇m上流には、鮎ノ瀬井手の取水口があり、井手は両遺跡の北側を西流し、王宮神社南側を経て球磨川に合流している。

調査報告書への服部英雄氏の批評は、執筆者によって見解が異なる点を挙げ、統一的な見解を要望する[10]。その根本的な相違点は、考古学的には蓮花寺跡・相良頼景館跡を肯定しつつ、文献史学的立場からは蓮花寺を平川（横瀬）高実の開基に対応させ、東ノ前館跡の始源を平川氏の拠点であったという可能性を指摘している点である。(11)

球磨郡の荘園公領制の展開は球磨御領の成立を嚆矢とし、郡衙機構を構成する有力在地勢力が、荘園領主への上納を事実上共同で請け負うという国衙領的性格の強い半輸租領であった。(12)源平内乱期には院領であり、平頼盛の太宰大弐時代に平家領、鎌倉幕府の成立を契機とし、一旦没官領化されたのち、球磨臼間野荘の頼盛への安堵という複雑な変遷過程をたどる。その後、建久三年（一一九二）、球磨御領は上球磨を中心とする公田、中球磨を中心とする鎌倉殿御領、下球磨を中心とする人吉荘に再編成される経緯が既往の研究により明らかにされている。(13)

この公田の内、没官領として「多良木村百丁」が登場、相良頼景が領知し、その子長頼が元久二年（一二〇五）に人吉荘の地頭に補任されることが史料から窺える。鎌倉時代前期段階での相良氏の球磨郡領有は、多良木村と人吉荘という盆地両端で、服部氏は頼景の多良木領有の経緯について、京都大番役と人吉荘の年貢京進ルートを、人吉から水運を利用し多良木を経て猪鹿倉（横谷峠）越え、日向国府・一ッ瀬川を経由、海路による京都というルートを想定し、盆地東部に位置する多良木が郡内交通上の最優位であったことに起因すると指摘する。(14)

一方、工藤敬一氏は頼景の多良木領知は、盆地中央の鎌倉殿御領の設定に先立って優先的になされたものではなく、結果として多良木と人吉という盆地両端を領知することになったとし、多良木を河川交通上の要衝として認識しつつも、蒙古襲来と異国警護番役の経験により、球磨から不知火海への交通がより重要性を占めるようになることを評価する。(15)いずれにしても、史料から導きだされた頼景の多良木村領有は確かなものであり、相良頼景館跡・蓮花寺跡の形成を紐解くことは、相良氏の球磨郡支配の初源を理解するためには不可欠な作業なのである。

文安五年（一四四八）に上相良氏が滅亡するまでの間、頼景を初代とする上相良氏（多良木）と、長頼を初代とする下相良氏（人吉）の両家が球磨郡一円を領有するが、惣領家は一貫して上相良氏側にある。

二 「相良頼景館跡・蓮花寺跡」の遺構形成過程の復元

1 蓮花寺跡（図2）

嘉禎元年（一二三五）に上相良二代頼氏の創建伝承が記録に見える。昭和三五年に角柱塔婆が発見され、文永六年（一二六九）頼氏（上蓮）の逆修供養として、頼氏の長男頼宗が建立した旨の紀銘が記されるが解決すべき問題は多い(16)。編纂史料によれば、文安五年（一四四八）の上相良氏の滅亡とともに廃寺、永正一一年（一五一四）に下相良一三代長毎によって再興される。現在の本尊阿弥陀如来立像には「大旦那藤原長毎並満乗丸、当寺院大願主秀尊敬白、于時永正十一年甲戌八月彼岸二十八日」との銘があり、これを証左するものである。蓮花寺跡から確認された遺構は、南北に走行する溝・石積基壇・石敷遺構・埋鏡遺構で、発掘調査時には多数の五輪塔・板碑が遺存していた。

南北に走行する溝

溝の形成から廃絶までの過程をたどると、開削後、滞水状態が続き数度の改修痕跡が認められる。その後、滞水状態により黒色有機物層が形成、更に一定期間の流水・止水状態の繰り返しにより鉄分沈着層が形成され、最終的に人為的埋め戻しの際に、多量の土師器などが廃棄されている。異なる滞水状態を示す上下堆積物の存在は、当初の滞水状態の溝機能が、溝の最終段階直前において灌漑用水に変質した可能性を想起させるものである。溝の最終廃棄の際には、一三世紀中頃から後半の土師器（杯・小皿）、竜泉窯青磁椀Ⅰ類・Ⅱ類、白磁皿Ⅸ類、青白磁合子、在地系須恵器製仏具などが廃棄され、鞴の羽口などの鍛冶関連遺物も確認されている。報告者が「蓮花寺創建に際して」埋めら

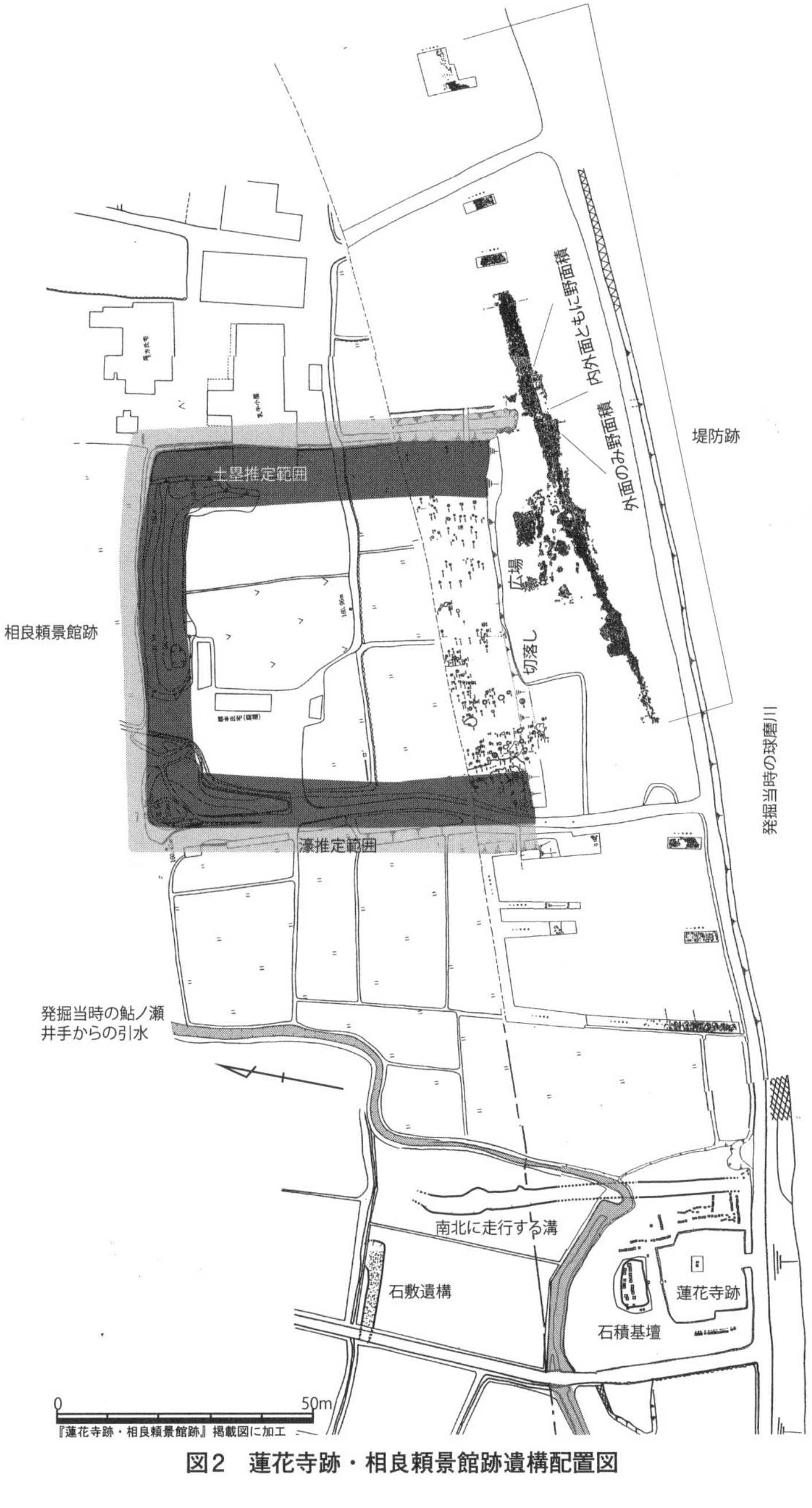

図2　蓮花寺跡・相良頼景館跡遺構配置図

れた可能性を指摘するように、溝の廃絶を画期とし周辺環境の変質が想定できよう。

溝の配置状況に着目すると、両遺跡の北側を西流する鮎ノ瀬井手の枝水に重複しており、井手の一部であった可能性がある。井手の取水口付近には「永仁三年五月　鮎之瀬井手碑　領主相良頼宗建」銘の石碑が遺存するが、形式と紀銘年代に齟齬が認められ、更なる検討を要するものである。

石積基壇（図3）

検出された石積基壇は東西一二・一m、南北七・八mの長方形を呈し、西袖から角柱塔婆が確認されている。報告書によると石積基壇の構築にはⅢ期の変遷をたどることができる。Ⅰ期は球磨川の円礫を利用し、長軸を中央に向けた小口積みで構築された四×四mの石積基壇である。「二六号五輪塔直下、第一回目の石積基壇最上部の東端」から、火葬骨を納めた蔵骨器が出土している。この蔵骨器は、四耳壺Ⅵ類の転用で一三世紀の年代を示す。つまり、検出された石積基壇の祖形は、火葬骨を伴う石組墓であり、石組墓自体が塔としての役割を担うことから、五輪塔は配置されない。この石組墓造墓により、墓地景観としての素地が形成されていたのである。

石組墓に連接し東一・三m、西二・八m、北一・八m、南一・六mの基壇拡張が図られるのがⅡ期である。この拡張によって発掘調査当時の基壇の原型が創出され、その結果、基壇上に五輪塔の配置が促されたものと考えられる。基礎部の石の積み方に注目すると、石組墓と比較して長軸を面に横置する区画優先の構築法への変化が看取される。「石積基壇基礎部の検出中」に、土師器の出土が確認されているが、Ⅰ期の石組墓に共伴するものではなく、Ⅱ期基壇拡張期の一三世紀末～一四世紀前葉という年代観が付与できる。Ⅲ期では更にⅡ期基壇に東に二・八m、西に一・二mの連接拡張が図られ、その後、上相良氏の滅亡とともに廃棄される。

当初の石組墓と火葬受容の在り方は、球磨郡の墓制を考えるうえで、多大な示唆を与えるものである。在地有力勢

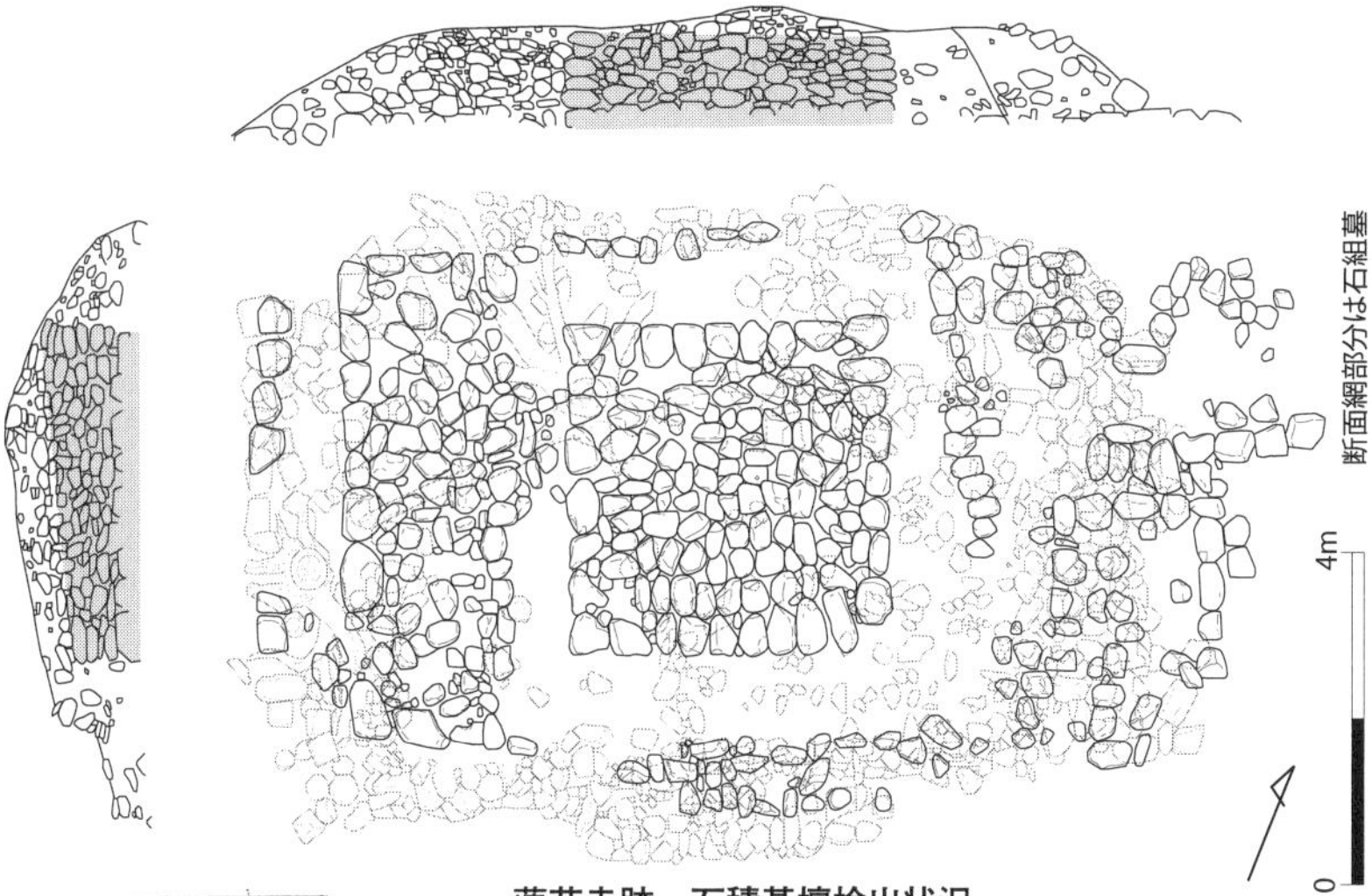

蓮花寺跡　石積基壇検出状況

（『蓮花寺跡・相良頼景館跡』掲載図を再トレース）

図3　蓮花寺跡　石積基壇実測図

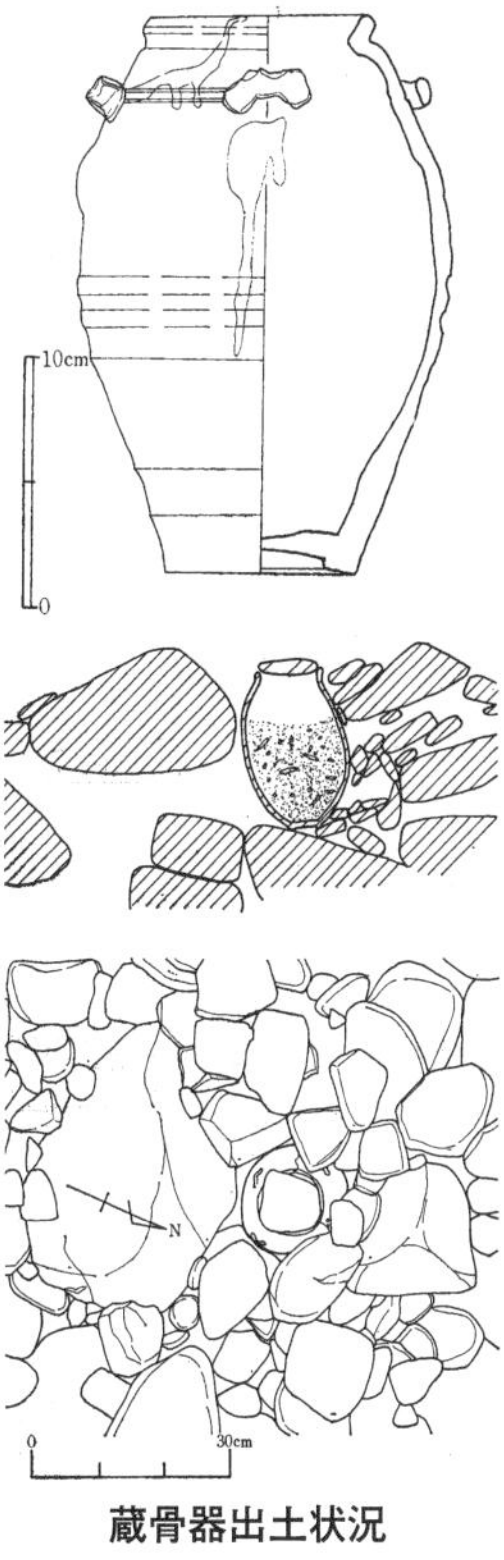

蔵骨器出土状況

力の館跡に比定されている灰塚遺跡[17]では、平安～鎌倉期にかけて一貫して土壙墓のみを採用していることからも、火葬受容が当地域では稀有な存在といえる。全国的な石組墓・火葬の展開は、一三世紀末から一四世紀前半を画期とし普及、次第に初代墓への連接を意図した基壇拡張が図られるという[18]。発掘調査の際、基壇上には比較的大型の五輪塔が配置され、小型の五輪塔は基壇下東側に配置されるという状況からも、基壇自体は一族のみの利用を目的とした閉塞された空間であり、他階層への墓所開放は基壇上からは看取できない。

表2　五輪塔（地輪規模）にみる形態推移と東国御家人（相良氏）による造塔行為

蓮花寺跡古塔碑群

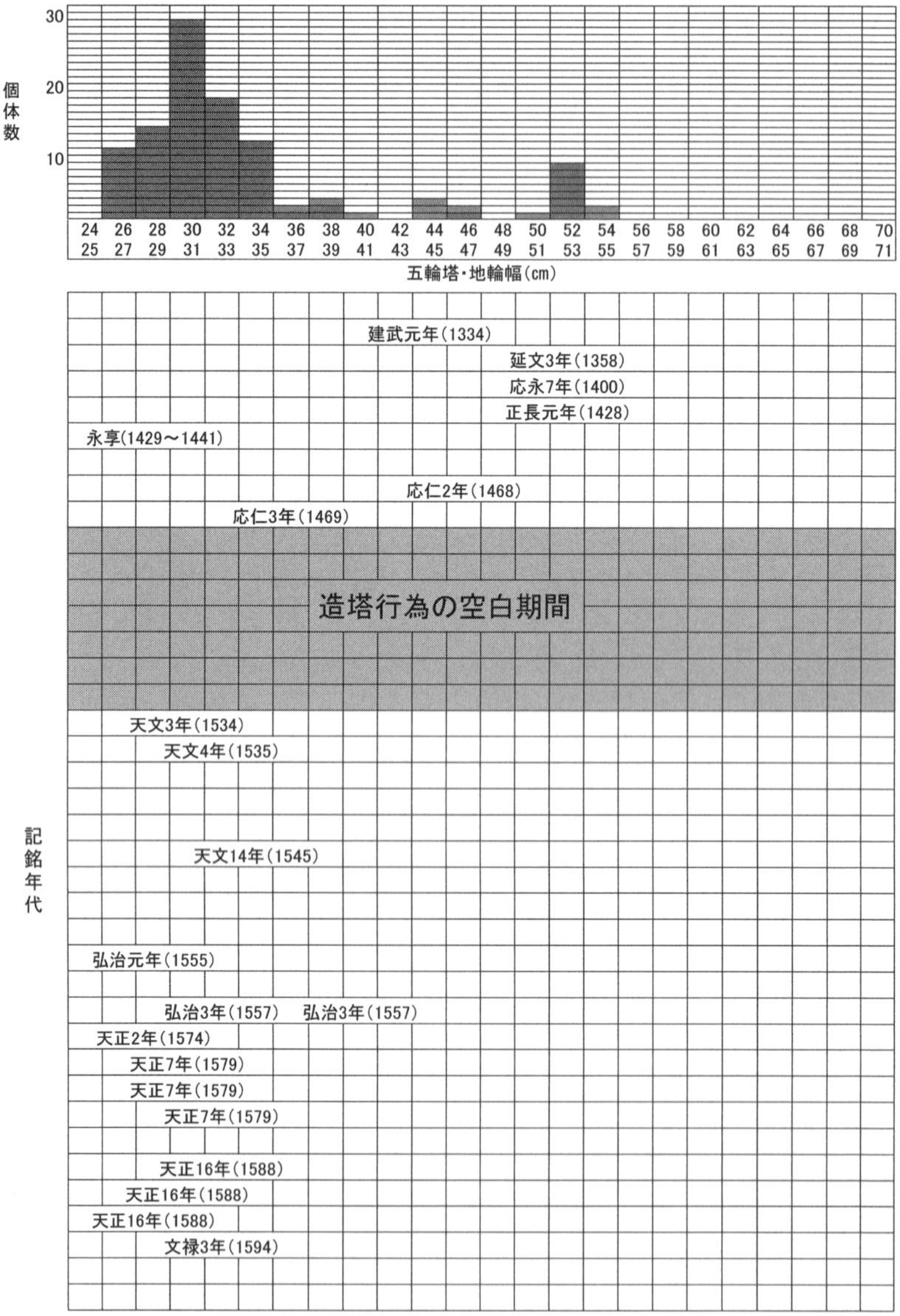

石組墓の年代比定の指標ともなる四耳壺は、一三世紀の貿易陶磁器で、石組墓・火葬受容の時期や被葬者を考慮すると、相良氏との強い関係性を有し、血族意識を体現した遺構といえる。

蓮花寺での造塔行為（表2）

発掘調査時に確認された石塔は、五輪塔一〇二基、板碑二四基など、総計一二八基にのぼる。現在は調査地の北側へ移転し、ほぼ調査時同様に復元されている。基壇上に配置された五輪塔地輪には、上相良歴代の当主名が陰刻されているが、その造作は明らかに追刻である。但し、紀銘年代の最も古いものは建武元年（一三三四）三月で、何らかの記録・伝承を基にした造作であろうことから、一四世紀前葉には造塔行為の開始を求めることができる。詳細な五輪塔調査は後に譲るとして、全体的な形式変遷を紀銘年代と五輪塔規模との相関関係に見出すと、年代経過に伴い地輪規模が縮小し、個体数が増加傾向にある。また、応仁三年（一四六九）～天文三年（一五三四）の間には造塔行為の断絶期間が存在し、この期間は史料から導き得た上相良氏滅亡から蓮花寺再興までの期間にほぼ一致するのである。

２　相良頼景館跡

相良頼景館跡は土塁内側で東西五四ｍ、南北六〇ｍを測り、河川側が解放された方形居館である。発掘調査は館跡の南側約四分の一程度を対象に実施され、北側土塁には「門址と考えられる遺構は発見できず」、南面した球磨川に入口が想定されている。館跡の変遷は報告書に準拠すればⅢ期存在する。Ⅰ期は土塁形成以前の柱穴群、Ⅱ期は土塁・濠の形成と切落しによる館南側の基面成形、Ⅲ期はⅣ層（黄灰色砂質土）堆積を基面とした石積堤防の構築・東外濠南側の拡張・広場の形成などである。地山層（Ｖ層）は旧河床礫で、砂岩質礫を中心とした礫層である。Ⅳ層は切落し以後に南側に堆積する黄灰色砂質土で、堆積厚は一～二ｍ、洪水起因の河川堆積物との見解である。Ⅲ層は盛土である褐色土・黒色土として報告され、肯定すべき見解であり整地層である。遺存する土塁はその幅約九m、高さ二m程度で、調査当時には北側土塁はほぼ原形を残し、東西側土塁は一部消滅している状況であった。

土塁・濠の形成

方形居館の要素を備えもつための大規模造成として、濠の掘削・土塁の構築・切落し（基面成形）が造作される。土塁外側には濠が三方を囲繞し、その幅は六・三m、濠底二m、深さ二mの規模である。濠の埋土は、上位から①黄灰色砂層、②灰色砂層、③暗褐色砂層、④黄灰色粘質土、⑤暗褐色土である。この堆積状況を踏まえ、遺構の形成から廃絶までの過程をたどると、濠の開削後、滞水状態が長期間継続、数度の改修の後、最終的に人為的に埋め戻されている。遺物は濠底から土師器・瓦質土器・青磁・鞴の羽口・鉄滓が確認され、長期間にわたり機能していたことが窺える。また、Ⅳ層堆積を契機に東外濠南側は、Ⅳ層を基面とし石積による補強とともに延長されている。「西側外濠の堆積土から検出された木炭」のC14年代測定の結果、四二〇±七五という測定値が得られており、出土遺物の年代観とも合致する。

切落し・Ⅳ層堆積・広場の形成

館跡南側は河川と並行するように、大規模に切落し（基面成形）が造作され、護岸整備ともいえる石積堤防が構築される。切落し後のⅣ層堆積はⅤ層と不整合で、その間には間層がないため、短期間での切落し（基面成形）・Ⅳ層堆積となる。報告書によれば、Ⅳ層堆積を洪水起因の河川堆積物との見解を示すが、切落し下面のみの局地的な堆積であること、この堆積後も館跡が方形プランを維持すること、層厚が一〜二mであることを考慮すると、人為的客土であった可能性がある。Ⅳ層の堆積によって、館跡南側へと土地利用面積の拡張が図られるが、これを洪水という自然災害を端緒と解すより、人為的な客土と解釈するほうが整合的で、Ⅳ層からの出土遺物が皆無であったこともこれを証左する。このように再評価することで、切落し（基面成形）からⅣ層客土・石積堤防という大規模造成は一連の施工として捉えることができる。

Ⅳ層客土によって、居館内の土地利用面積が飛躍的に拡大し、球磨川に面した館南側に「川原石を人工的に配石した集石状もしくは石敷状遺構」を有する広場が形成される。石敷状遺構は石積堤防と切落しの中間に配置され、その一部は石積堤防との連接も認められる。石敷遺構の構成礫は、球磨川河床礫で、面取りし平坦面を形成している。

石積堤防

石積堤防は球磨川と並行し、東外濠～切落し・広場の前面～西外濠にて確認されている。東西に連続して検出された石積堤防は、約一六五ｍに展開している。石積堤防の構築はⅣ層を基面とする。その構造は、東端から館跡中央までは比較的丁寧な積み方で、そのうち内外面で野面積みが確認できるのは、東外濠南端から西へ八ｍの範囲、外側のみ野面積みが確認できるのは、東外濠南端から東へ約一〇ｍの範囲である。基礎石は球磨川方向を面とし横置、三～五段の円礫を積み、目地には礫・粘質土を充填させ水漏洩措置を講じている。堤防高は一ｍ前後である。内側での使用礫は、外側より一回り小さく、径一五～三〇㎝の円礫を用いている。内外側に野面積みが見られる東外濠南端の東側は比較的丁寧な積み方で、堤防幅は上面で幅三ｍであったという。広場前面から西側にかけては、Ⅳ層基面の斜面に貼り付けるように円礫を敷設した構造である。また、報告者は「上流の東方が丁寧な積み方で、東外濠南端部あたりで一番頑丈に構築」、「東外濠を水力による破壊から保護する為に六五ｍ先から堤防を構築」、「東外濠南端に水の取り入れ口などの施設はなかった」と報告している。

東外濠南端に延長された濠石積の南側には、内外面構築の堤防が構築されるが、濠への取水目的の施設ではないため、濠に湛える主たる水は服部氏も指摘するように(19)、館北側に開削された鮎ノ瀬井手との連結も視野にいれる必要があろう。仮に球磨川からの取水を想定する場合には、水量を制御するための樋門が必要不可欠で、確認された堤防は球磨川に対しての護岸・港湾施設として評価できるものである。調査では「堤防構築状態を知るために川原石を除去し、堤防基礎部の調査」が行われ、土師杯・竜泉窯椀Ⅱ類・瓦質土器・滑石製石鍋・古瀬戸卸皿が出土し、築堤が概ね一三世紀中頃以降の造作であることが窺える。

一方、土塁に囲まれた切落し上面では、褐色土・黒褐色土(Ⅲ層)による整地が行われる。この整地層の堆積は館跡西側のみに確認され、生活面として利用が図られている。土師器廃棄遺構や多くの柱穴もこの整地層上面から形成されている。

三　「蓮花寺跡・相良頼景館跡」の変遷と相良氏の地域開発

蓮花寺跡・相良頼景館跡の出土土師器の消費活動は、濠を除き一三世紀中頃～一四世紀前葉と時期が限定される。両遺跡の形成は一三世紀中頃から後半に大きな画期を有し、相良氏の領域支配との強い連動性があり、当初からその拠点として形成されていたのである。では、両遺跡の形成を成立させる種々の関係性を、史料を織り交ぜながら抽出し、周辺環境を含めた歴史的景観を復元したい。

蓮花寺跡は溝の開削をその始源とする。溝は境界機能とともに灌漑機能を備え、鮎ノ瀬井手との連結も想定できる。溝は一三世紀中頃から後半に廃棄され、その西側の河川沿いに火葬骨を伴う石組墓が一三世紀末～一四世紀前葉に造墓、墓所たる要素を備えるようになる。球磨川への溝排水口に「極めて旧慣尊重の風が強い」[20]墓所の占地は、中世墓の存在理由から見ても土地領有を意識した政治的背景が看取され[21]、相良氏の治水・勧農施策の一端として評価できる。

石組墓への連接を契機に基壇が成立、造塔行為が一四世紀前葉から一五世紀前半まで継続し、文安五年（一四四八）の上相良氏滅亡とともに蓮花寺は廃寺となる。その後、下相良一三代長毎によって、永正一一年（一五一四）に再興され、墓所解放とともに造塔行為が下階層へと浸透する。

相良頼景館跡の前身施設の解明は後に譲るとして、一三世紀中頃以降に土塁構築・濠掘削・切落し（基面成形）・客土・石積堤防構築・広場の整備が一連の流れで施工される。特に、切落し・石積堤防の構築は、河川沿いの地形を大規模に改変するもので、予め周到な構想が準備され、権限・財政力・人的労力をその担保にすることよって、実現されたのであろう。当然、このような大規模開発は、館造営のみならず、周辺環境の整備も同時期に実行された可能性を示唆するもので、蓮花寺跡での溝の廃棄もその一環として捉えることもできよう。館跡では更に、整地層が形成され、ある一定期間の利用が図られた後、濠の機能を除き一四世紀前葉には衰微する。

ここで注目すべきは、鮎ノ瀬井手の存在が、両遺跡の形成と変遷に大きな規制を与えていることである。既往の研究が明らかにしたように、館跡周辺は球磨川水運の最上流域での起点であるとともに、日向へと向かう猪鹿倉（横谷峠）越えの出発点でもある。このような歴史的景観がどの年代まで遡上するのか検討の余地を残すが、球磨川水運の起点たる要素を、鮎ノ瀬井手の堰設置が促し、堰から上流への遡上が遮断されたことに起因する可能性を提起できよう。これを証左するように、堰上流への遡上遮断は昭和初期まで確認できる。[22]このように解釈することにより、交通・流通の掌握を担った両遺跡の形成と、井手開削という勧農施策には密接な関係性を有し、館跡における港湾施設の必要性が導かれるのである。

ところで、相良氏の球磨川水運への支配権限を、寛元二年（一二四四）「人吉庄起請田以下中分注進状[23]」にその一端を垣間見ることができる。

一、人給拾陸町内
　地頭給二丁　直人級七丁　夫領給二丁　河梶取給伍丁

この史料は、得宗家によって人吉荘地頭職を中分した際に作成された文書である。河梶取は盆地内の球磨川水運、夫領は陸運で、給田を付与されていることから服部氏が指摘するように領主年貢の輸送を主たる目的としている。更に、河川への中分要件としては、

一、河分
　宗川梁　一領家御分
　　地頭分す二内　一者南方
一者北方
　大岩瀬梁　河中限南　寸三拾内　十五八南方
十五八北方

と記され、河川から産出される資源もまた、地頭相良氏分（南方）と得宗分（北方）に折半している。球磨川水運とともに、漁獲の収取分配への支配権も重要な要件として得宗家・地頭双方が認識していたことが窺えるが、荘の山野河川や社寺支配を含めた実質的支配権は当初から地頭側にあるという[24]。この史料の存在から、寛元二年には確実に球磨川水運は機能しており、このような人吉荘の在り方は、上流起点である館跡港湾施設の存在を想起させるものである。

蒙古合戦を契機とし東国御家人の下向が促され、相良氏の本格的下向を文永八年（一二七一）頃と工藤氏は想定している[25]。しかし、寛元二年の下地中分のような重要案件の際には、来郡し立会を行ったと見るべきで[26]、上相良二代頼氏一族と結縁者による経塚造営の事蹟から、文永一〇年以前には確実に下向土着している。よって、相良氏の本格的下

向を期に、館を含む周辺環境の大規模整備が実行され、この事業を主体的に推進した人物こそ、蓮花寺跡石組墓に被葬された人物に比定できるものである。頼氏に限り当地域での事蹟を拾えば、東光寺再興[27]や文永六年の経塚造営[28]、蓮花寺創建、蓮花寺跡文永一〇年の角柱塔婆造塔、館跡対岸の妙法寺再興など、一三世紀後半に集中する。頼氏の死去年は不明ではあるが、正応六年（一二九三）「相良上蓮譲状案」[29]から、さほど期間を空けず死去した可能性があり、石組墓・火葬受容の展開時期や基壇形成時期とも整合が図られる。

但し、このような一三世紀中頃から強力に推進された地域開発の前提には、鎌倉時代初期から多良木村を領知した初代頼景の影響力も多分に考えられ、その権限を具体的に解明する必要があるが、資史料の制約が大きく、未だ明確な回答はでない状況である。

まとめ

本論では、考古資料に沿いながら蓮花寺跡・相良頼景館跡の遺跡形成過程の復元を行った。その結果、両遺跡の形成が一三世紀中頃から後半に存在すること、蓮花寺の創建には火葬受容を伴う石組墓の成立が大きな契機となっていることが解明できた。更に、館造営の構想段階から相良氏の権限のもと、周到な計画性が認められ、河川に面し占地され、石積堤防を予め用意しているのは、球磨川水運を軸に据えた交通・流通の掌握が期待されていたのである。その前提として、相良氏の勧農施策である鮎ノ瀬井手の開削による規制が多分に影響を与えていたことが想定でき、井手の開削に伴い、役目を終えた溝を廃棄し、その場所に精神的な象徴として墓所を占地、実質的な相良氏の重要拠点として港湾施設を備えた館が造営されたのではないだろうか。

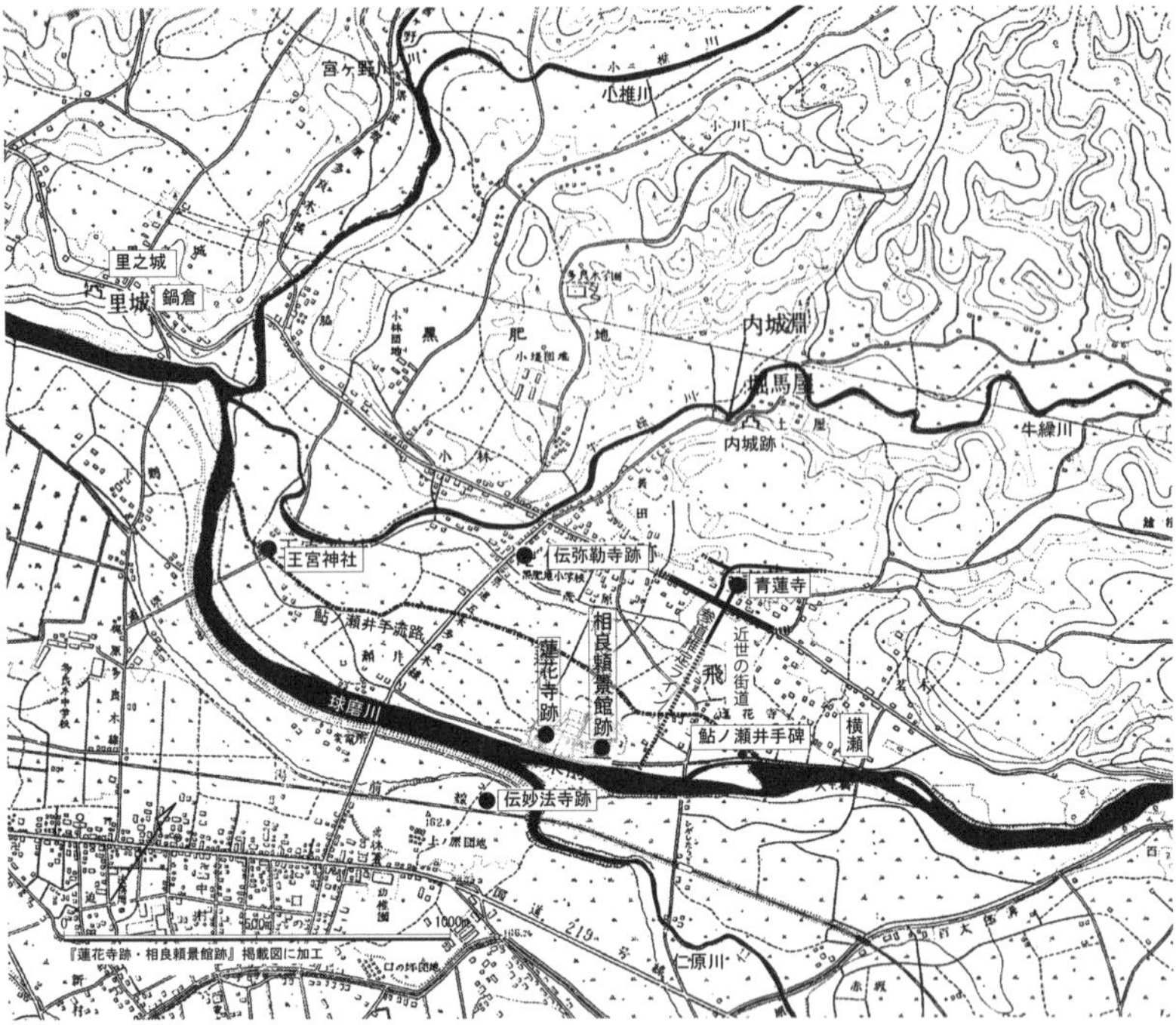

図4　多良木村(現黒肥地地区)における景観復元

周辺一帯を巨視的に俯瞰すると、青蓮寺阿弥陀堂から直線的に走る参道を球磨川河畔まで延長すれば、館跡の東側一五〇m地点に到達する(図4)。このラインが当時の地割施工の基準線であるとともに、陸路日向へと向かう猪鹿倉(横瀬峠)越えの出発点という景観が復元され、地割施工の基準たる青蓮寺阿弥陀堂周辺にこそ、初代頼景に関係する施設が想定できるものである[30]。また、井手によって、球磨川水運が遮断されたのではなく、仮に運河的性格を有するならば、相良氏の交通・流通掌握の影響力はより一層の強化が図られたのではないか。以上のような状況証拠から、東国御家人相良氏の指向した地域開発は、交通上の結節点を拠点とし、勧農施策と交通・流通の掌握という二面性を両立させつつ推進されていたのである。今後の学術的な調査を期待するものである。

註

（1）『多良木村勢調査書』（一九一九年）。
（2）「相良頼景居館跡」は昭和三六年に町指定、「蓮花寺跡古塔碑群」は昭和四四年に県指定をうけている。
（3）『歴代 嗣誠独集覧』『南藤蔓綿録』梅山無一軒　文政年間成立。
『御当家聞書』浪岡市郎右衛門季卓（幕末）。
『求麻外史』田代正鬴（嘉永六年）。
（4）工藤敬一「相良氏の肥後球磨郡支配」（『荘園公領制の成立と内乱』所収、一九九二年）。
（5）工藤敬一「鎌倉時代の肥後国人吉荘」（『荘園公領制の成立と内乱』所収、一九九二年）。
（6）松本寿三郎「相良氏の球磨下向と多良木支配」（『相良頼景館跡・蓮花寺跡』所収、一九七七年）。
（7）註（4）に同じ。
（8）大日本古文書　家わけ『相良家文書之一』第三号文書。
（9）広瀬和雄「領主居館の成立と展開」（『鎌倉時代の考古学』所収、二〇〇六年）。
（10）服部英雄「一九七七年の歴史学界（中世）」（『史学雑誌』八七―五、一九七八年）八五～九二頁。
（11）註（6）に同じ。
（12）註（4）に同じ。
（13）註（4）に同じ。
（14）服部英雄「空から見た人吉荘・交通と新田開発」（『史学雑誌』八七―八、一九七八年）。

(15) 工藤敬一「中世球磨郡の展開と河川」(『熊本県歴史の道調査—球磨川水運—』、熊本県教育委員会、一九八八年)。

(16) 確認された角柱塔婆には「上蓮尊霊」との紀銘がある。文永一〇年の東光寺出土経筒には「頼氏」とあることから、この時点で頼氏は上蓮を名乗っておらず、また、死者に対して使用する「尊霊」が使用されていることから、この上蓮が頼氏とは別人とする説、紀銘を追刻とする説、意図的に紀銘した説などが提起されている。

(17) 熊本県教育委員会「灰塚遺跡(Ⅱ)」(『熊本県文化財調査報告書第一九七集』、二〇〇一年)。

(18) 藤澤典彦「中世における火葬受容の背景」(狭川真一編『墓と葬送の中世』高志書院、二〇〇七年)。

(19) 註(10)に同じ。

(20) 註(6)に同じ。

(21) 橘田正徳「屋敷墓試論」(『中近世土器の基礎研究Ⅶ』、日本中世土器研究会、一九九一年)。

(22) 鮎ノ瀬井手取水口から三〇〇m下流には、昭和初期まで球磨川廻船の上流における寄港地が存在し、鮎ノ瀬井手の堰により、堰より上流には遡上できなかったという。現在、鮎ノ瀬井手は、鮎ノ瀬溝土地改良区によって管理され、灌漑面積は三八・一ha(三八町)である。

(23) 大日本古文書家わけ『相良家文書之一』第六号文書「人吉庄起請田以下中分注進状」。

(24) 註(5)に同じ。

(25) 註(4)に同じ。

(26) 鶴嶋俊彦「人吉庄の歴史的景観の復元」(『ひとよし歴史研究』創刊号、人吉市教育委員会・人吉市文化財保護委員会、一九九七年)。

(27) 上村重次『九州相良の寺院資料』(青潮社、一九八六年)。

(28)　一九三六年、現在の東光寺薬師堂西側の山裾において、経筒八口の発見があり、その銘文から、文永一〇年一一月四日に相良頼氏と結縁者による経塚造営がなされていることがわかる。

(29)　大日本古文書　家わけ『相良家文書之一』第三二・三三号文書。

(30)　人吉荘に所在する佐牟田堀内推定地は方二町の館跡推定地で、その南側から直線的に球磨川河畔まで参道が南北に走る。球磨川河畔には渡河点があり、このような歴史的景観は頼景館跡周辺との類似性を見出すことができる。青蓮寺阿弥陀堂前面の古道は、寛政八年の山絵図には図示されており、年代的に遡上する可能性もあろう。球磨郡での方形居館の形成は、平安時代末期の在地領主層に受容された可能性があり、館はその後、当主の菩提寺と変遷する事例が、人吉市願成寺・湯前町城泉寺にて読み取ることができる。筆者は初代頼景に関係する居館を青蓮寺阿弥陀堂付近に想定するものである。また、在地領主層と相良氏の館の占地には差異があり、前者が台地上(須恵氏：灰塚遺跡、久米氏：城泉寺)に占地するのに対し、後者は球磨川の沖積平野に占地する。これは、在地勢力の所領が郡内に散在していたことに起因すると考えられるが、建久三年の球磨御領の再編成を大きな画期とし、その占地の有効性は失われる。相良氏の人吉・多良木という盆地両端での領有が始まった時点で、交通・流通管理の掌握を目的とする前提条件が満たされていたのである。近年、館跡の後背に所在する大久保台地での発掘調査では、一二世紀末から一三世紀初頭の竪穴建物が確認されている。その覆土のフローテーション分析の結果、イネ・アワ・ヒエ・アズキ・マメ科の種子が確認された。このような物資供給地での分析は、当時のよりリアルな生産活動を知る上で、重要な情報となるものである。

中世讃岐の諸相

伊勢御師が見た讃岐

佐藤竜馬

一　伊勢御師の旦那帳

二つの形式

伊勢信仰が地域・階層ともに著しい拡大を見せた一六世紀、多くの伊勢御師が全国各地を訪れ、人々を伊勢参詣へと誘った。畿内の経済圏に隣接する中部瀬戸内の讃岐における、伊勢御師の活発な活動の一端についても、近年の史料の掘り起しによって明らかになってきた。

その一つが、「さぬきの道者一円日記」である。香川県高松市香南町所在の冠纓神社に所蔵されているこの史料は、原本が永禄八年（一五六五）に伊勢外宮門前町の山田・岩淵の御師である岡田大夫によって作成されたもので、安政三年（一八五六）に書写された。平成八年（一九九六）に田中健二・藤井洋一両氏によって初めて紹介され、基礎的な考察が行われた。

もう一つは、「相模国・讃岐国旦那帳」であり、二通の「讃岐国道者交名」（うち一通には「四国之日記　さぬきの分」〈天文二〇年〈一五五一〉〉との標題がある）を含む。御師・白米彦太夫に関わる文書として三重県松阪市の白米家に伝来しており、「相模国道者郷々注文」とともに成巻されている。平成二四年(二〇一二)、『三重県史資料叢書』において翻刻・紹介された。

事例はわずかだが三通の史料からは、二つの記載形式の存在を知ることができる。第一は、讃岐における旦那の名前を在所別に記載するもので、「讃岐国道者交名」が該当する。第二は、おそらく御師が実際に地域を巡った行程を前提に在所別の旦那が列記されるもので、「さぬきの道者一円日記」と「四国之日記 さぬきの分」が該当する。第二の標題がいずれも「日記」であることは、この形式と関連するのかもしれない。

第一の内容を見ると、①一円把握された地域(三野郡山本郷)内の小地域、②山本郷出身者で讃岐の他地域に在所のある者、③中・西讃の国人領主や守護一族、から成る。これは、例えば「実報院諸国旦那帳」(熊野那智大社文書)に見える、熊野御師の縄張り把握方式に近い。同史料には、①一円把握された地域単位(屋島・垂水郷・小豆島)、②地域の有力先達単位(高松寺・高篠和泉・光専坊・竹鼻宝光房門弟・東山善知房門弟・柞原明法房)、③全国の安富一族、の三者が記載されており、地域単位と領主一族単位による把握が並立する点に特徴がある。

これに対し第二の形式では、地域毎に旦那の名前が列記されており、個人単位での把握が基本である。もっとも「四国之日記 さぬきの分」では地域毎の列記の末尾に「此外あまたあり」や「此外西谷殿 御被官一円」という記載が散見され、有力者を介在させた間接的な把握の形跡が認められる点は、第一の形式に近い内容を含むといえる。その一方で、一円把握の地域では、「いゑかす(家数)卅計」といった記載があるため、少なくとも地域単位での旦那獲得の母数については認識していたといえよう。「さぬきの道者一円日記」では、第一の形式に近いような内容は認められず、地域単位かつ個人単位の把握が徹底される。旦那の直接把握が明確なところに、岡田大夫の活動の「きめ細かさ」が窺えるが、その差異の理由は必ずしも明確ではない(1)。いずれにしてもこのことが、後述するような多岐にわたる内容を我々に示すことをもたらしたのである。

なお、伊勢御師の縄張りが近世後期まで継続していたことは、天保八年（一八三七）に奥田城助が白米太夫の代理で山本郷を廻ったこと（大喜多家文書）、庵治（高松市庵治町）の旧家・岡田家に近世後期頃と推測される岡田大夫の大麻（御札）を収めた箱が伝来していることから分かる。こうした固定的な縄張りの確立期としても、一六世紀中葉は注目されよう。

「さぬきの道者一円日記」について

上記三史料の中で最も多くの情報量をもつのが、「さぬきの道者一円日記」（以下「一円日記」）である。田中・藤井両氏の基礎的検討から二〇年が経つが、この史料を様々な視点から地域史の中に落とし込む作業は進展していない。

内容は、伊勢御師・岡田大夫が讃岐国の中・東部（現在の香川県高松市・さぬき市・坂出市・木田郡三木町）の旦那（道者）の許に出向き、神宮ゆかりの伊勢土産ないし祈禱の代価として初穂料を徴収した記録である。その記載方法は、例えば次のような体裁を取る。

一　さぬき　野原　なかくろ里　一円
　　数あふき　百五十本入申候
正藤助五郎殿　やと　おひあふき　米二斗
是　藤　殿　おひあふき　のし卅本　代二百文
　　小刀　同百文
六郎兵衛殿　おひあふき　米二斗
助左衛門殿　同　米二斗

初穂料(旦那→岡田大夫)													
銭(文)	悪銭(文)	米(斗)	豆(斗)	胡麻(斗)	鯛(かけ)	綿(目)	布(反)	縞(反)	小袖	袴	上下	具足(両)	帷子
0	0	2	0	0	0	0	0	0	0	0	0	0	0
300	0	0	0	0	0	0	0	0	0	0	0	0	0
0	0	2	0	0	0	0	0	0	0	0	0	0	0
0	0	2	0	0	0	0	0	0	0	0	0	0	0
0	0	2	0	0	0	0	0	0	0	0	0	0	0
0	0	2	0	0	0	0	0	0	0	0	0	0	0
100	0	0	0	0	0	0	0	0	0	0	0	0	0
100	0	0	0	0	0	0	0	0	0	0	0	0	0
100	0	0	0	0	0	0	0	0	0	0	0	0	0
100	0	0	0	0	0	0	0	0	0	0	0	0	0
100	0	0	0	0	0	0	0	0	0	0	0	0	0
100	0	0	0	0	0	0	0	0	0	0	0	0	0
0	0	0	0	0	0	0	0	0	0	0	0	0	0
0	0	3	0	0	0	0	0	0	0	0	0	0	0
0	0	2	0	0	0	0	0	0	0	0	0	0	0
0	0	0	2	0	0	0	0	0	0	0	0	0	0
120	0	0	0	0	0	0	0	0	0	0	0	0	0
0	0	0	2.5	0	0	0	0	0	0	0	0	0	0
100	0	0	0	0	0	0	0	0	0	0	0	0	0
100	0	0	0	0	0	0	0	0	0	0	0	0	0
0	0	2	0	0	0	0	0	0	0	0	0	0	0
100	0	0	0	0	0	0	0	0	0	0	0	0	0
100	0	0	0	0	0	0	0	0	0	0	0	0	0
0	0	2	0	0	0	0	0	0	0	0	0	0	0
0	0	2	0	0	0	0	0	0	0	0	0	0	0
0	0	2	0	0	0	0	0	0	0	0	0	0	0
100	0	0	0	0	0	0	0	0	0	0	0	0	0
0	0	2	0	0	0	0	0	0	0	0	0	0	0
100	0	0	0	0	0	0	0	0	0	0	0	0	0
0	0	5	0	0	0	0	0	0	0	0	0	0	0
0	0	5	0	0	0	0	0	0	0	0	0	0	0
0	0	2.5	0	0	0	0	0	0	0	0	0	0	0
0	0	2	0	0	0	0	0	0	0	0	0	0	0
0	0	2	0	0	0	0	0	0	0	0	0	0	0
0	0	2	0	0	0	0	0	0	0	0	0	0	0
0	0	2	0	0	0	0	0	0	0	0	0	0	0
0	0	2	0	0	0	0	0	0	0	0	0	0	0
0	0	5	0	0	0	0	0	0	0	0	0	0	0
100	0	0	0	0	0	0	0	0	0	0	0	0	0
100	0	0	0	0	0	0	0	0	0	0	0	0	0
0	0	2	0	0	0	0	0	0	0	0	0	0	0
0	0	2	0	0	0	0	0	0	0	0	0	0	0
0	0	2	0	0	0	0	0	0	0	0	0	0	0
0	0	5	0	0	0	0	0	0	0	0	0	0	0
0	0	7.5	0	0	0	0	0	0	0	0	0	0	0
0	0	5	0	0	0	0	0	0	0	0	0	0	0
200	0	0	0	0	0	0	0	0	0	0	0	0	0
0	0	5	0	0	0	0	0	0	0	0	0	0	0

表1　「さぬきの道者一円日記」記載の旦那と初穂

	地　名	一円の有無	名　前	宿	案内者	大麻／伊勢土産（岡田大夫→旦那）							
						大麻祓	色無帯	帯	扇	熨斗	とつさか	小刀	ささ
1	野原中黒里	●	正藤助五郎殿	●				●	●				
2			是藤殿					●	●	30		●	
3			六郎兵衛殿					●	●				
4			助左衛門殿					●	●				
5			助兵衛殿					●	●				
6			二郎兵衛殿					●	●				
7			談議所			●	●		●		●		
8			地善坊					●	●		●		
9			密厳坊					●	●		●		
10			当日坊					●	●		●		
11			ほうたい坊					●	●		●		
12			多門坊					●	●				
13			（地下）						150				
14	野原浜	●	紺屋太郎三郎殿					●	●				
15			紺屋宗太郎殿					●	●				
16			紺屋助四郎殿					●	●				
17			紺屋助六殿					●	●				
18			紺屋三郎左衛門殿					●	●				
19			新助殿					●	●				
20			助六殿					●	●				
21			藤左衛門殿					●	●				
22			掃部殿					●	●				
23			嘉衛門殿					●	●				
24			孫五郎殿					●	●				
25			助一郎殿					●	●				
26			鍛冶屋与三左衛門殿					●	●				
27			鍛冶屋五郎兵衛殿					●	●				
28			太郎兵衛殿					●	●				
29	西浜	×	宮内殿			●		●	●	50			
30	野原天満里	●	さたのふ（定信）殿			●		●	●	1把			
31			左衛門五郎殿			●				1把			
32			宗太郎殿					●	●				
33			すゑのふ（末信）殿					●	●				
34			彦左衛門殿					●	●				
35			助四郎殿					●	●				
36	野原中ノ村	●	時久殿					●	●				
37			やす原（安原）殿					●	●				
38			雑賀宗左衛門殿			●		●	●	50		●	
39			宮ノ法泉坊				●		●		●		
40			宮ノ脇の坊				●		●		●		
41			大善坊				（●）		（●）		（●）		
42			つし（辻）の坊					●	●		●		
43			ミやうせん					●	●		●		
44			佐藤五郎兵衛殿			●		●	●	1把		●	
45			佐藤左衛門尉殿			●		●	●	50		●	
46			佐藤八郎二郎殿			●		●	●	50		●	
47			佐藤彦兵衛殿					●	●				
48			佐藤末吉善兵衛殿			●		●	●	1把		●	

初穂料(旦那→岡田大夫)													
銭(文)	悪銭(文)	米(斗)	豆(斗)	胡麻(斗)	鯛(かけ)	綿(目)	布(反)	縞(反)	小袖	袴	上下	具足(両)	帷子
100	0	0	0	0	0	0	0	0	0	0	0	0	0
100	0	0	0	0	0	0	0	0	0	0	0	0	0
100	0	0	0	0	0	0	0	0	0	0	0	0	0
100	0	0	0	0	0	0	0	0	0	0	0	0	0
0	0	2	0	0	0	0	0	0	0	0	0	0	0
0	0	2	0	0	0	0	0	0	0	0	0	0	0
0	0	2	0	0	0	0	0	0	0	0	0	0	0
0	0	2	0	0	0	0	0	0	0	0	0	0	0
0	0	2	0	0	0	0	0	0	0	0	0	0	0
0	0	2	0	0	0	0	0	0	0	0	0	0	0
0	0	2.2	0	0	0	0	0	0	0	0	0	0	0
0	0	2	0	0	0	0	0	0	0	0	0	0	0
0	0	2	0	0	0	0	0	0	0	0	0	0	0
0	0	2.3	0	0	0	0	0	0	0	0	0	0	0
0	0	1.4	0	0	0	0	0	0	0	0	0	0	0
0	0	2.2	0	0	0	0	0	0	0	0	0	0	0
0	0	2	0	0	0	0	0	0	0	0	0	0	0
0	0	2.5	0	0	0	0	0	0	0	0	0	0	0
0	0	2	0	0	0	0	0	0	0	0	0	0	0
0	0	2.5	0	0	0	0	0	0	0	0	0	0	0
0	0	2	0	0	0	0	0	0	0	0	0	0	0
0	0	2	0	0	0	0	0	0	0	0	0	0	0
0	0	1.5	0	0	0	0	0	0	0	0	0	0	0
0	0	2.2	0	0	0	0	0	0	0	0	0	0	0
0	0	1.5	0	0	0	0	0	0	0	0	0	0	0
0	0	2.2	0	0	0	0	0	0	0	0	0	0	0
200	0	0	0	0	0	0	0	0	0	0	0	0	0
100	0	0	0	0	0	0	0	0	0	0	0	0	0
0	0	2.2	0	0	0	0	0	0	0	0	0	0	0
0	0	2.8	0	0	0	0	0	0	0	0	0	0	0
0	0	2.3	0	0	0	0	0	0	0	0	0	0	0
0	0	2.3	0	0	0	0	0	0	0	0	0	0	0
0	0	2.2	0	0	0	0	0	0	0	0	0	0	0
0	0	2.2	0	0	0	0	0	0	0	0	0	0	0
0	0	1.5	0	0	0	0	0	0	0	0	0	0	0
100	0	0	0	0	0	0	0	0	0	0	0	0	0
100	0	0	0	0	0	0	0	0	0	0	0	0	0
100	0	0	0	0	0	0	0	0	0	0	0	0	0
100	0	0	0	0	0	0	0	0	0	0	0	0	0
0	0	2	0	0	0	0	0	0	0	0	0	0	0
0	0	2	0	0	0	0	0	0	0	0	0	0	0
0	0	1.5	0	0	0	0	0	0	0	0	0	0	0
0	0	1.5	0	0	0	0	0	0	0	0	0	0	0
0	0	1.5	0	0	0	0	0	0	0	0	0	0	0
0	0	1.5	0	0	0	0	0	0	0	0	0	0	0
0	0	1.5	0	0	0	0	0	0	0	0	0	0	0
0	0	2	0	0	0	0	0	0	0	0	0	0	0
0	0	2.1	0	0	0	0	0	0	0	0	0	0	0

	地　名	一円の有無	名　前	宿	案内者	大麻／伊勢土産(岡田大夫→旦那)							
						大麻祓	色無帯	帯	扇	熨斗	とつさか	小刀	ささ
49			友安殿					●	●				
50			甚五郎殿					●	●				
51			弥兵衛殿					●	●				
52			小太郎殿					●	●				
53			なりゑた(成枝)殿					●	●				
54			庄家四郎衛門殿					●	●				
55			庄家与四郎殿					●	●				
56	野原中ノ村	●	与三兵衛殿					●	●				
57			時里殿					●	●				
58			有岡源介殿					●	●				
59			楠川孫大夫殿					●	●				
60			よしもち宗兵衛殿					●	●				
61			よしもち五郎太郎殿					●	●				
62			源四郎殿					●	●				
63			彦衛門殿		●				●				
64			覚守坊				●		●		●		
65			西泉坊				●		●		●		
66			宮の坊				●		●		●		
67			太郎兵衛殿					●	●				
68			久保殿					●	●				
69			せんくわう寺					●	●				
70			左衛門五郎殿					●	●				
71			三郎左衛門殿		●			●	●				
72			甚六殿					●	●				
73			善四郎殿					●	●				
74	坂田土居里	×	かくせういん					●	●		●		
75			太田彦五郎殿			●				50			
76			太田四郎兵衛殿										
77			太田石殿					●	●				
78			中田井彦四郎殿					●	●				
79			片山甚左衛門殿					●	●				
80			ちよく孫四郎殿					●	●				
81			ちよく彦六郎殿					●	●				
82			ちよく孫七郎殿					●	●				
83			ちよく源五郎殿					●	●				
84			(地下)						10				
85	円座里	×	市左衛門殿					●	●				
86	岡本里	×	小野与一ノ助殿										
87			善四郎殿					●	●				
88			源大夫殿					●	●				
89			横井甚助					●	●				
90			とものり(友則)殿	●				●	●				
91			とものり(友則)与次殿					●	●				
92	井原里	×	太郎大夫殿					●	●				
93			三郎二郎殿					●	●				
94			ちやう使五郎左衛門殿					●	●				
95			孫左衛門殿					●	●				
96			横井甚大夫殿					●	●				
97			見藤太郎左衛門殿					●	●				

初穂料（旦那→岡田大夫）													
銭（文）	悪銭（文）	米（斗）	豆（斗）	胡麻（斗）	鯛（かけ）	綿（目）	布（反）	縞（反）	小袖	袴	上下	具足（両）	帷子
0	0	1.5	0	0	0	0	0	0	0	0	0	0	0
0	0	2	0	0	0	0	0	0	0	0	0	0	0
0	0	2	0	0	0	0	0	0	0	0	0	0	0
0	0	2	0	0	0	0	0	0	0	0	0	0	0
0	0	0	0	0	0	0	0	0	0	0	0	0	0
100	0	0	0	0	0	0	0	0	0	0	0	0	0
0	0	2	0	0	0	0	0	0	0	0	0	0	0
200	0	0	0	0	0	0	0	0	0	0	0	0	0
0	0	0	0	0	0	50	0	0	0	0	0	0	0
0	0	0	0	0	0	40	0	0	0	0	0	0	0
0	0	0	0	0	0	●	0	0	0	0	0	0	0
0	0	0	0	0	0	●	0	0	0	0	0	0	0
100	0	0	0	0	0	0	0	0	0	0	0	0	0
0	0	0	0	0	0	70	0	0	0	0	0	0	0
0	0	0	0	0	0	40	0	0	0	0	0	0	0
0	0	0	0	0	0	40	0	0	0	0	0	0	0
0	0	2	0	0	0	0	0	0	0	0	0	0	0
0	0	0	0	0	0	●	0	0	0	0	0	0	0
0	0	0	0	0	0	30	0	0	0	0	0	0	0
0	0	0	0	0	0	●	0	0	0	0	0	0	0
0	0	0	0	0	0	●	0	0	0	0	0	0	0
0	0	0	0	0	0	●	0	0	0	0	0	0	0
0	0	2	0	0	0	0	0	0	0	0	0	0	0
100	0	0	0	0	0	0	0	0	0	0	0	0	0
100	0	0	0	0	0	0	0	0	0	0	0	0	0
200	0	0	0	0	0	0	0	0	0	0	0	0	0
0	0	0	3.5	0	0	0	0	0	0	0	0	0	0
0	0	0	3	0	0	0	0	0	0	0	0	0	0
100	0	0	0	0	0	0	0	0	0	0	0	0	0
0	0	0	3	0	0	0	0	0	0	0	0	0	0
0	0	0	3	0	0	0	0	0	0	0	0	0	0
0	0	0	0	0	0	0	0	0	0	0	0	0	0
0	0	2	0	0	0	0	0	0	0	0	0	0	0
0	0	2	0	0	0	0	0	0	0	0	0	0	0
0	0	2.3	0	0	0	0	0	0	0	0	0	0	0
0	0	2.3	0	0	0	0	0	0	0	0	0	0	0
0	0	2	0	0	0	0	0	0	0	0	0	0	0
0	0	0	2	0	0	0	0	0	0	0	0	0	0
0	0	0	2	0	0	0	0	0	0	0	0	0	0
0	0	0	2	0	0	0	0	0	0	0	0	0	0
0	0	2	0	0	0	0	0	0	0	0	0	0	0
0	0	0	3	0	0	0	0	0	0	0	0	0	0
0	0	0	0	0	0	0	0	0	0	0	0	0	0

	地　名	一円の有無	名　前	宿	案内者	大麻／伊勢土産(岡田大夫→旦那) 大麻祓	色無帯	帯	扇	熨斗	とつさか	小刀	ささ
98			惣官殿					●	●				
99			赤沢弾正殿					●	●	20			
100			ちゃう使孫衛門殿					●	●	20			
101	井原里	×	与五郎殿					●	●	20			
102			(地下中)						70				
103			森定殿					●	●	20			
104			わこの中くわへ立殿										
105	鮎滝	×	小左衛門殿					●	●	20			
106			小門尉衛門										
107	安原山	×	小門肥前守殿			●		●	●	30			
108			神田久助殿										
109			田中又左衛門殿					●	●				
110			神田肥前殿(神田勘解由左衛門殿)					●	●				
111	岩部里	×	九郎衛門殿	●				●	●				
112			九郎左衛門殿					●	●				
113			つねやす殿					●	●				
114	塩江	×	神田主計守殿			●		●	●	1把			
115			神田勘解由左衛門殿					●	●				
116	柞野	×	ミつのり久兵衛殿					●	●				
117	内場	×	四郎衛門殿					●	●				
118			岩部衛門尉殿					●	●				
119			岩部さく助殿					●	●				
120	下谷	×	岩部左兵衛殿					●	●				
121			岩部よしひろ殿					●	●				
122			山出太郎左衛門殿					●	●				
123	川内原	×	公文名殿					●	●				
124	植田里	×	鍛冶屋新九郎殿					●	●				
125			鍛冶屋新太郎殿					●	●				
126			岡の(岡野)七郎衛門殿	●				●	●	30		●	
127			岡勘解由殿					●	●				
128			岡弥介殿										
129			大嶋殿					●	●				
130	上林里	×	六郎左衛門殿					●	●				
131			三郎兵衛殿					●	●				
132			左衛門助殿					●	●				
133			(地下中)						50				
134	由良里	×	山路弥助殿					●	●				
135			打井五郎左衛門殿					●	●				
136			岡ノ右兵衛殿					●	●				
137	由良池の内	×	多肥■左衛門殿										
138			末沢彦五郎殿					●	●				
139			太郎三郎殿	●				●	●	30			
140			吉田衛門尉殿					●	●				
141			吉田与衛門殿					●	●				
142	下林里	×	大林殿					●	●				
143			末沢左兵衛殿					●	●				
144			ついし(追捕使)殿					●	●				
145			(地下中)						50				

初穂料(旦那→岡田大夫)													
銭(文)	悪銭(文)	米(斗)	豆(斗)	胡麻(斗)	鯛(かけ)	綿(目)	布(反)	縞(反)	小袖	袴	上下	具足(両)	帷子
200	0	0	0	0	0	0	0	0	0	0	0	0	0
0	0	0	3.5	0	0	0	0	0	0	0	0	0	0
0	0	0	3	0	0	0	0	0	0	0	0	0	0
0	0	0	3.2	0	0	0	0	0	0	0	0	0	0
0	0	0	4	0	0	0	0	0	0	0	0	0	0
0	0	0	0.5	0	0	0	0	0	0	0	0	0	0
0	0	2	0	0	0	0	0	0	0	0	0	0	0
0	0	2	0	0	0	0	0	0	0	0	0	0	0
0	0	2	0	0	0	0	0	0	0	0	0	0	0
100	0	0	0	0	0	0	0	0	0	0	0	0	0
100	0	0	0	0	0	0	0	0	0	0	0	0	0
0	0	2.3	0	0	0	0	0	0	0	0	0	0	0
0	0	2	0	0	0	0	0	0	0	0	0	0	0
200	0	0	0	0	0	0	0	0	0	0	0	0	0
0	0	2.3	0	0	0	0	0	0	0	0	0	0	0
0	0	1	0	0	0	0	0	0	0	0	0	0	0
0	0	2	0	0	0	0	0	0	0	0	0	0	0
0	0	2.5	0	0	0	0	0	0	0	0	0	0	0
0	0	2.2	0	0	0	0	0	0	0	0	0	0	0
0	0	0	0	0	0	0	1	0	1	0	0	0	0
0	0	0	0	0	0	0	1	0	0	0	1	0	0
0	200	0	0	0	0	0	1	0	0	0	0	0	0
0	0	0	0	0	0	0	1	0	1	0	0	1	0
0	0	0	0	0	0	0	1	1	0	0	0	0	1
0	0	0	0	0	0	0	1	0	0	1	0	0	0
0	0	0	0	0	0	0	1	0	0	0	0	0	0
0	0	0	0	0	0	0	1	0	0	1	0	0	0
0	0	0	0	0	0	0	1	0	0	0	0	0	0
0	0	0	0	0	0	0	0	0	0	1	0	0	0
0	0	0	0	0	0	0	●	0	0	0	0	0	0
0	0	2.2	0	0	0	0	0	0	0	0	0	0	0
0	0	2	0	0	0	0	0	0	0	0	0	0	0
0	0	2.3	0	0	0	0	0	0	0	0	0	0	0
0	0	2.2	0	0	0	0	0	0	0	0	0	0	0
0	0	0	0	0	0	0	0	0	0	0	0	0	0
0	0	0	0	0	0	0	0	0	0	0	0	0	0
0	0	2	0	0	0	0	0	0	0	0	0	0	0
100	0	0	0	0	0	0	0	0	0	0	0	0	0
120	0	0	0	0	0	0	0	0	0	0	0	0	0
120	0	0	0	0	0	0	0	0	0	0	0	0	0
120	0	0	0	0	0	0	0	0	0	0	0	0	0
100	0	0	0	0	0	0	0	0	0	0	0	0	0
120	0	0	0	0	0	0	0	0	0	0	0	0	0
120	0	0	0	0	0	0	0	0	0	0	0	0	0
120	0	0	0	0	0	0	0	0	0	0	0	0	0
120	0	0	0	0	0	0	0	0	0	0	0	0	0
120	0	0	0	0	0	0	0	0	0	0	0	0	0

	地　名	一円の有無	名　前	宿	案内者	大麻／伊勢土産（岡田大夫→旦那）							
						大麻祓	色無帯	帯	扇	熨斗	とつさか	小刀	ささ
146	太田里	×	宮脇左兵衛殿			●		●	●	30			
147	松縄里	●	小野一郎兵衛殿					●	●	30			
148			宮脇五郎大夫殿					●	●	30			
149			宮脇二郎太郎殿										
150			宮脇与三兵衛殿					●	●	30			
151			宮脇又二郎殿					●	●	30			
152			宮脇五郎殿					●	●	30			
153			宮脇与五郎殿					●	●				
154			帯刀殿					●	●				
155			大光坊				●		●				
156	今里	×	石井寺					●	●		●		
157			与三兵衛					●	●				
158			与四郎殿										
159	木太西村里	×	西村孫四郎殿					●	●				
160			あたらし坊					●	●		●		
161			真部殿			●		●	●	50			
162	高松里	×	九郎衛門殿					●	●				
163			宗二郎殿					●	●				
164			九郎三郎殿					●	●				
165	小山里	×	とうしやこ殿					●	●				
166	西春日里	×	孫左衛門殿					●	●				
167	高松の谷相人村	●	おく井(奥井)殿					●	●				
168			なかつかさ(中務)殿					●	●				
169			又兵衛殿					●	●				
170			大蔵殿					●	●	30			
171			源三郎兵衛殿					●	●	30			
172			弾正殿					●	●				
173			又二郎殿					●	●				
174			治部殿					●	●				
175			市ノ助殿						●				
176			左馬尉殿						●				
177			(地下中)						30				
178	小山里	×	兵衛二郎殿					●	●				
179	東春日	×	とくまん殿					●	●				
180	山北原ノ里	×	かくせう甚四郎殿					●	●				
181			あしの宗左衛門殿					●	●				
182	漆谷里	●	新兵衛殿		●								
183			(地下中)						15				
184	なるまの里	×	伊賀殿					●	●				
185	方本里	●	源介殿	●				●	●				
186			太郎兵衛殿					●	●				
187			二郎左衛門殿					●	●				
188			法橋					●	●				
189			せんきゃう					●	●				
190			一郎衛門殿					●	●				
191			成葉殿					●	●				
192			三郎衛門殿					●	●				
193			四郎兵衛殿					●	●				
194			源衛門殿					●	●				

初穂料(旦那→岡田大夫)													
銭(文)	悪銭(文)	米(斗)	豆(斗)	胡麻(斗)	鯛(かけ)	綿(目)	布(反)	縞(反)	小袖	袴	上下	具足(両)	帷子
100	0	0	0	0	0	0	0	0	0	0	0	0	0
100	0	0	0	0	0	0	0	0	0	0	0	0	0
200	0	0	0	0	0	0	0	0	0	0	0	0	0
0	0	0	0	0	0	0	0	0	0	0	0	0	0
0	0	1.3	0	0	0	0	0	0	0	0	0	0	0
100	0	4	0	0	0	0	0	0	0	0	0	0	0
120	0	0	0	0	0	0	0	0	0	0	0	0	0
112	0	0	0	0	0	0	0	0	0	0	0	0	0
100	0	0	0	0	0	0	0	0	0	0	0	0	0
100	0	0	0	0	0	0	0	0	0	0	0	0	0
100	0	0	0	0	0	0	0	0	0	0	0	0	0
120	0	0	0	0	0	0	0	0	0	0	0	0	0
0	0	2.2	0	0	0	0	0	0	0	0	0	0	0
100	0	0	0	0	0	0	0	0	0	0	0	0	0
120	0	0	0	0	0	0	0	0	0	0	0	0	0
100	0	0	0	0	0	0	0	0	0	0	0	0	0
100	0	0	0	0	0	0	0	0	0	0	0	0	0
100	0	0	0	0	0	0	0	0	0	0	0	0	0
0	0	1	0	0	0	0	0	0	0	0	0	0	0
200	0	0	0	0	0	0	0	0	0	0	0	0	0
100	0	0	0	0	0	0	0	0	0	0	0	0	0
100	0	0	0	0	0	0	0	0	0	0	0	0	0
100	0	0	0	0	0	0	0	0	0	0	0	0	0
100	0	0	0	0	0	0	0	0	0	0	0	0	0
100	0	0	0	0	0	0	0	0	0	0	0	0	0
100	0	0	0	0	0	0	0	0	0	0	0	0	0
0	0	2	0	0	0	0	0	0	0	0	0	0	0
100	0	0	0	0	0	0	0	0	0	0	0	0	0
200	0	0	0	0	0	0	0	0	0	0	0	0	0
0	0	0	0	0	0	0	0	0	0	0	0	0	0
0	0	0	0	1.5	0	0	0	0	0	0	0	0	0
100	0	0	0	0	0	0	0	0	0	0	0	0	0
200	0	0	0	0	0	0	0	0	0	0	0	0	0
200	0	0	0	0	0	0	0	0	0	0	0	0	0
200	0	0	0	0	0	0	0	0	0	0	0	0	0
100	0	0	0	0	0	0	0	0	0	0	0	0	0
100	0	0	0	0	0	0	0	0	0	0	0	0	0
100	0	0	0	0	0	0	0	0	0	0	0	0	0
100	0	0	0	0	0	0	0	0	0	0	0	0	0
100	0	0	0	0	0	0	0	0	0	0	0	0	0
100	0	0	0	0	0	0	0	0	0	0	0	0	0
100	0	0	0	0	0	0	0	0	0	0	0	0	0
0	0	0	0	0	0	0	0	0	0	0	0	0	0
100	0	2.2	0	0	0	0	0	0	0	0	0	0	0
100	0	2	0	0	0	0	0	0	0	0	0	0	0
100	0	0	0	0	0	0	0	0	0	0	0	0	0
100	0	0	0	0	0	0	0	0	0	0	0	0	0
0	0	0	0	0	0	0	0	0	0	0	0	0	0
0	0	3.2	0	0	0	0	0	0	0	0	0	0	0

	地　名	一円の有無	名　前	宿	案内者	大麻／伊勢土産(岡田大夫→旦那)							
						大麻祓	色無帯	帯	扇	熨斗	とつさか	小刀	ささ
195	方本里	●	三郎大夫殿					●	●				
196			助兵衛殿					●	●				
197			八嶋寺				●				●		
198			(地下中)						35				
199	西方本	●	須賀太郎大夫殿					●	●				
200			中殿			●		●	●	30		●	
201			山路宗左衛門殿					●	●	20			
202			山路五郎三郎殿					●	●				
203			山路宗二郎殿					●	●				
204			掃部殿					●	●				
205			ちゃう使与四郎殿					●	●				
206			新左衛門殿					●	●				
207	高松里	×	御僧けいそう坊					●	●		●		
208			御僧かかさま					●	●				
209			岡久兵衛殿					●	●				
210			岡又八郎殿					●	●				
211	牟礼里	●	六万寺	●				●	●		●		1束
212			六万寺式部殿		●			●	●				
213			成願寺						●				
214			牟礼殿			●		●	●	6			
215			牟礼甚三郎殿					●	●				
216			牟礼甚六郎殿					●	●				
217			牟礼与助殿					●	●				
218			牟礼彦五郎殿					●	●				
219			成葉弥六郎殿					●	●				
220			福左衛門殿					●	●				
221			与一左衛門殿					●	●				
222			牟礼彦六殿					●	●				
223			成葉宗介殿					●	●				
224			(地下中)						80				
225	庵治里	●	川渕三郎太郎殿	●				●	●				
226			ぬか殿					●	●	30			
227			こも渕久助殿					●	●	1把			
228			こも渕又八郎殿					●	●	50			
229			庵治左近殿			●		●	●	50			
230			新蔵坊					●	●				
231			浦殿					●	●				
232			右京殿					●	●				
233			くにもと殿					●	●				
234			与一兵衛殿					●	●				
235			権市殿					●	●				
236			藤兵衛殿					●	●				
237			(地下中)						80				
238	馬治	×	さたふさ(貞房)殿					●	●				
239			さたふさ部屋殿					●	●				
240			掃部殿					●	●				
241	鎌野里	●	大炊殿					●	●				
242			(地下中)						15				
243	原里	●	おく久兵衛殿	●				●	●				

初穂料(旦那→岡田大夫)													
銭(文)	悪銭(文)	米(斗)	豆(斗)	胡麻(斗)	鯛(かけ)	綿(目)	布(反)	縞(反)	小袖	袴	上下	具足(両)	帷子
0	0	3.2	0	0	0	0	0	0	0	0	0	0	0
0	0	2	0	0	0	0	0	0	0	0	0	0	0
0	0	1.6	0	0	0	0	0	0	0	0	0	0	0
0	0	2	0	0	0	0	0	0	0	0	0	0	0
120	0	0	0	0	0	0	0	0	0	0	0	0	0
112	0	0	0	0	0	0	0	0	0	0	0	0	0
112	0	0	0	0	0	0	0	0	0	0	0	0	0
0	0	0	0	0	0	0	0	0	0	0	0	0	0
0	0	0	0	0	0	0	0	0	0	0	0	0	0
200	0	0	0	0	0	0	0	0	0	0	0	0	0
212	0	0	0	0	0	0	0	0	0	0	0	0	0
112	0	0	0	0	0	0	0	0	0	0	0	0	0
112	0	0	0	0	0	0	0	0	0	0	0	0	0
112	0	0	0	0	0	0	0	0	0	0	0	0	0
112	0	0	0	0	0	0	0	0	0	0	0	0	0
112	0	0	0	0	0	0	0	0	0	0	0	0	0
112	0	0	0	0	0	0	0	0	0	0	0	0	0
200	0	0	0	0	0	0	0	0	0	0	0	0	0
200	0	0	0	0	0	0	0	0	0	0	0	0	0
112	0	0	0	0	0	0	0	0	0	0	0	0	0
200	0	0	0	0	0	0	0	0	0	0	0	0	0
0	0	2	0	0	0	0	0	0	0	0	0	0	0
200	0	0	0	0	0	0	0	0	0	0	0	0	0
200	0	0	0	0	0	0	0	0	0	0	0	0	0
120	0	0	0	0	0	0	0	0	0	0	0	0	0
200	0	0	0	0	0	0	0	0	0	0	0	0	0
200	0	0	0	0	0	0	0	0	0	0	0	0	0
112	0	0	0	0	0	0	0	0	0	0	0	0	0
200	0	0	0	0	0	0	0	0	0	0	0	0	0
0	0	0	0	0	0	0	0	0	0	0	0	0	0
0	0	1.5	0	0	0	0	0	0	0	0	0	0	0
0	0	2	0	0	0	0	0	0	0	0	0	0	0
100	0	0	0	0	0	0	0	0	0	0	0	0	0
0	0	0	0	0	0	0	0	0	0	0	0	0	0
100	0	0	0	0	0	0	0	0	0	0	0	0	0
200	0	0	0	0	0	0	0	0	0	0	0	0	0
100	0	0	0	0	0	0	0	0	0	0	0	0	0
112	0	0	0	0	0	0	0	0	0	0	0	0	0
100	0	0	0	0	0	0	0	0	0	0	0	0	0
100	0	0	0	0	0	0	0	0	0	0	0	0	0
100	0	0	0	0	0	0	0	0	0	0	0	0	0
120	0	0	0	0	0	0	0	0	0	0	0	0	0
100	0	0	0	0	0	0	0	0	0	0	0	0	0
100	0	0	0	0	0	0	0	0	0	0	0	0	0
200	0	0	0	0	0	0	0	0	0	0	0	0	0
100	0	0	0	0	0	0	0	0	0	0	0	0	0
100	0	0	0	0	0	0	0	0	0	0	0	0	0
0	0	0	3	0	0	0	0	0	0	0	0	0	0
0	0	2	0	0	0	0	0	0	0	0	0	0	0

	地　名	一円の有無	名　前	宿	案内者	大麻／伊勢土産(岡田大夫→旦那)							
						大麻祓	色無帯	帯	扇	熨斗	とつさか	小刀	ささ
244	原里	●	山田又太郎殿			●		●	●	1把			
245			山田甚太郎殿					●	●				
246			案泉寺					●	●		●		
247			蔵主					●	●		●		
248			中尾新大夫殿					●	●		●		
249			ともさわ兵衛左衛門殿					●	●				
250			ともさわ又七郎殿					●	●				
251			(地下中)						50				
252	志度ノ里	●	研屋与三左衛門殿	●				●	●				
253			宗衛門殿					●	●	30			
254			太郎衛門殿					●	●	30			
255			甚左衛門殿					●	●				
256			兵衛左衛門殿					●	●				
257			若左衛門殿					●	●				
258			与一兵衛殿					●	●				
259			藤兵衛殿					●	●				
260			左兵衛殿					●	●				
261			新助殿					●	●				
262			右兵衛殿					●	●				
263			二郎左衛門殿					●	●				
264			久衛門殿					●	●				
265			久助殿					●	●				
266			甚兵衛殿					●	●				
267			拾兵衛殿					●	●				
268			又兵衛殿					●	●				
269			多田源大夫殿					●	●				
270			平左衛門殿					●	●				
271			岡田宗左衛門殿					●	●				
272			多田清左衛門殿					●	●				
273	志度ノ里寺中	●	華厳坊		●				●				
274			宗寺坊					●	●				
275			ちゃう楽(長楽)坊					●	●				
276			ミやうゑい					●	●				
277			(寺中)						25				
278	西沢里	×	五郎兵衛殿					●	●				
279	造田里	×	ゆきなり殿					●	●	20			
280			飯田兵衛尉殿					●	●				
281			飯田八衛門殿					●	●				
282			新大夫殿					●	●				
283	宮西里	×	孫三郎殿					●	●				
284	井戸里	×	鍛冶屋殿					●	●				
285	池戸里	×	山路市介殿					●	●	30			
286	こしよ(古処)の城	×	四郎左衛門殿					●	●				
287			拾介殿					●	●				
288	亀田里	×	美作守殿					●	●	30			
289	十河里	×	研屋殿					●	●				
290			研屋吉五郎殿					●	●				
291	前田里	×	ともなり殿					●	●				
292			あしの又衛門殿					●	●				

初穂料(旦那→岡田大夫)													
銭(文)	悪銭(文)	米(斗)	豆(斗)	胡麻(斗)	鯛(かけ)	綿(目)	布(反)	縞(反)	小袖	袴	上下	具足(両)	帷子
0	0	2.8	0	0	0	0	0	0	0	0	0	0	0
0	0	2.2	0	0	0	0	0	0	0	0	0	0	0
0	0	2.1	0	0	0	0	0	0	0	0	0	0	0
0	0	2.2	0	0	0	0	0	0	0	0	0	0	0
0	0	0	3	0	0	0	0	0	0	0	0	0	0
0	0	2	0	0	0	0	0	0	0	0	0	0	0
0	0	2	0	0	0	0	0	0	0	0	0	0	0
0	0	2	0	0	0	0	0	0	0	0	0	0	0
0	0	0	0	0	0	0	0	0	0	0	0	0	0
100	0	0	0	0	0	0	0	0	0	0	0	0	0
100	0	0	0	0	0	0	0	0	0	0	0	0	0
100	0	0	0	0	0	0	0	0	0	0	0	0	0
0	0	0	0	0	0	0	0	0	0	0	0	0	0
100	0	0	0	0	0	0	0	0	0	0	0	0	0
100	0	0	0	0	0	0	0	0	0	0	0	0	0
100	0	0	0	0	0	0	0	0	0	0	0	0	0
0	0	0	0	0	0	0	0	0	0	0	0	0	0
0	0	0	0	0	0	0	0	0	0	0	0	0	0
200	0	0	0	0	1	0	0	0	0	0	0	0	0
0	0	0	0	0	5	0	0	0	0	0	0	0	0
100	0	0	0	0	0	0	0	0	0	0	0	0	0
100	0	0	0	0	0	0	0	0	0	0	0	0	0
0	0	0	0	0	10	0	0	0	0	0	0	0	0
100	0	0	0	0	0	0	0	0	0	0	0	0	0
100	0	0	0	0	0	0	0	0	0	0	0	0	0
0	0	0	0	0	150	0	0	0	0	0	0	0	0
200	0	0	0	0	0	0	0	0	0	0	0	0	0
200	0	0	0	0	0	0	0	0	0	0	0	0	0
0	0	0	0	0	0	0	0	0	0	0	0	0	0
0	0	0	0	0	0	0	0	0	0	0	0	0	0
200	0	0	0	0	0	0	0	0	0	0	0	0	0
100	0	0	0	0	0	0	0	0	0	0	0	0	0
100	0	0	0	0	0	0	0	0	0	0	0	0	0
17356	200	263.2	46.2	1.5	166	270～	9～	1	2	3	1	1	1

	地　名	一円の有無	名　前	宿	案内者	大麻／伊勢土産（岡田大夫→旦那）							
						大麻祓	色無帯	帯	扇	熨斗	とつさか	小刀	ささ
293	山崎里	●	新左衛門殿	●				●	●				
294			しけとし殿					●	●				
295			彦兵衛殿					●	●				
296			弥介殿					●	●				
297	六条里	×	しけむね殿					●	●				
298			二郎左衛門殿					●	●				
299			助左衛門殿					●	●				
300	大熊里	×	研屋殿					●	●				
301			松王殿						10余				
302	香西里	×	太郎衛門殿					●	●				
303	新居里	×	四郎衛門殿					●	●				
304	国分里	×	与三五郎殿					●	●				
305			法橋						15				
306	そう田里	×	孫三郎殿					●	●				
307			孫三郎子息					●	●				
308	福家里		衛門二郎殿					●	●				
309	乃生嶋里	●	九郎左衛門殿	●				●	●	30			
310			源十殿					●	●				
311			川上勘衛門殿			●		●	●	50			
312			本田源二郎殿					●	●				
313			源衛門殿					●	●				
314			久衛門殿					●	●				
315			にしの殿			●		●	●	1把			
316			与二郎殿					●	●				
317			大上様					●	●				
318			（地下）						150				
319	柳の町	－	岡肥後守殿			●		●	●	1把			
320	くけ（公家）の町の西の越	－	山田勘衛門殿			●		●		1把			
321	借屋の町	－	牟礼せんかつ殿			●				50			
322			牟礼左兵衛殿			●				50			
323	天王寺	－	宮脇又兵衛殿			●		●		1把			
324			宮脇源四郎殿			●		●		1把			
325			福嶋藤衛門殿			●		●		1把			
													合　計

記載内容には年月日はなく、①地域名、②人物(寺社)名、③御祓大麻配布の有無と伊勢土産の種類、④代価(初穂料)、の順で整然と記載されており、日記というよりも帳簿に近い形式といえる。とはいえ、記載の順序が交通路で繋がれた隣接地域を列記するような体裁をとり、また同じ地域が重出する箇所もあることから、ほぼ実際の行程をベースにして作成されたと思われる。なお、旦那のうち、一二箇所には「やと(宿)」と記されており、御師が宿泊した場所が特定できる。

③を伊勢土産とする理由は、伊勢御師が大麻などを各地の旦那に配ると理解する既往研究により、④を初穂料とするのはやはり既往研究によるが、「一円日記」中にも「此かたより数のあふき十五本くはり候　御はつあつめ候」との記載が散見されることから、まず間違いないであろう。なお伊勢土産が本当に伊勢産なのかという点は、それ自体興味深い課題ではあるが、この史料からは検証不可能というほかない。その品目は、帯・扇・小刀などの衣類や器物、熨斗(熨斗鮑)・鶏冠(鶏冠菜)などの海産物が中心であり、他地域での御師の配布物と同様である。どちらにしても、それを御師が旦那に配布する、という行為自体がこの場合は重要であり、それが通常の経済活動とは異なる初穂徴収という枠組みを保証していると見てよかろう。

「一円日記」が中世野原の実態を考える上で、看過できない内容をもっていることは、市村高男氏や筆者を含めたシンポジウム関係者の指摘するところである。同時に、その記載内容が野原の特質を指摘するだけにとどまらないことは、明確である。そこで以下では、あくまで中世讃岐における地域構造の分析、という筆者の問題関心の範囲内ではあるが、「一円日記」の記載内容から読み取れることを考えてみたい(2)(表1)。

二　御師岡田大夫の縄張りと交通路

1　行程の概略（図1）

岡田大夫が最初に上陸したのは、野原中黒里と考えられる。華下天満宮（高松市片原町）の古名「中黒天満宮」にその名残をとどめるこの地域は、讃岐七談義所としての無量寿院を含み、中世前期から八輪島＝八幡島（ヤワタジマ）と呼称された聖地として認識された場所であった。

この地を起点に野原郷内を巡り、坂田土居里・円座里・岡本里・井原里と高松平野を南下して、阿讃山脈に近い鮎滝・安原山・岩部里・塩江・柞野・内場といった山間部を巡回する。ここから反転して下谷・川内原・植田里などの丘陵地帯を抜け、高松平野中央部の上林里・由良里・由良池の内・下林里・太田里・松縄里を北上して、現在よりも内陸側へ大きく湾入していた古・高松湾沿いの今里・木太西村里に出る。

内湾する海岸沿いに東行し、高松里周辺を巡回した後、狭い海峡を渡り屋島の方本里・西方本を訪れ、再び高松里に戻り牟礼里・庵治里・馬治・鎌野里・原里と庵治半島を時計回りに巡り、志度ノ里に至る。さらに門前の志度ノ里寺中から南下して西沢里・造田里・宮西里・井戸里に至り、そこから西行して池戸里・亀田里・十河里・前田里・山崎里・六条里・大熊里に出た後、港町香西里に至る。香西里から南下し、新居里・国分里・福家里を巡った後、経路は不明だが備讃海峡に突き出した乃生嶋里に出て、讃岐を離れる。

高松平野を中心にして、周辺の平野・山間部をも含めたエリアを小まめに廻ったことになり、讃岐での全行程は約一九〇km（約四七里半）にも及ぶ。この行程の大半は、現在でも自動車道や里道での検証が可能であるので、読者各位が

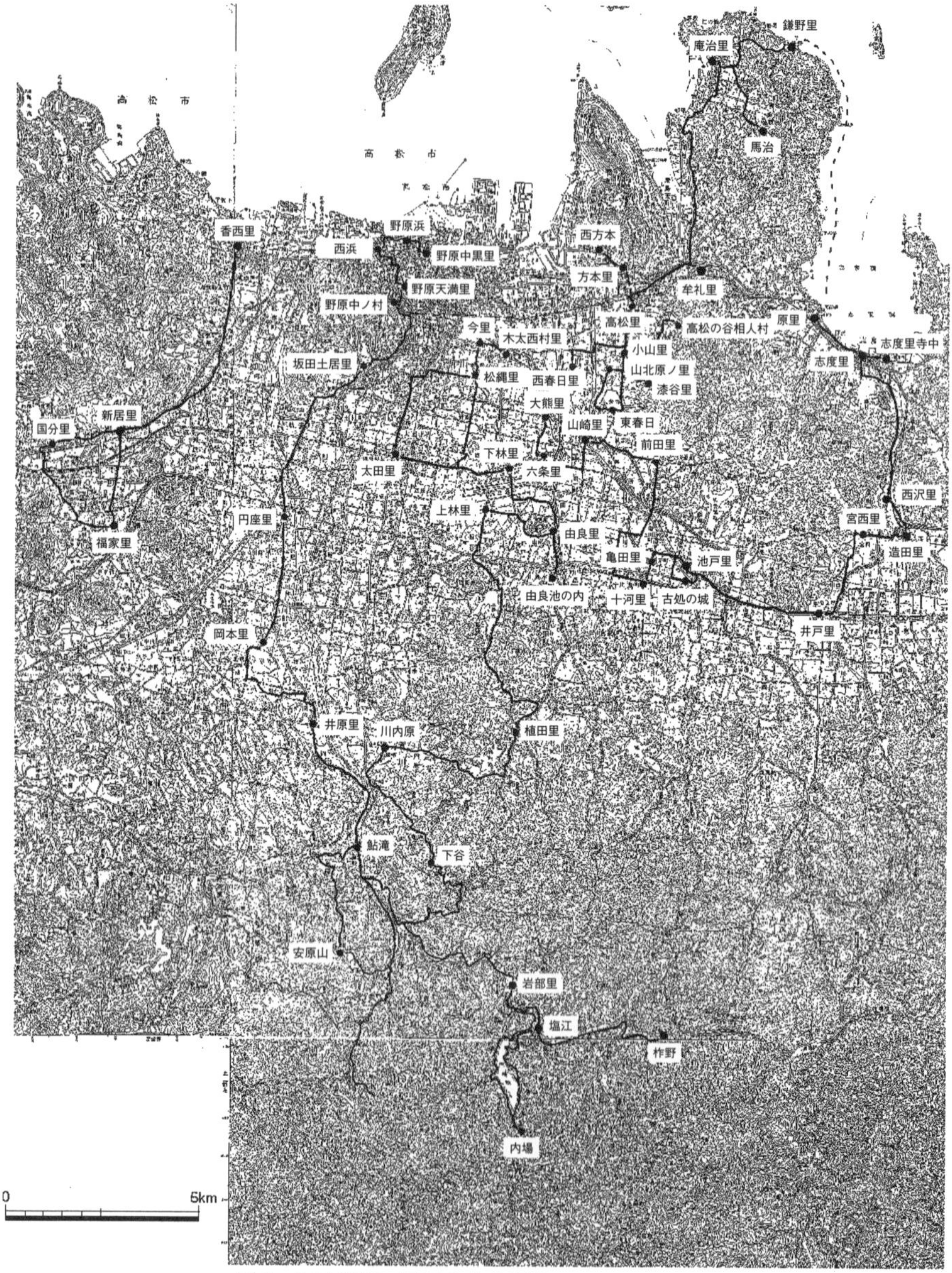

図１　**伊勢御師・岡田大夫の行路**(乃生嶋里は省略)

それぞれの視点で実地に検証・体感されることをお勧めしたい。また、廻った郡は香東・香西・山田・三木・寒川の五郡、村落の数は六一箇所、旦那の数は三〇四名（寺社を含み、讃岐外と思われる旦那は除外）である。

2　旦那との関わり

一円把握の縄張り

六一箇所の村落のうち、岡田大夫が独占的に掌握していた縄張り（「一円日記」に「一円」と記されたところ）は一七箇所であり、野原（中黒里・浜・天満里・中ノ村）や方本（方本里・西方本）、牟礼里、庵治里、鎌野里、原里、志度（志度ノ里・志度ノ里寺中）、乃生嶋里のような沿岸部の港町に特に集中する傾向が認められる。これらの村落を中心に新規旦那の獲得が試みられていたことは、一円把握の村落一〇箇所（五八％）で扇をまとめて託していることからも分かる。一円把握ではない村落においても、四箇所（坂田土居里・井原里・上林里・下林里）で扇が置かれているが、これらは既得の旦那数も比較的多く、なお新規獲得が期待できる余地を残す地域であったと推測される。なお、一円把握はあくまでも伊勢御師同士の排他的な関係を示す点に意味があり、村落内住民全てが旦那として関わりをもつのではないことに注意しておきたい。旦那の中に有姓者や寺社がかなり見られるのは、これら村落内の中心的存在から旦那化が進められたことを窺わせる。特に岡田大夫が御祓大麻（大麻祓と記載）を配布した旦那は三〇名であり、全体の一割程度にとどまること、また野原中黒里の談議所（無量寿院）を別にすると地域支配を担う小領主層と見られることは、上記想定を裏付ける事象である。

旦那としての村落内有力者

ところで岡田大夫が余分に扇を託した相手は、一四件全てが「地下」もしくは「地下中」、「寺中」と明記されるか、その可能性が高いと判断される位置に書かれており、名目上は村落共同体に対しての措置であったことが分かる。ただし実際には、大熊里では松王、国分里では法橋の項に、「あふき計　此方より数あふき十本余候　御はつあつめ申候」というような記載があるため、彼ら在地の旦那(名前から見ておそらく村落内の有力者)が代行して扇を配り初穂を集めることを行っていることが分かる。彼らのような存在を通じて、新規旦那の獲得も行われていた可能性もあろう。その場合、代行者による配布先については、「一円日記」には見えず、ただ扇の数とそれに対する初穂料が記されているだけであるから、代行者を介した場合、岡田大夫は配布先の旦那名を把握していないことになる。

野原中ノ村の彦衛門、坂田土居里の三郎左衛門、漆谷里の新兵衛、牟礼里の六万寺式部、志度ノ里寺中の華厳坊は、「あんない(案内)者」と記されている。彼らは大麻配布の対象者ではないが、六万寺式部や華厳坊のように村落・寺中内のトップクラスの有力者が含まれている。「案内」がどこの何に対する行為なのか読み取ることは難しいが、さしあたっては次の二つの可能性が想定される。①現地の行程の案内者、②伊勢参宮の案内者すなわち先達、である。野原西浜の宮内殿の項に、「ミの年にて候、年々米二斗つゝ賜にて候」と記されることから、岡田大夫は少なくとも巳の年、すなわち丁巳＝弘治三年(一五五七)以来、毎年讃岐の縄張りを廻っていることが推測されるため、行程についてはある程度熟知していたと考えられ、ことさらに現地での道案内を必要としたとは考えなくともよい。とすれば、案内者とされる旦那は、伊勢への先達②の可能性が高まる。「伊勢参宮には先達が原則として存在しない」とされているが、慶長四年(一五九九)請取の年紀をもつ熊野の「廓之坊諸国旦那帳」(熊野那智大社文書)には、先達の名が見え、伊勢よりも早く盛行を見た熊野参詣では、先達の引率で参詣を行う形が一六世紀後半まで残っていたことが読み取れる。実質的な先達としての役割を果たした現地の旦那を伊勢参詣においても想定することは、十分あり得ることである。なお、漆谷里の新兵衛には「案内者として地下中へ扇十五本入申候」と記されており、既述したような新規旦那獲得の代行者に「先達」が含まれることが分かる。

また、宿所とされた旦那には、①六万寺（牟礼里）のような地域の有力寺院、②正藤助五郎（野原中黒里）、岡野七郎衛門（上林里）、川渕三郎太郎（庵治里）、おく久兵衛門（原里）のような有姓の武士身分と見られる者、③地域の神社祭礼で番頭を務めたことが他の史料（冠纓神社文書）から確認できる友則（井原里）、門前の職人である研屋与三左衛門（志度里）、海運や漁撈に関わると推測される九郎左衛門（乃生嶋里）のような、地域の上層住民と見られる者、の三者が存在する。彼らは岡田大夫に宿泊・滞在場所を提供する、ということ以外に史料から直接読み取れることはないのであるが、一二者のうち七者が沿岸部の港町に住まうことや、残り五者も阿波への峠越えの沿線（井原里・岩部里）、古・高松湾に注ぐ河川の河口近く（上林里・下林里・六条里）などの場所にあったと見られるため、陸上・海上交通の要衝に位置する地域が選択されている可能性が高い。各地で集められた初穂（銭・米・豆・綿など）は膨大な量に上るため、これを運びながら次の宿所まで移動することは岡田大夫と同行した関係者の手に余ると考えられる。こうしたことからすれば、宿所の提供者は何らかの形で運輸業に携わる存在であったと見たくなる。

以上、かなり憶測も交えたが、旦那の中には①新規旦那獲得の代行者、②伊勢への先達、③初穂の輸送も担う宿の提供者、といった岡田大夫の実務的な協力者がいたことが考えられるのである。

3　移動パターン

二つの類型

岡田大夫の動きを宿所との関係で眺めると、そこに二つの類型が指摘できることに気付く。

滞在型　宿所のある村落の周辺を移動する回帰的なパターン。

通過型　次の宿所に向かい、直線的(一方向的)に移動するパターン。

実際の行程に即して検討してみたい。なお、最初の宿所である野原中黒里から次の井原里までは一四km(三里半)であり、歩き通しであれば四~五時間で到達できる距離である。しかし、到着地の井原里を除外しても、途中八箇所の村落に立ち寄り、一〇一名の旦那に土産を配り、それぞれ微妙に異なる量(額)と形態の初穂料を徴収し、三箇所で代行者に扇一五〇本と一〇本を渡す、という営業マン顔負けの業務をこなしながら進むには、一日は余りに短かったはずである。また、岡田大夫自身は乗馬で行程をこなした可能性もあろうが、多量の伊勢土産を持参し、またそれと引き換えた初穂を運ぶためには駄馬(荷駄)が必要であり、馬子は徒歩であるからさほどのスピード・アップは望めないであろう。こうしたことを踏まえ、宿所間の距離や高低差、旦那の数を前提にしつつ、徒歩もしくは自動車でその軌跡をたどった筆者のイメージも加えて、岡田大夫の移動パターンを考える。

滞在型の移動パターン

まず滞在型が想定されるのは、野原郷内(中黒里・浜・西浜・天満里・中ノ村)である。ここでは六二の旦那を廻ることになり、その中には石清尾八幡宮の神官や野原庄の庄官、さらに香西氏配下の小領主たちも含まれており、とても一日で全て廻ることはできないであろう。野原郷内の移動経路は反時計廻りであり、最後の中ノ村から宿所の置かれた中黒里までは二km程度しかないため、中黒里の宿所を出発しては帰ってくるような形での移動が考えられる。

もう一箇所、阿波に近い山間部である鮎滝・安原山・岩部里・塩江・柞野・内場は、わずかに一三の旦那を抱えるだけであるが、阿讃山脈の険しい難所であり、また距離も相当長いことから、宿所の岩部里を拠点にした回帰という形を取らざるを得ないと考えられる。

滞在型は、以上二箇所である。一方は狭い範囲ながら重要な旦那が集中するため、他方は旦那が少ないが地形条件のため、という全く対照的な要因がこの型をもたらしたのである。

通過型の移動パターン

その他は、必然的に通過型の動きとなる行程である。宿所間の距離は、数㎞から三〇㎞余りとかなりばらつきがある。特に短い距離の区間（上林里～下林里、方本里～牟礼里、牟礼里～庵治里、原里～志度里）では、旦那が八～三三名とばらつきがあり、志度里周辺は多いが、それを含めても滞在型の野原郷内のような旦那の集中傾向ではない。このばらつきの解釈としては、①この年の廻旦で岡田大夫が全て宿所にしたとみなして、一〇～三〇の旦那数の幅を一日に廻旦可能な人数と見るか、②一日の移動距離を調節できるように複数の宿所を押さえておき、この年の廻旦では実際には宿所としなかったところが含まれると見るか、という選択肢が考えられるが、判断は難しい。

長距離の移動方法

長駆する区間では、志度里～山崎里（二二㎞）のように内陸部で河川に直交したルートを取ることから、道路を進んだと考えられる行程がある。

一方、山崎里～乃生嶋里のように距離が三八㎞にも及び、しかも到着地が周囲から隔絶された半島にあるような区間は、陸上交通路だけで進んだとは考え難い。山崎里・六条里・大熊里は陸路を進み、そこから古・高松湾に出て海路で香西里に至り一旦上陸し、廻旦後は再び乗船し本津川を遡り新居里・国分里・そう田里・福家里と国分寺盆地を陸路で廻り、そこから本津川を船で下り香西里を経由して乃生嶋里に到着したのではなかろうか。こう考えると、行程の大半は船で移動したことになり、比較的労力を軽減できた移動と見ることもできる。

問題は、本津川の往来と沿岸部の航行が同じ船で行われたかどうかということであるが、冬季の北西風が厳しい日以外であれば、当時一般的だった小型の準構造船を使うことで、川と沿岸部の相互乗り入れが可能だったのではなかろうか。同様に、下林里〜方本里(二八㎞)のうち、木太西村里と高松里の間は湾入する古・高松湾の最奥部であり、海岸線沿いに陸路を取ることも可能であるが、陸路の場合に通過場所となるはずの西春日里や小山里を高松里の後で廻っていることからすれば、古・高松湾を船で直線的に渡った可能性が考えられる。なお、木太西村里付近には「仮屋」という小字名が残っており、常設店舗を伴う市立てが行われていたことが分かる。

また、山崎里〜乃生嶋里ほどの長駆ではないが、庵治里〜原里(七・五㎞)も庵治半島東岸の急峻な海岸線が立ちはだかることから、船での移動が想定される。

村の神社

「一円日記」からは全く読み取れないが、岡田大夫の行程の中で寺社ごとに神社の果たした役割についても、一考に値する。というのは、実際に野原中黒里から井原里までの旧道を歩くと、要所々々に神社が存在するからである。旧道が村落同士を繋ぐ以上、沿道に神社があるのは当たり前ではあるが、例えば①一日の行程の目標地点や休息場所として、②村落内の旦那が集まる場所として、村の神社が果たした役割を考えてみてはどうだろうか。移動者の立場は全く異なるが、熊野参詣道の「王子」あるいは四国遍路の「茶堂」のような機能は考えられないだろうか。

①についてはしばらく措くとしても、②は岡田大夫が村落内でどのように動いたのかという問題にも関わることである。つまり、旦那を一軒ずつ訪ね歩いたのか、それともある程度まとまった集団とどこかで落ち合ったのか。井原里を例に挙げると、居住地域が推定できる横井甚助・甚大夫(高松市香南町大字横井)や見藤太郎左衛門(同町大字由佐字見藤)の屋敷へ別々に行ったのか、彼らの精神的紐帯であった「公共の場」＝冠尾八幡宮(現・冠纓神社)で彼らと落ち合ったのだろうか。旦那のうち、有姓者(横井・見藤・友則)は一五〜一六世紀の放生会の番頭として名前が見える一族であるため、冠尾八幡との繋がりが深い上層住民であることが分かる。また、旦那に見える「惣官殿」も、冠尾八幡宮

との関係が想定される。井原里に到着した岡田大夫は冠尾八幡宮に入り、そこに集まってきた住民＝旦那に伊勢土産を配り、初穂を集め、旦那の新規獲得のために八幡宮に扇七〇本を残した、とも想像される。地域の対外的な窓口としての機能を、村の神社に考えることはできないだろうか。

三　戦国期讃岐の地域構造をめぐって

1　地域単位の変動

岡田大夫の地域認識

「一円日記」に記載された地域単位を、約七〇年後に描かれた「寛永十年讃岐国絵図」(金刀比羅宮所蔵)と比較すると、「一円日記」に出る六一箇所中四四箇所(七二%)が地域単位としては一致する(ただし二箇所は呼称が異なる)。一六世紀中葉には、古代以来の郷の枠組みの中から自立した地域単位が既に出現しており、それが近世村落にまで継承されていることが分かる。その意味では、岡田大夫による村落の領域的把握は当時の実態に即したものと考えてよいが、そのほとんどを「里(さと)」という言葉で一括しているのが、「一円日記」の特徴である。中世讃岐の史料において、地域呼称に「里」を付す事例は皆無であるが、「一円日記」以外でも既述の「讃岐国道者交名」においても「村」と併用されている。一五世紀讃岐の史料に、伝統的な「郷」だけでなく「上市」「仮屋」「町」など都市的な呼称が見える(讃岐西部の港町・観音寺、琴弾八幡宮文書)ことからすれば、岡田大夫が縄張りとした諸地域の呼称が多様なものであったことは十分考えられるのであり、「里」はそれらを捨象した極めて主観的なイメージを示しているように見える。おそらく岡田大夫にとって、「里」は旦那を獲得する一かたまりの単位という以上の意味をもたないであろう。

野原郷内での領域の変動

ところで、野原中黒里と野原浜の領域を考える材料が、発掘調査によって得られている。高松城跡寿町一丁目地区では、第3遺構面ＳＤ一三〇二から中世瓦が出土し、その中の一点に「野原浜村無量寿院／天(文)／九月」と線刻された丸瓦が認められた。明確な寺院関係の遺構は検出されなかったが、付近に無量寿院が存在したことはほぼ間違いないと見てよく、「天文のころ」坂田郷から八輪島(野原)へ移転したとする『讃岐国名勝図会』の記載を想起させる年紀が記されている。無量寿院が次に移転したのは天正一六年(一五八八)に始まる高松築城によってであるが、所用瓦と見られる大振りな軒丸瓦にコビキ法が認められることから、高松でこの技法が出現する慶長年間(一五九六～一六一五)までは同地に存在した可能性がある(渡邊誠氏の御教示)。なお、「一円日記」では無量寿院を「たんき(談義)所」と記しているが、他の近世史料でもここが讃岐七談義所であったことが記されている。

以上を踏まえて問題となるのは、出土瓦によると天文年間(一五三二～五五)には境内地は野原浜(浜村)と認識されているが、「一円日記」が作成された永禄八年(一五六五)には野原中黒里と認識されていたことになる、という点にある。野原中黒里の領域は、地名を冠した古名をもつ華下天満宮(中黒天満宮)の境内地から推測すると、概ね高松城中心部と周辺域を充てることができ、無量寿院は野原浜との境界付近に位置する可能性が指摘できる。

そこで「一円日記」の記載を改めて見ると、中黒里と浜とでは明らかに旦那の階層や職種に違いが見出せることが分かる。中黒里には無量寿院をはじめ地善坊・蜜厳坊・当日坊・「ほうたい坊」・多門坊といった寺院が多く、宿所が置かれた正藤助五郎のような運輸(流通)関係者も存在することから、経済的に豊かな上層住民と寺社が集まるような状況が認められる。一方、浜では紺屋五名、鍛冶屋二名が含まれており、職人層を中心とした住民構成が窺える。こうした傾向は発掘調査でも認められ、浜と推測される地域では、京都産砥石の多量出土による研屋の存在や、多量の土錘の出土による大規模協業による漁撈活動が推測されている。そこにややルーズながら分節的な社会構成が認められることは、既に上巻で指摘したが、そうした動きは天文〜永禄期に明確化してきたことを示しているのではなかろうか。

高松平野における地域単位の分立

視野を広げて野原を取り巻く高松平野での状況を整理する。永禄八年（一五六五、「一円日記」）・寛永一〇年（一六三三、「寛永拾年讃岐国絵図」）・天保九年（一八三八、「天保郷帳」）によって村落の変化を見ると、分立が進む地域には以下のような変動のパターンが注目される。

a 一六〜一七世紀の分立が顕著で、近世を通じてさらに分立が進む地域（野原―高松）

b 一六〜一七世紀の分立が顕著だが、近世を通じて整理・統合されていく地域（古高松周辺・木太・坂田・太田・前田・本山・大野・田井・井原・安原・植田）

c 一六〜一七世紀の分立は緩やかで、近世を通じて旧郷規模に再統合される地域（三谷・坂本・林）

つまり、一六〜一七世紀前半の地域単位分立は、海浜部・山間部を問わずスポット的に認められるものの、それが一七世紀後半以降さらに進展する地（a）と、整理・統合されていく地域（b・c）があることが分かる。したがって、中近世移行期の地域単位編成の動きは、一六世紀中葉から一七世紀初頭にかけて（第一次）と、一七世紀後半頃（第二次）の二つの大きな波があったように見受けられる。第一次分立は、古・高松湾に面した野原郷と高松郷（古高松）とその後背地である坂田、平野中央部で一宮が存在する大野郷、阿讃山脈を控えて山の資源に恵まれた井原・安原・植田郷で進行した。第二次分立は、野原‐高松城下のみで認められ、他の地域では一定の歯止めと整理がなされる。その要因として、①そこでの人口増加の鈍化もしくは安定化、②在郷から高松城下への継続的な人口移動、という二つの状況が想定できないだろうか。

2　野原–高松への人口集積

人口の偏在傾向

以上を前提にして、もう少し量的な問題、すなわち一六〜一七世紀の野原–高松周辺の人口変動について、冒頭で紹介した「四国之日記　さぬき之分」(白米家文書)での中讃地方の知見をもとに、憶測も交えて考えてみたい。

「四国之日記　さぬき之分」では、御師・白米大夫が一円的に把握していた村落の家数が記されており、港町である多度津の約三〇〇をトップにして、内陸部の中心村落葛原の一四〇(「□四十」とあり、「百四十」と推測される)、その周辺の南鴨・上金倉各六〇、海浜部に近く後に丸亀城下の西近郊部となる今津三五・中分(中府)三〇・津森二〇と続く。既に一六世紀の段階で、港町・多度津への人口集積が進んでいたことが分かる。加えて、以下の点が重要であろう。①内陸部の中心村落(葛原)でもかなりの家数を抱えているが多度津に及ばないこと、②古代〜中世に港湾機能を果たしたと考えられる(中之水門)が、河川堆積による潟湖の埋没で急速にその機能を失った地域(今津・津森)では家数が低いレベルにとどまること、である。多度津への人口集積が、内陸部の伝統的な村落や港湾機能を失った港町などからの人口流入に支えられているのではないか、という見通しが示される。こうした事象は、多度津と周辺での特殊な現象ではなく、海浜部に多くの港町が連なる讃岐の一般的な人口分布傾向と見て大過ないであろう。ここで得られた家数から人口を措定し(3)、それを天保九年(一八三八)の同地域の人口と比較して、増加率を算出した(表2)。すると、三つのグループが見出され、平均値はグループ1で二〇六%、グループ2で一一一%、グループ3で六七%となる。グループ1の津森は、周辺で行われた近世の新田開発を主要因として高い増加率を示すと考えられる。グループ2は多く

表2　「四国之日記　さぬき之分」と天保9年(1838)の家族/人数の比較

	中世家数	近世家数	近世/中世	中世人数	近世人数	近世/中世	人口平均係数	グループ
津森	20	103	5.15	200	412	2.06	2.06	1
上金倉	60	207	3.45	600	827	1.38	1.11	2
中分(中府)	30	97	3.23	300	387	1.29		
今津	35	104	2.97	350	415	1.19		
多度津	300	775	2.58	3000	3101	1.03		
南鴨	60	117	1.95	600	467	0.78	0.67	3
葛原	140	208	1.49	1400	807	0.58		

表3　野原における16世紀中頃の推定人口

	中世人数	近世人数	平均値	パターン	近世の地名
野原中黒	1960	4039	2.06	1	内町/片原町/丸亀町/古新町/外磨屋町/南紺屋町/南鍛冶屋町/兵庫町
野原浜	411	846	2.06	1	西新通町/浜ノ丁(1/2)
野原西浜	1250	2574	2.06	1	浜ノ丁(1/2)/一番丁/二番丁/三番町/寺町/四番丁/五番丁/西浜村(1/2)
野原東浜	1926	3967	2.06	1	工町/内磨屋町/魚屋町/鶴屋町/上横町/下横町/北浜材木町/東浜町/井口町/新材木町
野原野潟	2804	5776	3	特	通町一丁目/二丁目/新通町/塩屋町一丁目/二丁目/三丁目/新塩屋町/築地町/新片原町/東百間町/西百間町/桶屋町/大工町/野方町/今新町/御坊町/七十間町/片古馬場町/古馬場町
(城下部分)	8351				
野原天満	1179	2428	2.06	1	六番丁/七番丁/八番丁/九番丁/十番丁/天神前
野原中ノ村	1971	4061	2.06	1	宮脇村/西浜村(1/2)/中ノ村
野原上ノ村	900	1854	2.06	1	上ノ村
(近郊部分)	4050				
野原 合計	12401				
宇多津/平山	4184	4645	1.11	2	宇多津村

の地域が該当し、多度津もこれに含まれるのが意外だが、第一次分立期に人口集積が進み、第二次分立期にはさほど人口が伸びない(前記bパターン)状況が想定できるのかもしれない。グループ3は内陸部の中心村落が該当し、前記cパターンに相当するのではないか。

野原―高松の状況

上記した中讃地方での人口増加率をもとに、明治八年(一八七五)頃の町別城下人口のデータ(「戸数人口一覧」)から一六世紀野原の人口を逆算してみる。逆算の係数は、城下・近郊村落(中世野原郷に相当)いずれもグループ1をベースに考えて大過ないであろうが、近世に急激な町場化が進行する城下東部(中世の野原野潟)はそれを上回る係数が必要と思われるので、仮に係数三と設定する。表3が逆算結果で、野原郷全体で一万二四〇一名（うち近世城下部分八三五一名、近郊村落部分四〇五〇名）となる。

三世紀分の細かな変動を捨象した単純計算ではあるが、一七世紀の高松城下人口総数（町別データなし）で一定度の検証は可能である。一七世紀の城下町方人口は、a寛永一九年（一六四二）で一万二九六七名、b慶安四年（一六五一）で一万五九〇三名、c寛文七年（一六六七）で一万九七二六名であることが分かる。増加人数はa・b間で三二六名／年、b・c間で二三九名／年、a・cの二五年間を平均すると二七〇名／年となる。おそらくこれ以前の高松–野原の人口は、これを超える数を想定する必要はないであろう。やや遡って寛永四年（一六二七）の城下家数は八〇〇〜九〇〇とされる（「讃岐探索書」）が、上記a・c間での年平均増加人数で考えると八九一七名となり、一家一〇名程度という一六〜一七世紀初頭の全国的傾向に合致する。これより五〇〜八〇年程前の人口を八三五一名と想定するのが上記試算であるから、第一次分立期の増加率をやや低く評価することになるため、係数をもう少し大きくする必要はあるかもしれない。例えば係数を六〜七まで上げると野原全体で四〇七〇名となる。しかし、一七世紀後半〜末の高松城下人口は高松藩領全体の一割程度であり、他国に比して人口集中率が低いことを考慮すると、係数を三〜五に設定して野原全体で八六四三名（城下部分四九六三名、近郊村落三六八〇名）とする位までが人口を少なく見積もる限界であろう。はなはだ感覚的な結論であるが、九〇〇〇〜一万人程度とするのが妥当と考える。

こうした一六世紀野原の想定人口は、多度津の想定人口三〇〇〇名や、多度津と同程度の増加率が見込まれる宇多津・平山の想定人口四一八四名などと比較して傑出していると評価できよう。野原の領域の広さ（二km四方）を考慮しても第一次分立あるいはそれに先行する形で、野原への人口集積が進展していた可能性が示せる。

高松郷から野原郷–高松城下へ

地域単位の第一次分立で野原と並ぶ顕著な動きを示した港町が、古・高松湾東側の高松郷（方本含む）周辺である。しかしこの地域は、第二次分立期には村落の再編・統合が進み、野原郷─高松城下とは著しい対照を示す。特に古高松村と新田村の成立によって、古・高松湾東縁に多数並立していた地域単位は整理されていく。こうした事象が、地域外への人口流出による村落共同体の減少を示しているのであれば、高松城下町の出現とは無縁ではなかろう。城下町の建設により野原から高松への地名変更が行われ、高松郷が古高松と称されるようになったのは、単に「土地ノ名ヲ目出度改メルベキ」（『南海通記』巻廿下）という理由だけでなく、慶長一五年（一六一〇）成立の丸亀町が旧丸亀城下から高松城下への住民移転を伴うのと同じく、高松郷からの相当規模の人口移動があったことを反映しているのではなかろうか。

3　移動する領主層

「一円日記」の記載からは、旦那という限定された枠組みではあるが、武士身分（小領主）の地域への関わりを村落毎に見ることができる。永禄八年（一五六五）当時、讃岐は阿波の三好氏の支配下にあり、畿内の三好政権の重要な勢力基盤となっていた。岡田大夫の縄張り周辺では、三好家から当主を迎えた十河氏（山田郡・三木郡）を筆頭に、香西氏（香東郡・香西郡・綾南条郡）・安富氏（寒川郡・大内郡）らが三好政権下で軍事行動を展開しており、元亀年間（一五七〇〜七三）まではこうした状況下で推移している、天正元年（一五七三）には香西氏は西讃岐の香川氏と連携した自立の動きを露わにし、三好氏─十河氏と敵対することになるから、永禄八年はまだ比較的安定した領主支配が行われていたと考えられる時期である。

野原における領主

領主層としてまず注目されるのは、野原中ノ村の状況である。ここでは旦那二八名中、武士身分と推測される有姓者が一三名認められる。このうち雑賀宗左衛門や佐藤五郎兵衛をはじめとする佐藤氏(五名)、楠川孫大夫は、『南海通記』によれば香西氏の家臣であり、佐藤氏は立石・伏石(大田郷、高松市伏石町)、楠川氏は野原上ノ村(高松市上之町・花ノ宮町・楠上町・桜町)、雑賀氏は野原中ノ村に城館を構えていたとされる。

したがって佐藤氏や楠川氏は、それぞれの本拠地から一族の者が野原中ノ村に移転してきたことを示すが、それぞれの本拠地は香東川旧河道(現・御坊川)の河口近くの両岸であり、中ノ村の隣接地域である。なお、近世大名庭園の栗林公園(野原中ノ村に相当する)の南西隅にある小普陀には、室町時代の石組みの手法が見られるとされ、伏石城主の佐藤道益の別邸があったのではないかとされているが、詳細は不明である。この他、庄家四郎衛門・与四郎は、野原庄(応徳年間〈一〇八四〜八七〉成立)の庄官と思われ、この頃には実態を失っていたとしても、野原庄の中心的役割をこの地域が伝統的に担っていたことを示唆している。

既に見た野原中黒里と野原浜に香西氏配下の小領主が見られないのは極めて対照的であり、郷域の西端(野原西浜)でかろうじて岡田氏が伝統的な支配を及ぼしていることはあるが、海に最も突き出した野原郷の経済・宗教的中心地を領主権力が直接把握することは困難だったと考えられる。伊勢における、城館を忌避する港町の状況(竹田憲治氏の所論)を髣髴とさせる。とはいえ、やや遠巻きに多数の小領主とその一族が港町を取り囲むところに、利権に吸着しようとする思惑を見て取ることができまいか。

内陸部から海浜部へ

岡本里での唯一の旦那である小野与一ノ助は、川部城主の小野氏一族と考えられ、他に松縄里でも小野一郎兵衛が見られる。高松平野南部に本拠をもつ小野氏の一族が、海浜部に近い場所にいたことが分かる。川部・岡本と松縄は、香東川旧河道(現・御坊川)で繋がっていることから、川船を利用した連絡関係が想定できようか。小野氏が同族を松縄里に置いた理由は不明だが、ここは古・高松湾に面した仮屋＝市立てのある木太西村里に近く、岡田大夫も内陸の太田里から松縄里・今里を経由して木太西村里に至っている。岡本・川部の背後（南側）には、阿讃山脈へと繋がる千疋丘陵が広がり、やや奥の綾南条郡枌所では一七世紀前半に枌（屋根葺き材などの削ぎ板）や茶・綿（真綿）・漆などの産地となっている（「生駒藩小物成帳」）。また枌所の中心集落には小野の地名があり、何らかの関係を窺わせる。こうした点を踏まえると、山の生産物を市に出すか、船積みするような活動を背景に考えたくなる。

また、野原中ノ村に見える「やす原殿」も注目される。「安原」は、岡田大夫が最も苦労したであろう阿讃国境付近（高松市塩江町全域と同市香川町南部）を指す広大な地域名である。『南海通記』には、香西氏家臣として「安原ノ国広」とあることからすれば、「やす原殿」は姓を示すのではなく本拠地名を示すのかもしれない。いずれにしても、香西氏と安原との繋がりは深く、香西に安原山中と同じく平賀八幡宮を勧請したり、香西氏最後の当主佳清の妻子を安原山主が匿ったりしている（『南海通記』）。こうした繋がりの前提として、阿波国境の相栗峠を控えた地域であることや、豊富な山の生産物（一七世紀前半には綿・枌・茶・漆の一大産地）が考えられ、野原中ノ村の「やす原殿」もこのような生産物の交易に関わる人物だった可能性がある。

海浜部から内陸部へ

小野氏や「やす原殿」とは逆の志向をもった小領主の存在も指摘できる。当時はまだ島だった屋島南西麓の砂堆付近にあった西方本の旦那として、山路宗左衛門をはじめとする山路氏が三名見られ、この地域有数の存在であったことが窺える。この他、池戸里において山路市介、由良里において山路弥助という者が見える。

これらの山路氏は、多度郡白方（仲多度郡多度津町東白方・西白方）、次いで三野郡詫間（三豊市詫間町詫間）を本拠とした海賊衆・山路氏の一族と見てよかろう。本拠地では、山路氏は西讃岐守護代・香川氏の家臣であるため、香川氏が土佐の長宗我部元親に服属した後、元親の東讃侵攻（十河氏攻め）の尖兵として三木郡池戸に移されたと理解されており、香川氏により海賊衆から陸の領主へと転換させられた、と橋詰茂氏によって理解されてきた。しかし岡田大夫が西方本を訪れた永禄八年（一五六五）には、元親の讃岐侵攻はまだ行われておらず、名目的にも実質的にも香川氏が東讃に領主権を執行（代行）できるような立場にない。そうした状況にもかかわらず、既に山路氏の存在を池戸で確認できるということは、長宗我部氏—香川氏というラインで行われた家臣の配置ではあり得ないといえよう。

むしろ十河氏との繋がりを、山路氏一族の分布は物語っているのではないだろうか。というのは、文安二年（一四四五）の『兵庫北関入船納帳』の記載から、十河氏が方本の管理権をもっていたことが読み取れるからである。西方本に山路一族の存在を多く確認できることからすれば、東讃岐での山路氏の本拠は西方本と見るのが妥当であり、そこでの十河氏との関係を前提として、より十河城に近い内陸部の池戸・由良にも一族が配されたと考えることができる。このように理解すれば、永正一三年（一五一六）に池戸城主山地（路）志摩守が妙福寺を再興したとする『弘化録』の記載は、年代的な矛盾なく読めることになる。海賊衆としての山路氏は、康正二年（一四五六）を史料上の初見としており、伊予・弓削島にまで活動の範囲が広がっていたことが指摘されている。西方本への一族の配置もこの頃だとすれば、十河氏の方本管掌の時期とほぼ合致する。

以上のように山路氏の動向を眺めると、同氏が従来理解されていた以上に特定の地域権力に拘束されない「海の領主」として展開していたことを窺わせるのである。

畿内における旦那たち

乃生嶋里の宿所で身支度を整えた岡田大夫は、その地を最後に讃岐から離れる。乃生嶋里は、備讃海峡に大きく突き出た五色台北端部にある。眼前に大槌・小槌島や備前国児島を望むことができるが海流の交錯する難所であり、香西氏の配下で海賊衆を構成していた乃生氏の本拠である。旦那に名を連ねる「大上様」は、おそらく乃生氏の前当主であろう。この地の宿所に当てられた九郎左衛門がどのような者かは不明だが、海賊衆の一員である可能性は十分に考えられるところである。岡田大夫は、遠隔地にも行動範囲をもつ彼らの輸送力を頼みに讃岐を後にしたのではなかろうか。

讃岐を離れた岡田大夫は、伊勢へ直帰せずに畿内に立ち寄ったことが、「一円日記」最後の「一　城ニて祓をしたかた《（方）》丶丶」として列記された地名から窺える。「柳の町」「くけ《（公家）》の町のにしのこし」「しやく《（借）》屋の町」「天王寺」の四箇所が見え、前三者は京都の可能性をもつが具体的には不明、後一者は摂津天王寺（四天王寺）と推測される。これらの場所にあった城あるいは陣所に岡田大夫が立ち寄った理由は、そこでの旦那が岡野氏・山田氏・牟礼氏・宮脇氏といった讃岐の小領主ゆかりの者たちであることによるのであろう。畿内における軍事的緊張に動員された讃岐の旦那たちを訪ねて、岡田大夫は畿内各地を歩いたのである。

もともと細川京兆家の領国であった讃岐は、畿内の政治情勢の影響を敏感に受けており、特に一六世紀に入ると細川氏、次いで三好氏に

図2　志度・原の景観（『志度寺縁起絵巻』より一部トレース）

動員されて頻繁に畿内各地の戦闘に加わっている。この年（永禄八年）五月には、三好義継や松永久秀が将軍・足利義輝を攻め殺しており、畿内は軍事的な緊張状態にあったと推測される。畿内に讃岐の小領主が滞在（在陣？）していたのは、こうした情勢の中で十河氏や香西氏の軍勢が動員された可能性がある。

そこに見える山田（原里）・牟礼（牟礼里）・宮脇（松縄里）の三氏が、海浜部に近い場所を本拠にしていることは注目しておいてもよいだろう。室町時代に成立した『志度寺縁起絵巻』「御衣木之縁起」に描かれた景観（図2）には、房前の手前に船着場と集落が表されており、これが原里と推測される。また牟礼里には、『兵庫北関入船納帳』にも見える伝統的な権益をもつ船頭・成葉が居住しており、港湾施設のある方本との密接な関係が窺える。松縄里については既述したが、そこに本拠をもつ宮脇氏は紀伊からこの地に移住したとされており、城地に熊野神社がある。彼らは山路氏や乃生氏のような海賊衆としてではなく、流通に積極的に関わる商人的性格をもつ領主層として、瀬戸内沿岸にネットワークを有していた可能性があるのではないか。

4　初穂料の内訳

岡田大夫が得た初穂料には、①銭（悪銭含む）、②米・豆・胡麻といった穀物、③綿・布のような織物の原料や素材、④鯛のような海産物、⑤小袖・袴・具足・帷子・縞・「上下」のような身に着けるもの、の五種類があり、かなり多様な形やボリュームももつことが分かる。しかし、何といっても圧倒的なのは銭と米の二つであり、支払い手段として最も安定的な存在であったと評価できる。讃岐の海浜部において豊富な生産が行われていたはずの塩が全く認められないことを考慮すると、これらの支払い手段の素材に何らかの意図的な選択が働いていることは間違いないであろう。

銭と米

銭と米の比率を見てみよう。まず内陸部では、井原里で銭一九％に米八一％、坂田土居里では銭一〇％に米九〇％、山崎里で米一〇〇％となり、圧倒的に米の多いことが指摘できる。これらの地域では、条里型地割が顕著に認められ、河川灌漑も比較的容易であったと見られることから、現地で収穫された米がそのまま支払い手段として用いられたと考えて大過ないであろう。

これに対して海浜部では、方本里で銭一〇〇％、西方本で銭八六％に米一四％（№200中殿を除く）、牟礼里で銭八五％に米一五％、庵治里で銭九一％に胡麻九％、志度里で銭九五％に米五％などとなっており、銭が圧倒的である。方本里や西方本は、屋島南麓の扇状地ないし砂堆上に立地しており、江戸時代以降の干拓地を除けば現在でも水田は極めて少ない地域である。志度里も砂堆上に集落が展開しており、背後に広い潟湖をもつため、稲の栽培は難しい。牟礼里と庵治里は、背後の丘陵斜面が比較的広く、若干の稲作は可能な地域であるが、溜池などの用水源の確保が問題であり、本格的な開発は江戸時代を待たねばならなかったと推測される。一方、これらの地域では港湾施設を内部に抱えており、多様な物資の出入りがあったと思われ、貨幣での支払い行為が普遍的なことを示しているように思われる。

以上の地域では、それぞれの主要な生業が支払い手段に反映されていると見られるが、野原郷でのあり方はこれらとは少し状況を異にしている。中黒里で銭五八％に米四二％、浜で銭四〇％に米四七％（＋豆一三％）、天満里で米一〇〇％、中ノ村で銭二五％に米七五％となっており、方本里のように銭が優位とはいえない状況を示しているのである。これはどうしたことであろうか。

一つの可能性としては、他地域への積み出し荷として、内陸部から野原へ米がもたらされ集積していたと見ることもできる。しかし、野原が高松平野中・西部と繋がりをもつように、方本（西方本含む）は高松平野東部、志度は長尾平野と独自の繋がりをもっている。『兵庫北関入船納帳』を見ても、野原に格段の米集積機能があるとは思えず、むしろこの地域周辺では香西と三本松にその役割が想定できるのである。したがって、独り野原だけが突出した米の集積機能をもつと解釈することは困難であり、野原郷内で稲作が広く行われていたと考えるのが妥当であろう。

こうした観点で改めて野原と方本を比較すると、後背地としての平野部の広さが圧倒的に異なることが分かる。野原では、臨海部の中黒里・浜・西浜などが砂堆上にあり、周囲に小規模な潟湖が群在するため、そこでの稲作は限定的であったと推測される。しかし、内陸側の天満里や中ノ村（「一円日記」には見えないが上ノ村も）には、安定した平野部があったと見てよく、一七世紀中葉の「高松城下図屏風」ではこれらの地域に水田の存在を示す方格線が描かれている。また、慶安四年（一六五一）には、「御町之者共買地仕田畑一手作ニ仕候義、御法度ニ候」という禁令が出されており（『高松藩御令條之内書抜』）、城下周辺の田畑で町人が耕作していたことが窺える。方本では地形的制約から、流通の所産である銭での支払い以外に選択の余地はなかったが、野原は広い後背地から得られる米での支払いも可能であり、そうした条件の差異が初穂料として現れていると見たい。

稲作が卓越する地域においても、銭が浸透していなかったと見るのは、早計である。長尾平野（西沢里〜十河里）、国分寺盆地（新居里〜福家里）では、旦那の数は少ないがほぼ全てが銭で徴収されており、その土地での生産・流通関係とは無関係に銭が選ばれているように見受けられる。これらの地域では一円把握された地がなく、一箇所で多くの檀那から初穂を徴収することができないため、必然的に先を急いで数をかせぐような行程となる。そうした行程を辿るには、嵩張らない銭の方が都合がよい。岡田大夫の都合に応えるだけの銭は、内陸の農村部においても恒常的に準備されていたと見ることはできるのではないだろうか。

畑作の卓越する地域

米以外の農作物として、豆の多い地域がある。上林里（銭二九％、豆七一％）・下林里（米三三％、豆六七％）・松縄里

（米三三％、豆六七％）であり、これらの地域で米ではなく豆に重心があるのは何らかの土地条件を反映している可能性がある。

上林里と下林里は、高松平野中央部に位置するが、中世までに埋没して連続した凹地としてその痕跡を残していた香東川旧流路と、春日川支流で河床の下刻が進んだ古川に挟まれており、水利環境は必ずしも恵まれた条件にはなかった地域である。この地域の水利環境が改善されるのは、一七世紀前半の三谷三郎池の築造を待たねばならず、それ以後も起伏が明確な微高地上の水田化は遅れ、一九世紀前半でも畑が比較的広がる景観が見られた（「下林村順道図絵」）。このことは、この地域の微高地周辺では灌漑網の開削が限定的であるという、高松市空港跡地遺跡での発掘調査成果とも一致する。ここでの初穂料の主体が豆であるというのは、以上のような土地条件を前提に理解できよう。

松縄里における豆作の理解は難しいが、少量ながら野原浜においても豆が見られることに注目すると、海浜部での畑作を反映しているのであろうか。

乃生嶋の鯛

乃生嶋里では、銭とともに鯛が主要な支払い手段となっている。鯛は「かけ（掛けであろうか）」という単位でやり取りされており、紐で数匹分をまとめた干物としての状態が想像される。乃生から西へ数㎞の瀬居島周辺の備讃海峡は、近世には良質な鯛（金山鯛）の漁場として知られており、その周囲の塩飽本島・宇多津・平山では塩鯛・干鯛が積み出されている（『兵庫北関入船納帳』）。近世に入ると、この漁場は香西浦と塩飽人名が相互に用益する場となったが、戦国期には香西氏との関わりが深い乃生氏らの用益の場でもあったのではないか。

また、この地に新規旦那の獲得を意図して預けられた一五〇本もの扇の代価として、扇一本につき鯛一掛けを前払いという形で得ている点も、他地域の後払いとは異なる経済的な豊かさを示している。

高松の谷相人村

「相人」とは、戦の吉凶や城地の選定などで領主層と特異な結び付きをもった陰陽師的な職能者と考えられる。「高松の谷」がどこかは直接判断する手掛かりはないが、岡田大夫の行程（高松→小山里→西春日里→高松の谷相人村→小山里）から憶測すると、高松郷内で小山里に近い谷部と考えられる。奥之坊（高松市高松町）の地名がある谷筋の集落であろうか。『南海通記』によれば、生駒親正が城地の吉凶を占わせたのは、「乱世ノ相人」であり「香西氏ニ許容セラレテ、山端村」に住んでいた阿部有政であったという。「山端村」の所在地は不明であるが、あるいは高松の谷相人村を指すのであろうか。

ここでの初穂料として特徴的なのは、布が圧倒的に多く、これに加えて小袖・袴・上下（一揃えの衣装か）・「くそく（具足）」・「かたひら（帷子）」なども見える点である。こうした初穂料の品目は、他地域では認められない。具足（甲冑）の下着に具足下着・具足帷・小袖・袴があることから、これらは具足の下に着用する布製品のことを指すと思われる。おそらくここで麻布が織られ、それを素材として衣類が生産されていたのであろう。

5　地域における都市性の創出

今回のシンポジウム「港町の原像―中世港町・野原と讃岐の港町―」（二〇〇七年）の席上、伊藤裕偉氏から次のような重要な発言があった。

要するに古・高松湾全体として、都市性を帯びていたということが評価できるのではないか。ですから、野原という一つの在所を取って、そこが都市なのかどうかということを言ってもあまり意味がない。ただ、全体として見た時に、モノが入って来て、恐らく出ていっているでしょうから、そういう意味で、そのエリア全体として都市性をもっているという評価でいいんじゃないかと思います。

我々の当初の目的は、一般には「一面砂地が広がった、当時としてはなんのとりえもないところ」に全く新しい都市が建設されたと理解されており、中世史研究からも十分な研究の深化が行われてこなかった野原について、新たな視角を与えることであった。このため、近世城下町へのアンチ・テーゼとして中世港町を考えたのだが、その都市性を野原に限定して強調することに急ぎ過ぎたのかもしれない。伊藤氏の言うように、地域の様々な位相で都市性を論じる作業が必要であろう。

既に述べてきたように、岡田大夫がほぼ毎年、旦那を巡るためには、地元で彼の活動を援ける協力者の存在が不可欠であった。最初の上陸地が野原の地であり、そこで全体の二〇％にも及ぶ旦那を得ていることを踏まえるならば、彼にとって野原郷が最も重要な地と位置付けられていたとしても何の不思議もない。しかし、広範囲な縄張りを廻る行程をこなすためには、他の港町や内陸交通の要衝で活動していた宿主のリレー的な支援が必要であったと推測される。また、古・高松湾に限って見ても、野原中黒里・木太西村里・高松里・方本里などに港湾機能が想定され、決して湾の東（方本）と西（野原）という対立軸だけでは捉えられない連鎖的な繋がりが考えられた。おそらく野原の各地域には市があったと思われるが、木太西村里においても香東川旧河道を介して内陸部と繋がる仮屋の存在が指摘できるし、海賊衆の山路氏が西方本を根拠にしつつ新川・吉田川を介して内陸部にネットワークを作るのも、同じような物資の往来をそこに見ることができよう。古・高松湾の東側（方本・高松）と中央（木太西村）と西側（野原）において、それぞれ内陸部と緊密な関係をもち続ける港町が並立し、さらに古・高松湾の東外側に牟礼・庵治・鎌野・原・志度、西外側に香西・乃生（嶋）という港町が連なる状況が復元できる。

海浜部だけでなく、阿讃国境（相栗峠）に抜ける井原・岩部、南海道と古・高松湾を繋ぐ上林・下林・十河・山崎、さらには岡田大夫は立ち寄らなかったが一宮などの地域も、人やモノが集積する場所である。これらにはやや遠巻きに国人領主香西氏や十河氏を支える小領主が城館を構え、地域支配の拠点としており、下林地域の発掘調査で判明したように城館の周囲に商人や職人を集め、小規模ながら「町」的な景観を作り出すこともあった。各地域のこうした要素の集合体にこそ、まず都市性が与えられるべきであろう。

しかし同時に、天文～永禄期に小領主・流通管掌者・寺社・職人による分節的な社会構成が明確化してきたと推測される点で、他地域に先んじた野原の力強い動きが指摘できる。そこに都市性を凝集させようとする志向が見出せないだろうか。例えば「四国之日記　さぬき之分」では、港町の多度津での旦那に「かち《(鍛冶)》」「さうめんや《(素麺屋)》」が見えるが、こうした職人が地域的に集合するような分節的な存在形態の形跡を読み取ることはできない。それは、中世港町としての多度津の規模や、周辺地域を含めた都市性の現れ方が、野原とは比較にならない程小さく微弱であったことに因るのかもしれない。ちなみにそのような多度津でさえ、家数三〇〇余りとされており、家数二〇～四〇がほとんどの白米彦太夫の縄張りの中では卓越した規模を誇る「都市」であった。

野原における諸階層のせめぎ合いの到達点に、高松築城に至る先行条件を見出すことができるように思われる。「一円日記」をそのように読み解くことができるのではないだろうか。

註

（1）伊勢御師の家格は、近世を通して神宮家、権禰宜家、三方家、町年寄・羽書取締役、平師職などに整理されていく。明治初期の段階では岡田大夫家は三方家であり中級御師に、白米彦太夫家は平師職であり下級御師に相当する。ただしこうした家格が、ここで問題にしている一六世紀段階まで遡って反映されているかどうかは不明である。なお伊勢御師については、伊藤裕偉氏より多くの御教示をいただいた。

（2）一覧表の作成は田中・藤井一九九六をもとに行ったが、同論文初出時には方本里で三名分の遺漏があったことをシンポ終了後に藤井氏から御教示いただいた。今回の一覧表は遺漏分も含めて作成した（No.一九三〜一九五）。

（3）歴史人口学の成果を参考にし、中世の一家族の人数を一〇名、近世城下町の一家族の人数を四名と仮定した。あくまで相対的な人口変動の傾向と地域間の人口集積傾向を考えるための試行であり、実態的な把握にはなお多くの課題があることを付言しておきたい。

参考・引用文献

田中健二・藤井洋一「冠纓神社所蔵永禄八年『さぬきの道者一円日記』（写本）について」（『香川大学教育学部研究報告』第一部第九七号、一九九六年）

片桐孝浩・佐藤竜馬・松本和彦・上野進（四国村落遺跡研究会）「討論・港町の原像―中世野原と讃岐の港町―」（『香川県埋蔵文化財センター研究紀要』八、二〇一二年）

井上正夫「経済史の観点から」（『四国村落遺跡研究会シンポジウム　港町の原像―中世港町・野原と讃岐の港町―』、四国村落遺跡研究会、二〇〇七年）

市村高男「中世讃岐の港町と瀬戸内海海運―近世都市高松を生み出した条件―」（『特別展　海に開かれた都市』、香川県歴史博物館、二〇〇七年）

竹田憲治「伊勢国の中世都市と城館」（『中世都市研究一三　都市をつなぐ』、新人物往来社、二〇〇七年）

橋詰　茂「海賊衆の存在と転換」（『瀬戸内海地域社会と織田権力』、思文閣、二〇〇七年）

小野秀幸「『さぬきの道者一円日記』に見える「綿」」(『シンポジウム「港町の現像」準備会会報』第二号、四国村落遺跡研究会事務局、二〇〇七年)
佐藤竜馬「中世林地域の村落景観」(『空港跡地整備事業に伴う埋蔵文化財発掘調査報告 第4冊 空港跡地遺跡Ⅳ』、香川県埋蔵文化財調査センターほか、二〇〇〇年)
京都大学近世物価史研究会『一五～一七世紀における物価変動の研究―日本近世物価史研究1―』(読史会、一九六二年)

付記　本稿は、シンポジウムの資料集『港町の原像―中世港町・野原と讃岐の港町―』(二〇〇七)の資料編に掲載した「戦国期 伊勢御師の軌跡をたどる」を大幅に加除筆したものである。また、地域単位と人口の変動については、「中世・近世移行期における守護所・城下町の総合研究」徳島研究集会準備会での発表「一六世紀野原における地域単位と分節的構造」(二〇一四年九月)をもとに作成した。本稿をなすにあたり、藤井洋一(四国民俗学会)、井上正夫(松山大学)、伊藤裕偉(三重県教育委員会)、乗松真也(香川県教育委員会)、白木亨(多度津町教育委員会)、大久保徹也(徳島文理大学)の各氏より、多くの御教示をいただいた。記して感謝申し上げたい。

追記　野原庄の領域について

野原庄の四至については、「太政官牒案」(安楽寿院古文書)の記載

壱処字野原庄
在讃岐国香東条内
四至　東限香東野原郷二条廿里一坪　西限香東同郷五条廿里三坪

南限香西坂田郷三条十七里卅二坪　北限香東野原郷五条廿二里十五坪

がある（誤記の文字は訂正して引用）。かつて筆者は、金田章裕氏の所論（「条里と村落生活」〈『香川県史1　原始・古代』、一九八八年〉）に依拠し、上記条里坪付による野原庄の四至表示を、香川郡の条里プランを前提に理解していた。例えば東限は、二条廿里一坪を構成する東側仟陌線を南北に延長することで東側の範囲が示される、と考えたのである。同様に北限は五条廿二里十五坪の北側仟陌線、西限は五条廿里三坪の西側仟陌線、南限は三条十七里卅二坪の南側仟陌線をそれぞれ延長し、それらの交差する範囲を野原庄域と考えた。その場合、北限と西限とは西側仟陌線が一致した同一ライン上に並ぶことになる、という条里プランを前提とするならば不自然なことになるが、それが何に起因するのか、すなわち四至表示になぜ上記四地点が選ばれたのかを自問することなく、曖昧なまま表示することとなった。

しかし、上記史料に列記された安楽寿院領の四至表記は、「東限賀茂川」「東限大内郡界」のような線的表現と、「戌亥牓示枳豆」のような点的表現

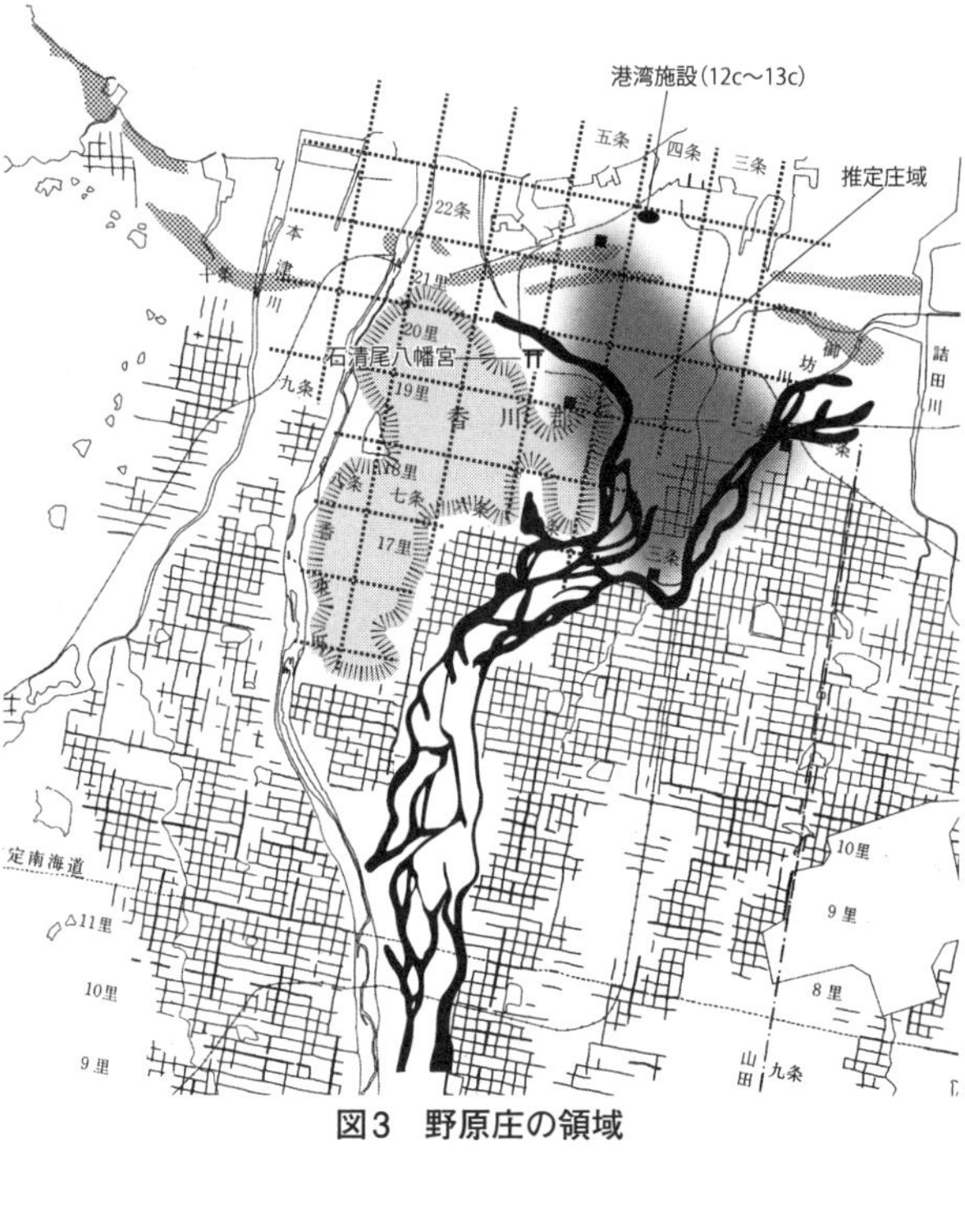

図3　野原庄の領域

の二者がある。実は一四箇所ある安楽寿院領の中で四至全てを条里坪付で表記するのは、野原庄と山城国紀伊郡芹川庄の二箇所のみで、いずれも地形的な不安定さから可視的な地割が施工されていたかどうか微妙であり、何らかの特徴的な地形等の位置表示に過ぎないのではないか、とも思われる。

改めて金田氏作成の条里プラン図と、高橋学氏作成の地形分類図（「高松平野の地形環境」〈『讃岐国弘福寺領の調査』、高松市教育委員会、一九九二年〉）を合成すると、野原庄四至を表示する坪付の位置が香東川の東分流河口部（すなわち八輪島）を取り囲むようにして可視的に選択されていることが分かる（図3）。北限は砂堆の先端部、東限は香東川東分流の東端（現・御坊川）の河口部、南限は同流路の分岐点付近、西限は石清尾山北麓の谷奥部が、それぞれ該当する。条里プランとは無関係に、これら四箇所を繫いだエリアが野原庄の領域なのではなかろうか。このことは既に高重進氏が指摘されている（「讃岐の条里」〈『広島大学文学部紀要 二五−一』、一九六五年〉）ことであり、先学の業績を改めて追認したことになる。

ところで、応安四年（一三七一）に細川頼之が石清尾八幡宮へ出した禁制に記された「於山河従此境至于東之境」の「山河」が、石清尾門前から野原東限までを含むと解釈すれば、八輪島全体が守護権力から保証された殺生禁断の地ということになり、改めて石清尾八幡宮の存在に注目する必要があろう。

中世志度の景観

上野　進

はじめに

香川県歴史博物館（現・香川県立ミュージアム）と香川県埋蔵文化財センターでは、二〇〇六年度に共同調査研究班を組織し、約一年間、讃岐の中世港町を対象とした現地調査を実施した(1)。本稿では、その際に調査対象の一つとした志度（香川県さぬき市志度町）を取り上げ、主に地形環境についての調査結果等を紹介し、中世志度の景観の特徴を検討したい。もとより中世の志度は、志度寺の門前町として名高く、主に美術史研究のなかで志度寺とその縁起絵が注目を集めてきたが(2)、ただ文献史料は豊富とはいえず、なお不明な点が少なくない。本稿はそうしたこれまでの研究に対しても、現地の地形環境の分析から寄与したいと考えるものである。

一　中世の志度寺と志度の港

1　中世の志度

最初に、中世の志度について概観しておきたい。志度は、文安二年（一四四五）の『兵庫北関入船納帳』[3]に記載される港町で、讃岐国においては東から四番目（東端は引田）に位置する町場である。寒川郡の北西端にあたり、中世の志度荘（延暦寺青蓮院門跡領）の一帯とみられ[4]、近世の志度郷（志度村・末村）が該当する。志度荘は室町時代末期には守護細川氏の料所となっており、守護支配における要地であった。『兵庫北関入船納帳』には、志度からの船が延べ三艘、兵庫津を通過し大麦・小麦・米を運んだことが記されている。志度湾岸には孤立した条里型地割群が分布し[5]、志度南側の一部は早くから耕地化されていた可能性があることから、それら穀類の生産との関連も想定される。

2　中世における志度寺の展開

中世の港町であった志度は、他方、平安時代前期に創建された志度寺の門前町としても繁栄した。志度の港を具体的にみる前に、中世における志度寺の展開をみておきたい。志度寺は補陀落山清浄光院と号し、海浜に位置する真言宗寺院である。本尊は十一面観音。古来、観音霊場として信仰を集めた。後白河法皇が撰した『梁塵秘抄』に「四方の霊験所」の一つとして「志度の道場」があげられ[6]、平安時代末期には都にも聞こえた霊場であったことがわかる。また『吾妻鏡』には、源平屋島合戦の際、屋島で敗れた平家軍が「志度道場」に籠ったことが記されている[7]。

鎌倉時代の志度寺については文献史料を欠き、不明な点が多いが、応安二年（一三六九）と推定される「阿闍梨観豪目安案文断簡」（志度寺文書）があり、[8] 鎌倉時代後期〜南北朝期時代における志度寺の活動を伝える。これによれば、文永頃（文永一一年〈一二七四〉の「文永の役」の頃）に院主良観が異国降伏の祈禱を実施し、建治元年（一二七五）〜正中年間（一三二四〜二六）には、院主良観が「毎年八講頭人納帳」を記したという。また弘安頃（弘安四年〈一二八一〉の「弘安の役」の頃）及び正応三年（一二九〇）には、院主良観が幕府の命をうけて異国降伏の祈禱を行った。正中年中には志度寺の院主・寺僧が、近国及び九州における大勧進を許可されている。貞治六年（一三六七）に本堂上葺供養が行われたが、院主未定のため、先院主の得分を修理料としている。そして応安二年、阿闍梨観豪がこの目安を作成し、志度寺院主職の安堵を申請したというのである。これらのことから、鎌倉時代後期〜南北朝期時代にかけて、志度寺は院主を中心として活発な活動を展開し、興隆していたことが窺える。

ところで注目すべきは、志度寺には、鎌倉時代末期〜南北朝時代の制作と推定される「志度寺縁起絵」六幅（重要文化財）が伝来していることである。この縁起絵は志度寺の本尊十一面観音の由来と当寺建立・再興のいきさつなどを描いた豪華な掛幅絵で、著名な「海女の玉取り」物語もこれに含まれる。七幅あったと伝えるが、現存は六幅。文保元年〜康永二年（一三一七〜四三）頃に次々に制作され、絵解きに用いられた可能性が高いとされる。[9] つまりこの頃の志度寺では、縁起絵を用いて絵解きを行うなど、活発な勧進活動を展開していたといえよう。

室町時代の志度寺は、守護細川氏の保護のもとで興隆した。長禄元年（一四五七）の「細川勝元安堵状」[10] によれば、志度荘内天野村三名半は、貞治二年に某顕綱が寄進し、長禄元年に守護細川勝元から安堵されている。天野村とは志度寺の東側一帯の地であり、経済的基盤となる寺領も整備されたのであろう。また長禄四年には守護代の安富智安が守護細川勝元の施行状をうけ、「守護料所志度荘」の国役免除を又代官の安富左京亮に命じている。[11] この頃の志度荘が守護料所として、守護の直接支配をうけていたことがわかる。室町時代の志度寺を考えるうえで注目すべきは、文明五年（一四七三）に細川政国が志度寺に下した禁制である[12]。ここでは狼藉や殺生の停止だけでなく、諸人押買・院内伯楽市（馬市）の停止などもあげられており、境内において市などの商業活動も行われていたことが知られる。室町時代の志度寺とその周辺には、多くの人やモノが集まり、賑わいをみせていたのであろう。また同一四年、閻魔堂再興のため比丘朝叶が勧進し、財を募っており[13]、志度寺において閻魔信仰が興隆し、勧進活動も行われていたことがわかる。

3　中世志度の港

中世における志度寺の動きを簡単にみてきたが、次に中世志度の港の位置を確認しておきたい（図1参照）。

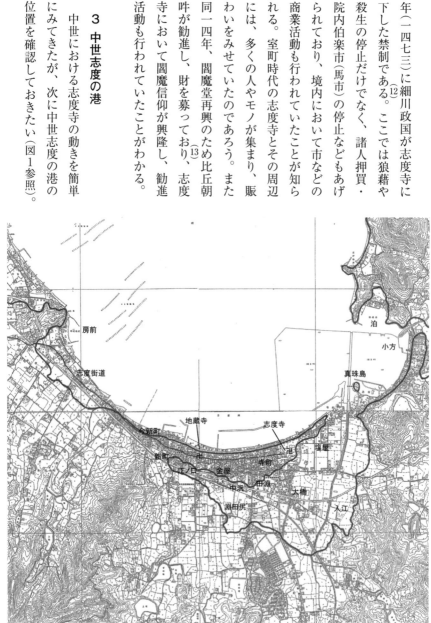

図1　中世志度の景観想定図

港湾の中心は、志度寺が所在する志度浦（玉の浦）とみられるが、志度浦の北西にあたる房前、志度浦の東北にあたる小方《おがた》・泊《とまり》など、志度湾を望む一帯で港湾機能を有した。

志度浦は、近世後期の『讃岐国名勝図会』に「玉の浦また房崎のうらともいへり」と記され[14]、その北西にあたる房前浦と一体的に捉えられていたことが窺える。

小方は、嘉慶二年（一三八八）に「小方浦之岡坊」で大般若経が書写されており[15]、この浦に大般若経を所蔵する古寺があったことがわかる。付近には町も形成されていたことだろう。

志度浦の東北に位置する泊は、北西風をさける地の利を得た天然の良港であった。古くから停泊し宿る機能があったことからその名がつけられたのであろう。鎌倉時代後期～南北朝時代に成立した「志度寺縁起絵」のうち、「御衣木之縁起」（図2）及び「阿一蘇生之縁起」（図3）をみると、房前・小方・泊の位置には家々が認められ、志度寺周辺に町場集落があったことが窺える。とくに房前は舟とともに描かれ、寄港場所であったことがわかる。

二　現地形の観察

1　志度町域とその周辺

次に、現地形の観察から、地形環境の特徴をみることにしたい。また「志度寺縁起絵」のうち、「御衣木之縁起」（図2）及び「阿一蘇生之縁起」（図3）に描かれた中世の旧地形との比較検討も行いたい。

まず志度町域は、志度湾の最奥部にあたる海浜部の砂堆上にあり、現地の比高差・標高から、砂堆の東側・南側は潟（潟湖、ラグーン）跡とみられ、低地が広がる[16]（図1参照）。とりわけ志度寺とその東側との間には明瞭な段差が認めら

図2　志度寺縁起絵のうち 御衣木之縁起(部分 描きおこし図に文字を加筆)

図3　志度寺縁起絵のうち 阿一蘇生之縁起(部分 描きおこし図に文字を加筆)

れ、志度寺が位置する砂堆が比較的安定した土地であったことが窺える。注目すべきは、「御衣木之縁起」「阿一蘇生之縁起」にも志度寺が砂堆上に描かれていることである（図2・図3参照）。また志度寺の由来を記した「志度寺縁起」にも、志度寺の前身となる小堂について、「彼ノ島（＝真珠島）ノ坤《ひつじさる》方ニ当り、海浜ノ沙（いさご）高洲ノ上ニ一小堂アリ」と記され[17]、やや高い砂堆に志度寺があったことを裏付ける。

次に砂堆の東側をみると、当地は近世初期に塩田となり、明治四〇年頃まで製塩が続けられたという[18]。現在も塩屋の地名が残り、塩釜神社がある。「御衣木之縁起」「阿一蘇生之縁起」にも真珠島の南側に塩田が確認され（図2・図3参照）、早くから塩田となった部分があったことが窺える[19]。

さらに塩釜神社の北側には、砂洲斜面を示唆する段差が確認され、この付近に、潟出口に面して砂洲があったとみられる。「御衣木之縁起」「阿一蘇生之縁起」にも砂堆から東側の真珠島へ延びた砂洲が描かれており（図2・図3参照）、現地と縁起絵の内容が合致する[20]。

砂堆の南側については、中浜・田淵・淵田尻など海浜や淵に関連する地名が残り、とくにJR志度駅の南側一帯には低地が広がる。さらにその南方の葭池《よしいけ》団地付近は葭池とよばれ、葦が繁茂する沼地であったが、大正初年の耕地整理事業に伴い埋め立てたという[21]。

２ 小方

小方は、志度浦の東北にあたる。近世では鴨部下庄村に該当し、「小潟」とも書き、その後背地が潟跡とみられる低地となっている。古文書に「鴨部下の庄はもと入江なりしも、土砂流出し陸地となれり」とあるという[22]。微地形の起伏などに留意しながら現地を歩くと、海岸沿いの街道はやや高い位置にあり、潟跡の低地とは明瞭な段差が認められる。

3　真珠島

真珠島は、志度と小方との間に位置する。海女の玉取り伝説にちなんで名づけられた島で、志度寺の由来を記した「志度寺縁起」に「玉ヲ得タル之処、小嶋之故真珠嶋と号名ス」と記される。[23] 大正のはじめに島の南部が陸続きとなり、戦後に埋め立てが進み現在は完全に陸地化しているが、その周囲は島の面影をとどめている。志度寺の鬼門にあたり、山頂(標高七・六m)に弁財天を祀ったことから江戸時代には「弁天」とよばれて崇敬された。また、海にやや突き出した小高い山として志度東側の景観を形成し、海側からはランドマークとして機能したであろう。

三　志度の町場と道

次に、志度の町場と道についてみておきたい。町場は、東端の志度寺から海沿いに西へ向かう志度街道を基軸に展開(図1参照)し、近世には志度浦船番所や高松藩の米蔵が置かれた。『讃岐国名勝図会』には真覚寺・地蔵寺など寺院や家々が志度街道に沿って密集して描かれる。[24] 志度街道は砂堆の頂部に設定されている。こうした街道沿いの町場が中世前期まで遡るかは明らかでないが、戦国期以降に整備された可能性も高い。守護細川氏による志度の料所化との関連なども想定すべきだろう。

また、近世には志度寺から南の造田を経て長尾に至る、南北を結ぶ街道(阿波街道)があり、志度は陸路によって後背地につながっていた。志度寺の後背地にあたる長尾には、八世紀後半に成立したといわれる長尾寺があり、両寺はともに「補陀落山」という海にちなむ山号をもつことなどからみて、志度寺と長尾寺が古くから陸路で交流していたことが窺える。長尾寺にとって志度は、沿海岸地域に対する窓口となった。

中世の志度寺周辺の交通体系は明確でないが、志度寺門前から海沿いの東西の道とともに、志度寺から南へ延びる道も段階的に整備されたとみられ、志度寺はそれら東西・南北の道をつなぐ交通の要衝に位置し、人やモノの集散地となったのであろう。港は陸上のアクセスも重要であり、中世の志度は航路と陸路の結節点に位置したといえよう。

四　地名と地割

地名と地割についてもふれておきたい。砂堆にある町場は、寺町・田淵・金屋・江ノ口・新町などから構成され、その周囲に塩屋・大橋・中浜などの地名が残る。町域の西側に新町・今新町の地名があることから、近世における町域の拡大は志度街道沿いに西側へと進んだことが想定できる。

町域は安定した砂堆にあり（約三・〇ｍ）、町場周辺では塩屋〜大橋（〇・六ｍ）、中浜（一・八ｍ）が低く、この付近に低地（潟）が広がっていたことを窺わせる。

また、寺町と金屋の間に「城」の地名が残り、中世の志度城館跡（中津城跡・中州城跡）があったと伝えられるが、遺構は確認されていない(25)。ただしこの付近が中世領主の拠点となった可能性はあり、志度城城主は安富山城守盛長であったとも、多田和泉守恒真であったともいわれる。

志度街道の両側に短冊形地割が観察でき、明治〜昭和初期の町家が散在する。街道の南北両側にも街路があるが、町域全体を貫くものではなく地形に規制されている。主に近代以降、断続的に低地へ町域が拡大した経緯を示すと思われる。したがって本来的な町割は、一本の街路（志度街道）の両側に設定されていたと考えて大過ないであろう。なお、町域の西側に新町・今新町の地名があることから、近世における町域の拡大は街道沿いに西側へと進んだことが想定でき、町割は志度寺門前の空間を本源とすることが窺える。

五　想定される地形環境の変化

では、地形環境の変化はいかなるものであったのか。幅広く安定した地形面は、志度寺から西へ続く砂堆に比較的早くから形成されていたとみられる。砂堆の東側・南側に広がる潟は、その内岸が古代においては寄港場所となった可能性がある。しかし早くから埋没が進み、湿地状を呈したか、一部は塩田であったとみられ、中世になると潟の内岸における港湾機能は衰退していった可能性が高い。「志度寺縁起絵」のうち「御衣木之縁起」及び「阿一蘇生之縁起」(図2・図3)をみると、潟の出口には簡易な橋が架けられ、潟の沿岸では塩田が造られている。また内陸部に広がる潟の内岸には舟が描かれていないのに対し、海に面した砂堆北側には舟が確認されることから、砂堆北半部が着岸可能であったとみなしうる。とくに「阿一蘇生之縁起」では、海に面した砂堆北半部の西側に舟が着岸しており、潟の埋没にともない寄港場所が変化したことを予想させる。

六　中世志度の景観

以上のような現地調査の結果や縁起絵の検討などをもとに、中世志度の景観についてその特徴をまとめれば、次のようになる。

①港町としての志度は、海浜部の砂堆に位置していた。砂堆の東側・南側には潟があり、砂堆の東端には真珠島へ向かう砂洲があった。海にやや突き出した小高い真珠島は、海側からはランドマークとして機能したとみられる。「志度寺縁起絵」に描かれた志度の景観は、作成意図や画面上の制約からデフォルメが認められるとはいえ、基本的に鎌倉時代末期〜南北朝時代の現地の実態を踏まえて描かれたとみてよい。

②港湾機能の基本は、海に面した砂堆の北側にあったと思われ、「志度寺縁起絵」には砂堆の北西に舟が着岸している様子が描かれる。本来、潟の内岸は船着場として最適地であり、潟の内岸が利用された可能性もあるが、早くから埋没が進んだとみられ、しだいに寄港場所を潟の内岸から海岸沿いに変化させていったことが考えられる。近世の『讃岐国名勝図会』では、砂堆西側の玉浦川の河口周辺に舟がつながれている様子が描かれるが、玉浦川は砂堆背後の潟の排水を目的として近世に開削された可能性があり、船着場の位置が玉浦川河口付近と志度寺周辺のいずれが主体なのか、あるいは並存したとみるのかは、玉浦川の河道開削と関連付けて考える必要があろう。

③志度湾岸には孤立した条里型地割群が分布したことが指摘されており、志度南側の一部は早くから耕地化されていた可能性がある。文安二年（一四四五）の『兵庫北関入船納帳』には志度からの船が兵庫津に入り、大麦・小麦・米を運んだことが記されているが、それら穀類の生産と志度後背地との関連も想定される。

④町の構成としては、砂堆の東側に志度寺が位置し、その門前から西側に延びる志度街道沿いに町場集落が広がる。志度寺は交通の起点であり、長尾など後背地にとっては沿海岸地域への窓口となった。志度寺は港湾の管理主体、あるいは町の形成主体になりうる存在であったといえよう。

⑤志度湾には志度寺を中心とした志度のほか、房前・小方・泊など複数の浦があった。中世の志度は複合的な港湾から構成されており、それぞれに町場をともなっていたとみられる。「志度寺縁起絵」でも房前・小方・泊それぞ

れの位置に家々を描いている。

むすびにかえて

以上、中世志度の景観について検討してきた。前節に要点を記したのでまとめることはしないが、残された課題についてふれ、むすびにかえたい。その一つとしては、港湾の管理主体の問題がある。中世讃岐の港湾には、国府の港であった松山津をはじめ、志度や宇多津、仁尾、観音寺などがあったが、多くは内湾する浜や砂堆の周辺に位置していた。そこでは背後にある潟湖や河口が本来は船着場であったと考えられるが、中世には埋没が進んだ。松山津はそうした衰退した港の一つである。だが他方で、潟が埋まって浅くなり、船着場・船溜りとして機能が失われた中でも志度のように港湾機能を維持し、繁栄していった港町も多い。その要因はどこにあったのか。おそらく志度の場合、港湾の管理主体となりうる志度寺の動向が関わっていると思われるが、その解明は今後の課題である。

また、砂堆上に志度寺が位置するように、そもそもなぜ砂堆や砂洲に寺社がつくられたのかという問題もある。例えば「洲浜」は絵画や工芸のモティーフとされたが、それは神仏の宿る聖域としての意味があったからだという。(26)志度寺が砂堆・砂洲に位置した要因についても、聖性のイメージと不可分の関係にあったのではなかろうか。その他、島根県の出雲大社が斐伊川の悪水の排水点に立地し、そのコントロールを神に祈る場所であったとする指摘もあり、(27)水をつかさどる寺社と潟の排水等との関係も想定すべき観点であるかもしれない。いずれも今後の課題としておきたい。

註

（1）志度の現地調査は、二〇〇六年一一月八日に実施した。参加者は、佐藤竜馬（香川県歴史博物館）、片桐孝浩・北山健一郎（香川県埋蔵文化財センター）の各氏と上野で、市村高男氏（当時・高知大学）に同行・御教示いただいた（所属は当時のもの）。その成果の一部は、特別展「海に開かれた都市」で紹介した（特別展図録『海に開かれた都市〜高松―港湾都市九〇〇年のあゆみ〜』香川県歴史博物館、二〇〇七年を参照）。なお、志度の景観想定に関わる図（図1）は、上野が作成し、佐藤が加筆したものである。

（2）梅津次郎「志度寺縁起絵について」（同『絵巻物叢考』中央公論美術出版、一九六八年）、太田昌子「志度寺縁起絵の語りの構造」（『能と縁起絵』国立能楽堂特別展示図録、日本芸術文化振興会、一九九一年）、同「地獄と龍宮と大寺と―『志度寺縁起絵』に見る―」（『朝日百科日本の歴史別冊』七、朝日新聞社、一九九四年）等。

（3）『兵庫北関入船納帳』（中央公論美術出版、一九八一年）。

（4）「慈円起請文案」（『門葉記』、『鎌倉遺文』一六五九号）。

（5）金田章裕「讃岐の条里遺構」（『香川県史』一、香川県、一九八八年）七〇〇頁。

（6）『梁塵秘抄』（『新日本古典文学大系五六』岩波書店、一九九三年）八八頁。

（7）『吾妻鏡』元暦二年二月二一日条。

（8）『新編志度町史』上巻（志度町、一九八六年）一二一頁。

（9）註（2）の諸論考を参照。この縁起絵は、修復前の軸金具に「奉施入志度道場縁起之軸為慈父悲母」、「康永二年癸未正月日　奉施入志度寺　藤原兼吉」との銘があり、康永二年（一三四三）以前に完成していたと推定されている。なお、志度寺縁起絵六幅の写真は、特別展図録『香川の名宝展』（香川県歴史博物館、二〇〇一年）などを参照。

(10)「細川勝元安堵状」(『志度寺文書』『新編香川叢書　史料篇(二)』)。
(11)「安富智安施行状」(『弘文荘古書販売目録』所収文書、『香川県史8　資料編　古代・中世史料』)。なお、当文書は現在、香川県立ミュージアムの所蔵となっている。
(12)「細川政国禁制」(「志度寺文書」『新編香川叢書　史料篇(二)』)。
(13)「志度寺東閻魔堂記」(『香川叢書　第一』)。
(14)『讃岐国名勝図会』(『日本名所風俗図会』一四、角川書店、一九八一)一七七頁。
(15)阿波勧善寺蔵「大般若経」。田中善隆「阿波の大般若経」(『徳島県博物館紀要』一二、一九八〇年)を参照。
(16)この点については、岡村信男氏が志度の本町周辺の「海にちなんだ地名」について解説を加えており、参考となる(同『志度風土記』志度町役場、一九八四年、八九頁)。また岡村信男『志度の地名史』(志度町役場、一九八九年)にも教えられるところが多かった。この他、大山真充氏は、志度寺縁起絵のうち「御衣木之縁起」及び「阿一蘇生之縁起」に描かれた製塩風景を検討する中で、志度寺東側の風景として「西から延びてきた土地(砂州)が志度寺の東側で先細りとなり狭い海へ続」いていたこと、また真珠島南側の水路は「流域は標高二メートルの低地で、かつては満潮時に海水が流入する低湿地であったことが容易に推測できる地形で、縁起絵に描かれた狭い海は、当時の弁天川の河口付近を描いたものと推測できる」ことを指摘している。同「志度寺縁起絵に描かれた中世の製塩」(『考古学に学ぶ　Ⅱ』同志社大学考古学シリーズⅧ、二〇〇三年、五四〇頁)を参照。
(17)「志度寺縁起」のうち「讃岐国志度道場縁起文」(『新編香川叢書　文芸篇』)六頁。なお、(　)内は筆者による。
(18)『新編志度町史』下巻(志度町、一九八六年)、一二二頁。註(16)岡村信男『志度の地名史』四七頁。
(19)註(2)『能と縁起絵』では、「御衣木之縁起」及び「阿一蘇生之縁起」のトレース図をそれぞれ作成した上で、志度寺東側の風景の一つを塩田に比定した。さらにこの比定をうけて大山真充氏は、海に接する地形や描かれた建物・人物の描写などから、「御衣木之縁起」及び「阿一蘇生之縁起」から製塩作業を読み取れることができるとした（同「志度寺縁起絵に描かれた中世の製塩」（『考古学に学ぶ　Ⅱ』同志社大学考古学シリーズⅧ、二〇〇三年、五四一頁）。また瀬戸内海沿岸における中世製塩の採鹹は、揚浜式塩田とともに古式の入浜式塩田もあったとされているが、後者の遺構はなお確認されていないこと、土地に線が規則的に引かれ、「この線が海水を導入する溝と解釈できるならば、この地は入浜式塩田ということになる」としつつも、「防波堤がないことや海水を撒いている情景ともみえる絵柄から推測すると揚浜式塩田とも考えられ」ることを指摘し、今後のさらなる検討が必要とする（同「志度寺縁起絵に描かれた中世の製塩」五四二頁以下）。

(20)　註(16)大山真充「志度寺縁起絵に描かれた中世の製塩」五四〇頁参照。
(21)　註(16)岡村信男『志度の地名史』二三頁以下。
(22)　註(16)岡村信男『志度風土記』九〇頁。
(23)　註(17)に同じ。
(24)　註(14)『讃岐国名勝図会』二四七頁。
(25)　『香川県中世城館跡詳細分布調査報告』（香川県教育委員会、二〇〇三年）一〇〇頁。
(26)　日高　薫『日本美術のことば案内』（小学館、二〇〇三年）一四頁。
(27)　飯沼賢司『環境歴史学とはなにか』（山川出版社、二〇〇四年）六五頁。

付記　本稿は、現地調査の「調査メモ6　中世志度の景観」に加筆したものである。本稿を成すにあたって、中世の港湾等については大山真充氏・佐藤竜馬氏・松本和彦氏の御助言を得たほか、志度寺縁起絵シンポジウム（志度寺研究会、２００９志度寺縁起絵シンポジウム実行委員会主催）・四国中世史研究会において報告の機会を得、参加者の方々から貴重な御教示を賜った。また志度寺縁起絵の閲覧及び展覧会への出陳に際して、志度寺住職十河章師の格別のお計らいをいただいた。記して厚く感謝の意を表します。

経済史より見た高松城成立の背景

井上正夫

はじめに

高松市は、現在、香川県の県庁所在地である。これは、近世初頭に生駒氏が高松城を建設して讃岐支配の拠点としたことを継承するものである。本稿では、それまで「野原荘」と呼ばれたこの地に、生駒氏が城郭を築くに至った背景について、経済史的に—伊勢御師による為替の存在という観点から—考察する。

一　問題の所在

1　近年の研究成果に基づく新しい知見

現在の高松城周辺は、裁判所や法務局等の行政機関が置かれ、商業面でも、百貨店を含む繁華街を擁しており、香川県の中心地である。しかし、中世以前には、かつて野原荘と呼ばれたこの地区が、讃岐一国の中心として機能した時代はない。

中世以前には讃岐の中心地たりえなかった野原荘が、近世初頭に讃岐の中心として選択された理由は何か。この問題に関して、近年の研究は、その地が、中世末期までに、寺院が建設され伊勢御師の活動拠点も置かれていた港町として、相当の発展を遂げていたことを明らかにした。(1) その上で、野原荘を含む「古・高松湾」と呼ばれる地域が、古代から経済的にも軍事的にも重要な役割を果たしていたこと、(2) また地理的にも高松平野という広大な生産地・消費地を擁していたことにより、領国支配の拠点として選択されるべき情勢にあったという説を提示した(3)(以下、「新説」とする)。従前の研究が、野原荘選択の理由を、城地として適地であり、(4) 将来の経済的発展の可能性があると指摘したのにとどまっていたのに対し、考古学的成果や新史料を踏まえた新説の研究水準は、飛躍的に上昇したといえる。(5)

2　新説の検証

しかしながら、野原荘が、その経済的・軍事的・地理的優位性によって、あたかも必然的に拠点として選択されたという新説にも、検討すべき点はないだろうか。

まず、『讃羽綴遺録』の生駒親正の天正一六年(一五八八)条には、

〔史料1〕

野原の庄に新城を築く、高松と名く…

遺老曰、初尾藤此所に居住せしか、是と定めし居城もなし、依て郡々所々村々を求む、其頃引田浦に小城今に城山といふ有、先つこゝに入る、しかれとも国の東なる故に、西郡農民によろしからす、鵜足津の古城に移らむとす、此城むかし細川右馬頭頼之住せし後、廃城となる、正成此処に移らむと欲すと雖、城中狭し、故に那珂郡津の森の庄亀山に城を築かむとす、此地より大内郡へ一日中に到り事かたし、又山田郡上田井村由良山を構へむとすれとも、

水乏し、依て香東野の地（原脱）は豊田郡へ途遠かしと雖、一日に到る、故に城地野原の庄と定、地理は弁まへすと雖、伝のまゝ載レ之(6)

とあり、実は、生駒氏自身が、引田・宇多津・由良山等、野原荘に先立って他の地域での拠点確保を模索している。もし、新説のように、野原荘の優位性がそれほど顕著だというならば、生駒氏は、直ちに野原荘を選択するはずで、そうではなく、宇多津や引田という他の地を先に検討したところを見ると、野原荘の優位性は、生駒氏自身にとっても確信の持てるものではなかったことになる。特に、中世における讃岐での最大の港町である宇多津との比較に関しては、新説は、宇多津が、一五世紀後半以降にかけて海岸線の後退に伴い港湾機能が低下し、近世につながる新たな社会の動きの中で停滞と後退が進んだと説明するものの、一六世紀においても、宇多津が、依然、讃岐屈指の港湾都市であったことは認めている(7)。この宇多津との比較問題は、数量的な検証は不可能としても、生駒氏の入府の経過から見れば、野原荘は、いくつかの候補地のうちでも優先順位が低かったことになる。

次に、従来から野原荘の海浜部の軍事的要害としての優位性を示す根拠となっている史料についても検証しておく。『南海通記』のうち「讃州新高松府記」には、黒田孝高の言葉として、

〔史料2〕

此山ナクハ城取ナリ難シ、此山有テ西ヲ塞キ寄口南一方ナル故ニ要害ヨシ、殊ニ山険阻ニシテ人馬ノ足立ナク、北ハ海厳ニ入テ深ク、山ノ根ハ汐ノサシ引有テ敵人止リ居ル事不レ成、東ハ大海遠干潟川入有テ敵人止リ居難シ、南一口ノ禦ハカリ也、身方千騎ノ強ミトハ此山ノ事ナリ(8)

とあり、これが軍事的優位を示すとした史料的根拠である。しかし、この港町の地形そのものが「千騎」に値する要害の地というならば、中世を通じて、その地は重要な城郭が置かれていてもよさそうなものである。ところが、野原荘には、戦国期も香西氏の属城や香西氏の配下の武将の砦等があった(9)に過ぎない。それゆえに、その地は「此山」（西

方の山）がなければ城ができないという評価も、本来は要害の最適地ではないと解釈すべきである。

以上をまとめると、一六世紀末期の野原荘は、中世の港町としてかなりの成長は遂げていたことは認められるものの、築城の場所選定の経緯に典型的に見られるように、他の地区に対する優位性は決定的なものではなく、むしろ候補地としての優先順位は低かったということになる(10)。

3　野原荘の特異性―伊勢御師の活動―

それでは、生駒氏が野原荘を選択した要因は何であろうか。注目すべきは、冠纓神社所蔵の『さぬきの道者一円日記』（以下、『一円日記』とする）から窺い知れる伊勢御師の存在である。

伊勢御師の活動は、祈禱や参宮勧誘の他に、各地での御祓大麻《おはらいたいま》の配札と初穂料の収納、旦那の伊勢参宮における宿の提供等にあった(11)。その中で、参宮者の送金のために地方と伊勢との間を結ぶ為替を確立し、一六世紀後半期以降にもなおその機能が維持されていたことは、経済史の中でも特筆すべき現象である。なぜならば、古代以来、さまざまな形態で発生し発達してきた為替の利用は、一六世紀初頭以降、大きく後退していたからである。そこで、次には、日本の為替制度の変遷を確認しておく。

二　一六世紀までの為替の発展と衰退―二種類のしくみ―

1　閉鎖的な替銭のしくみ

日本の為替の発生の時期については、少なくとも一一世紀半ばには、返抄という受領書を介在として為替が取組まれていた事例があり[12]、他にも、仮納返抄という一種の受領書も、為替手形的に使用されたと考えられている[13]。

鎌倉時代に入ると、請取状という受領書を介在させる方式で、為替が取組まれている。以下では、鎌倉時代末期の史料である「凝念書状」をもとに、そのしくみを復元してみよう。

凝念は、伊予国(愛媛県)出身で、東大寺戒壇院を拠点にして活躍した学僧である。彼の著述した『探玄記洞幽鈔』は、古紙の裏を料紙としているため、その紙背文書には、凝念の日常生活に関わる事柄が記されており、そこから奈良と伊予国との間で取組んだ為替のしくみが明らかにされている。以下では、先行研究の成果[14]に導かれつつ、そのしくみを確認しておく。例えば、同書巻五二の紙背文書には、凝念から伊予の禅明に出された書状の一部として、

〔史料3〕
悦㆓便宜㆒令㆑申候、三月二日丹後房下向之時、進㆓愚状㆒候、定参著候覧、其時向山刑部左衛門殿の用途壱貫五百文□進候て、彼受取并武松給主代六郎三郎殿之方への御文と記て進候き[15]、

とあり、その内容は、「連絡の便がありましたので、お伝えします。三月二日に丹後房が(伊予に)下向しました折に、私の手紙をお送りしました。きっと着いていることでしょう。その時に、向山刑部左衛門殿の資金として一貫五〇〇文をお送りするのに、向山殿の受取と武松の給主代である六郎三郎殿への向山殿からのお手紙だと記してお送りしました」というものである。向山殿は、当時、六波羅探題として京都にいた金沢氏の側近の一人で、伊予の武松名に地頭職を分与されており、その代官として現地で管理を行っていたのが六郎三郎である。同様の内容の史料は、同書巻五三の紙背文書に、

〔史料4〕
貴房一人時料等事、去月下旬用途壱貫五百文、京向山刑部左衛門殿へ送遣替候、其受取并武松御代官六郎三郎殿方への

御状各一通候、付進候、給主代方へ此御状ヲ被レ進候て、其用途ヲ（後欠）[16]

とあり、禅明の生活費のこととして、その後半で、「給主代の方へ（向山殿の）お手紙を進められて、その資金を」としている。よって、全体としては、凝念が、京都の向山殿に一貫五〇〇文を支払うのと引換えに受取（領収証）をもらい、それを向山殿から六郎三郎宛ての手紙（御文）と一緒に伊予の禅明へ送付し、禅明がそれらを六郎三郎に提出して、伊予での資金を得るというしくみである（図1）。向山殿から六郎三郎宛ての手紙によって、その持参人である禅明が正当な受取人であること、すなわち六郎三郎が禅明に払出すべきことが伝達されるのである。

この向山殿・凝念・禅明・六郎三郎を結ぶ文書と資金に関する一連の行為全体が、「替銭」すなわち為替である。替銭については、同じく紙背文書に、

〔史料5〕

抑武松地頭殿三貫文替銭皆已弁進候、二ヶ度弁ニハ二度なから、其請取二通下進候（中略）向山刑部左衛門殿之方ニ、用途之出来候ニ随て可レ奉レ替候、六郎三郎殿も其様申て候也、[17]

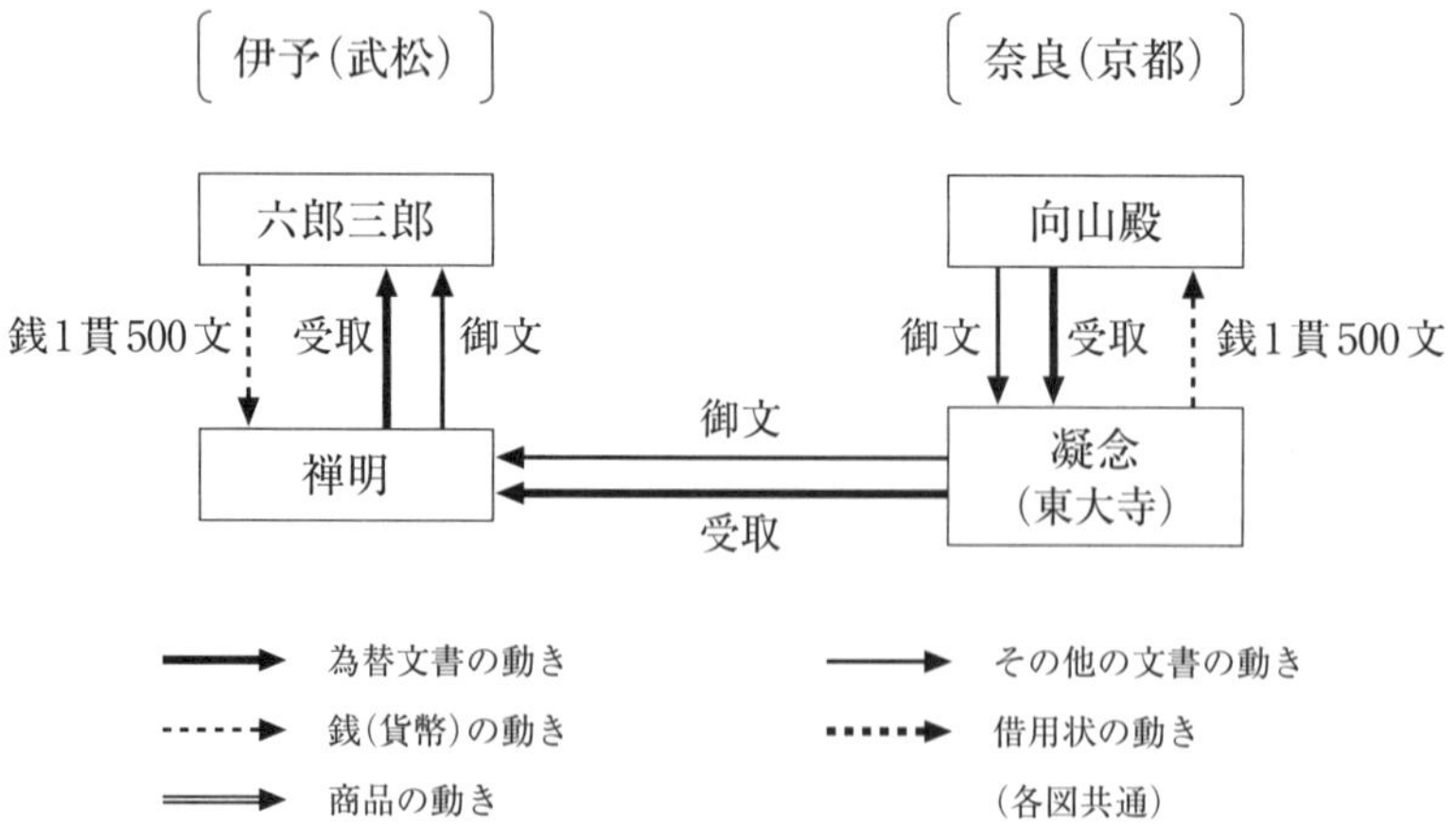

図1　受取を介在とした替銭のしくみ（その1）

とあり、その内容は、「武松地頭殿の三貫文の替銭は既に支払いました。二回に分けて支払いましたが、その請取を二通お送りしました。（中略）向山殿には、資金ができるにしたがって替えていただくことになっており、六郎三郎もそのように申しています」とあるように、替銭のしくみは、受取（請取）という文書を介在とし、向山殿と六郎三郎との関係で説明されている。それは、先の史料3と史料4から復元したしくみと共通しているので、史料3と史料4の中の手続も替銭であることになる。

また、史料5における「六郎三郎殿も其様申て候也」という言葉に着目してみると、そこでは、京都で送金を取組めば、将来にわたり伊予で六郎三郎が禅明への払出に応じる意向であることを、凝念自身が、既に知っていることがわかる。つまり、少なくとも、六郎三郎と向山殿、向山殿と凝念、そして凝念と禅明という各々の組合せにおいては、既に信頼関係がある上に、伊予の六郎三郎から見ても禅明との資金授受における信頼関係が成立しており、向山殿・凝念・禅明・六郎三郎という信頼関係の連鎖は途切れることなく一巡しているのである。結局、この替銭のしくみとは、最後の払出を行う六郎三郎から見て、禅明が受取人であることを無条件に確信できる反面、禅明以外には利用できない閉鎖的替銭として表現できる。

ところで、以上の替銭においては、御文等の文書は向山殿の作成であり、凝念と禅明はその御文を作成する側ではなく、入手する側である。しかし、凝念と禅明の側が文書を作成して、送金することも可能であった。同じく紙背文書には、凝念書状として、

〔史料6〕

尚々御所労難レ入候、薬等定入候歟、医師ニ値や給候て可レ有二御療治一候、用途入候者、繁多寺大工ニ替させ給候へ、此ニて可二沙汰弁一候[18]、

〔史料7〕

繁多寺ノ大工替させ給候へ、此ニて其員数ヲ承候て、法重へ可二弁進一候[19]、

〔史料8〕

一日繁多寺大工童子下向候、進二愚状一候了[20]、

とあり、大体の意味は、それぞれ、「ご苦労があって大変でしょう。薬などがきっと必要でしょう。医者にお金を払って治療すべきです。お金が必要ならば、繁多寺の大工に替えさせて下さい。こちらで対応して支払います」、「繁多寺の大工に替えさせてください、こちらで金額をお聞きして、法重に支払います」、「一日には、繁多寺の大工の童子が下向したので、私の手紙を送りました」というものである。

以上の史料からすれば、ここでの替銭は、禅明が伊予の繁多寺の大工から資金を受け、おそらくその引き換えに受取を手渡し、その受取を大工が奈良（あるいは京都）の法重に提示して資金の払出を受け、凝念は法重に支払うというものである（図2）。また、伊予で払出された「員数」が奈良まで伝達され確認されるのだから、伊予では受取という証拠書類があったとすべきである。そして、こ

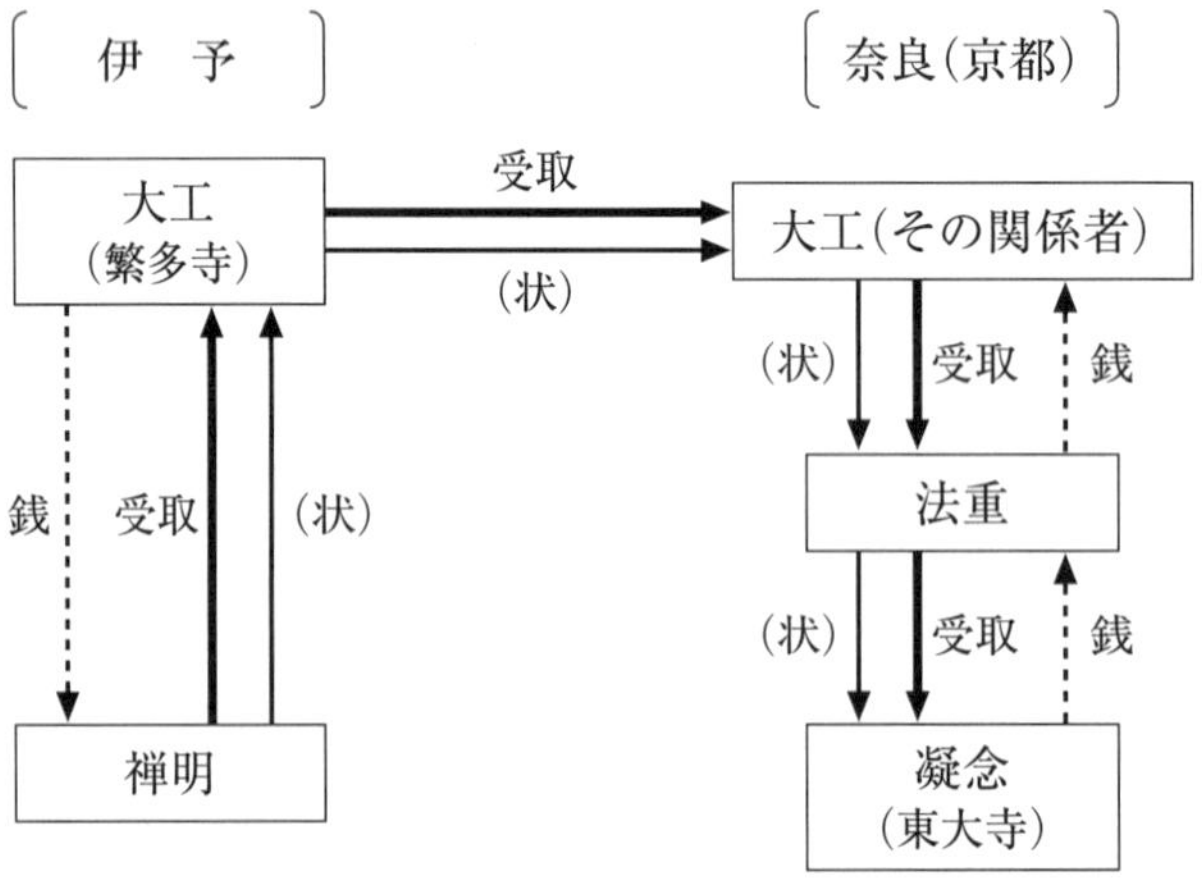

図2　受取を介在とした替銭のしくみ（その2）

の替銭の中では、凝念と禅明とは、先の向山殿との替銭とは異なり、受取という文書を作成する側である。

さらに、この替銭の参画者相互の信頼関係についても検証してみよう。ここでは、繁多寺の大工の童子が凝念の手紙を運んでいるので、繁多寺の大工と凝念の間には信頼関係があることになり、大工は禅明が凝念の指定する受取人であることを確信できる。また、繁多寺の大工（あるいはその関係者）は法重から支払を受けることになっているのだから、法重と大工の間にも信頼関係があると考えるべきで、たとえそうでなくても、奈良方面では、凝念の立会も可能であるから、法重と大工の間の信頼関係は容易に確保される。つまり、ここでも、凝念・禅明・大工・法重を結ぶ信頼関係は途切れることなく連鎖しており、この為替の形態も、先と同様に閉鎖的替銭である。

結局、凝念が利用している替銭は、いずれも、その各々の参画者において、前後の参画者との信頼関係が確保されている反面、それ以外の想定不可能な外部者の参画がありえない閉鎖的しくみである。もっとも、図1の事例では、最終的な払出人である六郎三郎から見て、最初は禅明との信頼関係がない場合でも、御文等の文書によって、信頼関係の不足が補完されるから、閉鎖的替銭でも、外部者の参画の可能性が皆無というわけではない。しかし、六郎三郎から見て、持参人はあくまで想定可能な範疇に限られているという点で、そのしくみは、依然、閉鎖的といえる。

以上のような閉鎖的な替銭のしくみの成立は、一三世紀半ばの史料に「替銭」の語が認められることから見て[21]、一三世紀半ば以前と考えられる。

2 開放的な替銭のしくみ――割符《さいふ》――

一方、鎌倉時代の末期、遅くとも一四世紀初頭までには、新たな方式として「割符」を利用した為替が発生する[22]。割符のしくみは、「為替文言の割符」の場合、Aが、乙地に赴いた後、自らの信頼関係のあるC（あるいは取次主）に対し、甲地でBからの払出を受けるための割符という文書を手渡し、その引換に現地での資金（あるいは物資）を入手するというものである[23]（図3）。この際、Aは、手渡す割符と「もう一つの文書」の間に割印を施す。一方、甲地のBは、後日、「もう一つの文書」が、このA自身（あるいは、Aの商品の運送者等のうち、Aの関係者であることをBが認める者）によりBに持込まれるという事実によって、それに対応する割符が世に存在することを、理解することになる。この「もう一つの文書」のBへの到着と前後して、Bの見知らぬC（あるいはそのCから割符の譲渡を受けたD）から、払出人のBへと割符が持込まれるのだが、払出人のBは、「もう一つの文書」の割印と合致する限りにおいて、その持込まれた割符がAからの真正なる払出委託文書であると理解して安全に払出を行うことができる。

このしくみにより、Aは、甲地での資金取得の要望がある地域ならばどこでも資金調達が可能になるから、Aの活動範囲は、彼自身の信用と力量によって拡大可能になる。この結果、払出人Bにとっては、割符の振出地の拡大によっ

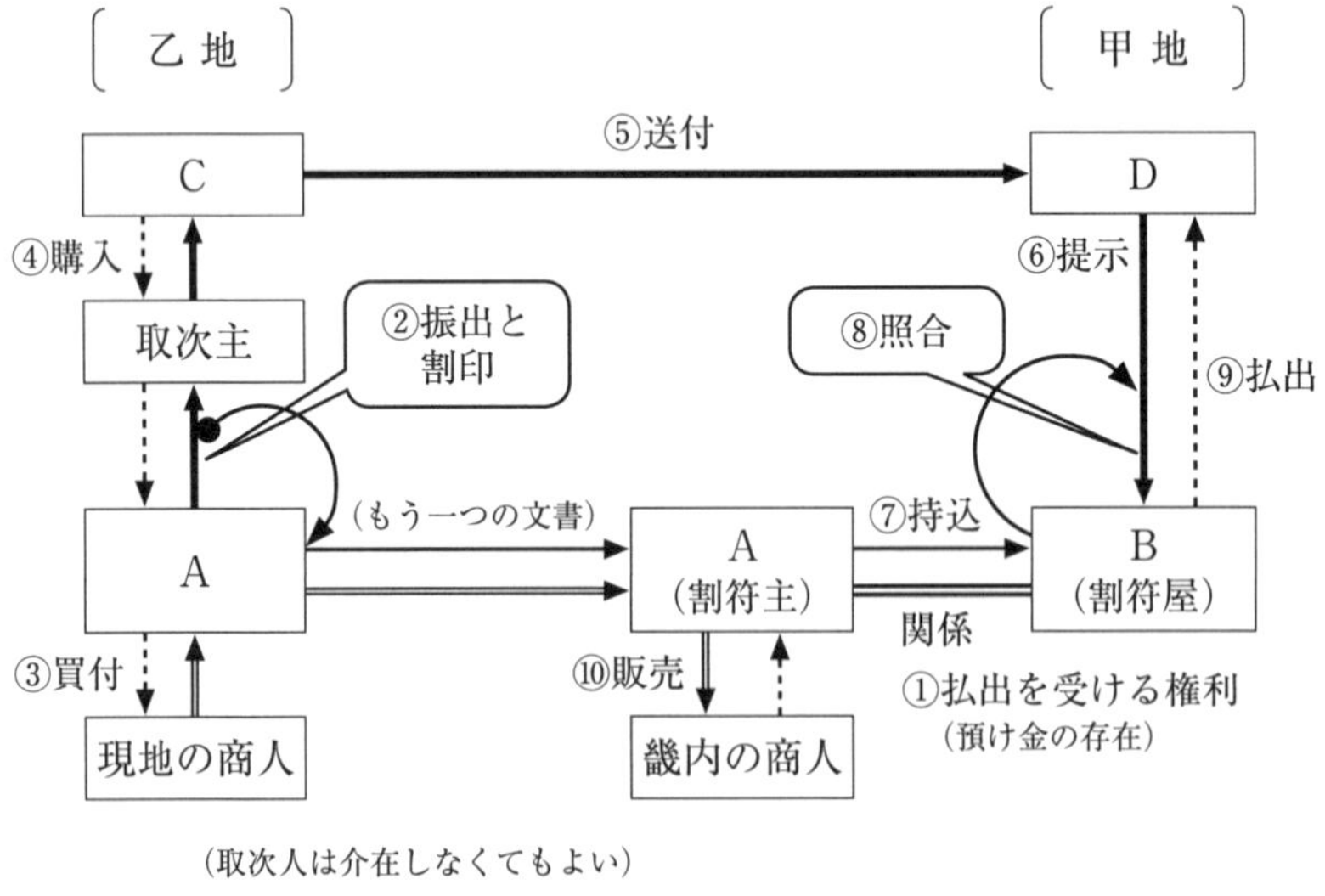

図3　割符のしくみ（為替文言の割符の場合）

て、割符の持参人を想定することは不可能になり、持参人とBとの間の信頼関係は全く前提とされなくなる。しかし、割符とA自身により持込まれる「もう一つの文書」との割印の合致によって、依然、安全な払出は確保されるのである。割符のしくみの特徴の一つは、持参人に制限がないということの「開放性」にある。それは同時に、為替の参画者の信頼関係の連鎖が、最終的には持参人と払出人の間で途切れていることを意味する。

　割符は、一五世紀末期まで盛んに利用されており、恐らくは最終的な払出地の違いによって、堺割符、京割符、尼崎割符、那智割符等の存在が確認できる。そのうち那智割符に関する史料からそのしくみを確認するならば、『潮崎稜威主文書』にある享徳二年（一四五三）の「借銭状」には、

〔史料9〕

　借用申御料足之事

　　合拾貫文者、

右之御用途ハ、那智山らうの御坊のにて候を借用申所也、但和泉之堺よりなち割符を取申候て参詣之先達ニ事伝候てさた可レ申候、其時此状ハ判ニ点を御懸候て其先達ニ可二渡給一候、もし来九月中過候ハヽ、五文子の利分を加候て可レ進レ之候、仍為二後日一状如レ件、

　享徳弐年癸酉八月廿四日　　備後尾道千光寺　空真（花押）

なち山らうの御坊へ　　土屋弾正　政宗（花押）[24]

とある。これは、尾道の千光寺の空真等が、那智山の廊之坊から一〇貫文を借入れたときのもので、その内容は、「一〇貫文は、堺で那智割符を入手して、那智山参詣の先達に事情を伝えて返済します。返済の際には、この借用状の判の部分に点を付けて、その先達に渡してください。もし九月を過ぎてしまったならば、五文の割合で利息を加えてお

支払いします」というものである。この借用状から看取できる一連の手続きは、当時、堺にも那智方面の割符屋から銭を受取る権利を有している者(おそらく商人)がおり、その権利譲渡を示す割符を空真が堺で購入して、それを先達に託け、その先達が那智山の廓之坊に手渡し、廓之坊は、那智の割符屋から払出を受けて、貸付金を回収するというものである(図4)。

ところで、空真は、この中で、那智割符を提供する人物や那智で払出をする割符屋の名称を特定していない。もし、空真が利用しようと考えていた替銭が割符ではなく、先の閉鎖的替銭であったならば、その為替における払出人も特定されるので、借用状にも、誰が支払うかという条件も記載できたはずである。反対に、借用状にその記載がないのは、空真が利用しようとしたのが開放的替銭—割符—であったことによる。割符のしくみの上からも、那智での払出人—割符屋—を特定する必要はなかったのである。ただし、空真等は、那智での借入の際に、堺での那智割符の入手の可能性を確信していたのだから、那

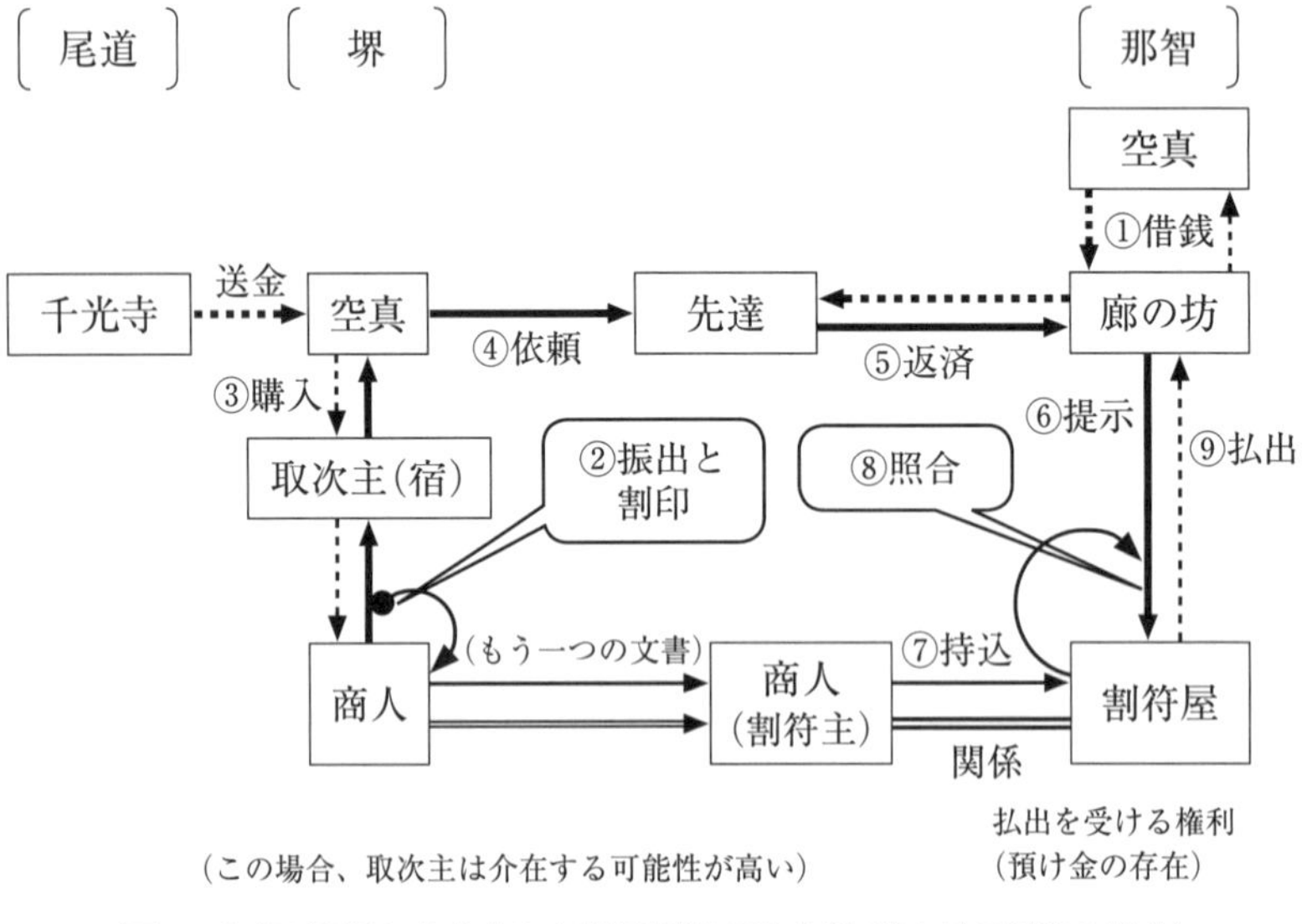

図4　空真が利用しようとした那智割符の動き(為替文言の割符の場合)

智割符の堺での入手は、堺での偶然の出会いによってなされるというものではない。堺では、取次主（あるいは那智方面からの商人の常宿）を通じて、確実に那智割符が入手できたとしなければならない。特定できない割符の入手の安全性が確信できるのは、この取次主を通じて信頼の連鎖が補完されるからである。

3　割符の衰退

ところが、一六世紀に入ると、割符の使用が急速に減少し、それにかわって、替状を介在とする替銭が増加しはじめる。(25) 開放的替銭である割符が消滅した以上、この替状を介在とする替銭も、閉鎖的替銭のしくみであると考えられる。

一方、備中の新見荘の事例では、割符から替状への移行は見られず、割符による年貢納入は、漆等の現物を利用する方式へと移行している。(26)

全体として、一六世紀の半ばには、割符の消滅に見られるように、中世の替銭は大きく衰退していく。閉鎖的替銭についても、次第に衰退に向かい、文書での送金にかわって、金銀といった現物による送金の地位が高まっていった。よって、一六世紀は、日本経済史上における為替衰退の時期であるといえる。

しかしながら、文書による送金―為替―が、全く消滅してしまったわけではない。残存した少ない事例として、伊勢御師の為替がある。よって、次に問題となるのは、その伊勢御師の為替の性格―閉鎖的か開放的か―の確認である。

三　伊勢御師による為替の存続

1　伊勢御師による為替のしくみ

一六世紀後半という為替衰退の時期にもかかわらず、伊勢御師の為替のしくみは存続していた。

神宮文庫所蔵の『肥前国藤津郡彼杵《そのぎ》郡高来《たかき》郡御旦那証文』（以下、『御旦那証文』とする）には、肥前国から持参された依頼文、為替切手（以下、「切手」とする）、及び伊勢での払出の際に作成され一札として整理されている受領書（以下、「一札」とする）が綴りこまれており、先行研究により、肥前からの伊勢参宮者が為替を利用していたことが明らかになっている。[27]特に、近年、久田松和則氏により、『国々御道者日記』の後半部分である「つくしノかハし日記」（以下、『為替日記』とする）が紹介され、『御旦那証文』の内容が補足されて、[28]為替取引の内容の解明はさらに進展した。

以下では、先行研究の成果のうち、主に久田松氏の業績に依拠しつつ、伊勢御師の為替のしくみを確認しておく。

まず、『御旦那証文』のうち67号文書には、[29]切手として、

〔史料10〕

肥前之国藤津町善兵衛殿替本
元亀三年申壬正月吉日代官十兵衛正治（花押）（黒印）
伊勢山田宮後三頭大夫と御尋可レ有候

とある。その発信人は伊勢御師の代官である十兵衛。切手に示された内容は、肥前国の藤津町の善兵衛が「替本」であることと、伊勢山田の宮後三頭《みやじりさんとう》大夫《たゆう》を尋ねよというものである。また、これと同文の文書が他に六通並存しており

（68号文書から73号文書）、合計七通の切手が発行されていたことがわかる。

次に、46号文書には、「善五郎等請文」として、

〔史料11〕

九州肥前国

四文目にて候

四文目　一〔元〕原新次ゑもん

四文目　扁頭五郎左衛門

四文目　四郎兵衛

四文目　助八郎

四文目　与左衛門

四文目　善五郎

以上六人にて候

元（ママ）四年七月十二日

三頭大夫殿　参

とあり、また、その付箋(30)部分には、

藤津之衆参宮之時被二書置一候一札也、此切手ニハ七人と有レ之候へとも、此内一人ハ直ニ済申候旨参帳ニ有、残六人也、小楠善兵衛替本也、賦帳ニ有

とある。よって、この文書は、六人の参宮者が四文目ずつを受取った際に三頭大夫に提出された一札つまり受領書で

あること、もともと、切手には七人分としていたけれど、このうち一人を除いて残る六人に払出がなされたこと、また、替本は小楠善兵衛であること等がわかる。

さらに、この文書の貼られた台紙には、他に47号文書が貼られており、そこには、

〔史料12〕

□(彼)順礼七人へきりふ進レ之候、御懇ニ奉レ頼候、銀子四文目つゝかハしにて候、払もとおいて無沙汰有間敷候、御とり合たのミ存候、申合候筋目有二順礼衆一進レ之候、

伊勢山田宮後三頭大夫殿御内拾兵衛尉殿参申給へ

藤津町 小楠善兵衛（花押）(31)

とあり、これは、藤津町の小南善兵衛から、三頭大夫の代官である拾兵衛（十兵衛）へ宛てた依頼文である。内容は、「参宮者七人に切手を発行したいのです。よろしくお願いします。こちらでの払出は確実に行われます。お世話をたのみます。申合のことは参宮者があればお送りします」というもので、参宮者が代官のところに持参するものであろう。

一方、『為替日記』には、

〔史料13〕

元亀四年酉　廿四文め銀　肥前之国藤津善兵衛殿かハし

同道七人　此内一人ハ此方にてすミ申候

注文有　七人　七月十二日(32)

という記録があり、元亀四年（一五七三）七月一二日に、参宮者一行七人のうち一人を除いた六人に二四文目が払出されている。この史料13と先の史料11では、元亀四年七月一二日という文書日付、六人に四文目ずつ払出された計二四

文目という金額、そして七人中一人は払出を受けなかったという不規則性が一致するので、史料13は史料11と同じ取引に関する文書であることがわかる。また、史料10の切手と、それと同文の小楠善兵衛を替本とする切手とが、七枚とも同じ台紙に貼られていることは、それらの七枚の切手が一つのまとまりであったことを示しており、小楠善兵衛を替本として七人を一まとめにして把握している史料11と共通しているので、史料10と史料11も同一の取引に関するものであることがわかる。さらに、史料12も、参宮者七人に対する四文目ずつの払出を藤津町の小楠善兵衛が依頼しているという共通性から、同一取引に関するものであることが判明する。結局、史料10から史料13は、同一の為替の取組に関するものであることになる。

その上で、この為替の取組を復元するならば、以下のようになる（図5）。まず、藤津町の小楠善兵衛は、七人の参宮者のために、伊勢山田宮後三頭大夫の代官で肥前在住の十兵衛に宛てて切手の発行を依頼し（史料12）、参宮者は依頼文を代官に持参する。代官は、七人分の切手を作成するにあたって、替本が小楠善兵衛であること、また参宮者が伊勢では伊勢山田宮後三頭大夫を尋ねるべきことを切手に記載し（史料10）、切手は史料12の依頼文とともに参宮者達に渡される。参宮者七人は、伊勢に向かい、伊勢で伊勢山田宮後三頭大夫を尋ねて切手と依頼文を提出し、それに対して伊勢山田宮後三頭大夫からは各人に銀の

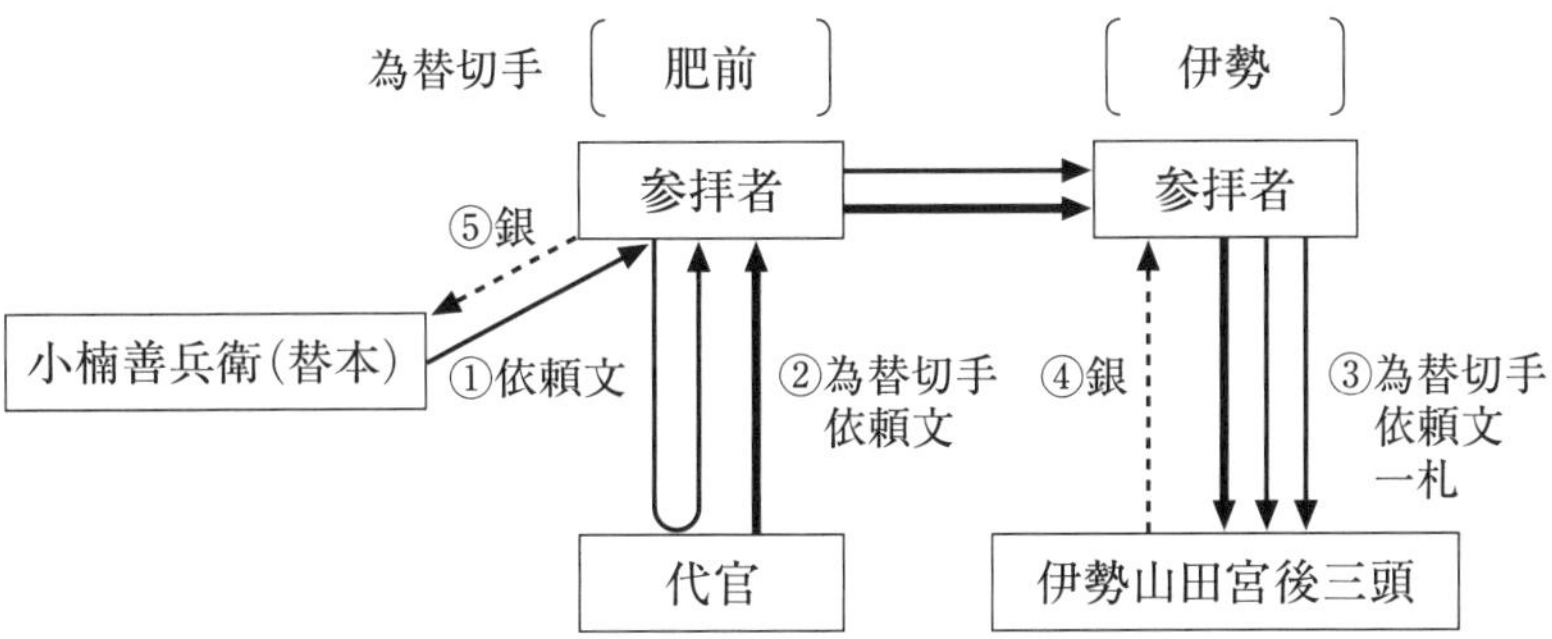

図5　伊勢御師による為替のしくみ

払出がなされる。その際、受領書として一札が作成され、伊勢山田宮後三頭大夫側に渡される（史料11）。ただし、七人分の切手が準備されていたのにもかかわらず、そのうちの一人には、払出はなされなかった（史料11・史料13）。一方の伊勢山田宮後三頭大夫は、その取引を『為替日記』に替本への債権の増加として記帳する[33]（史料13）。

　このように、肥前国からの参宮者は、肥前から銀を現送することなしに、文書を介在として伊勢での銀の獲得、つまり送金を可能にしたのである。替本からの依頼文（史料12）が伊勢に残るのは、為替のしくみが、替本と伊勢山田宮後三頭大夫との間の債権債務関係を基礎として成立していることを示している。

　なお、切手の多くは、史料10のように、代官作成の文書であるのだが、例えば、58号文書の切手では、

〔史料14〕

彼順礼一人罷上候、一宿之儀奉レ頼候、於二国本ニ一三文目請取申候

（異筆）「伊勢宮後三頭大夫使長全（花押）（黒印）」

三頭大夫殿　参　　如意坊

とあり、この場合には、如意坊作成の伊勢山田宮後三頭大夫宛の文書になっており、「使」つまり代官である長全は、署名し押印したものの発信人ではない。この文書の発信人の如意坊は、12号文書の付箋では「如意坊替本也、賦帳ニ有」とあるから、替本である。よって、ここでの代官の役割は、替本からの依頼を受けて、伊勢山田宮後三頭大夫宛の切手に署名して替本の信頼性を伊勢山田宮後三頭大夫に伝達保証することに過ぎず、為替の取組においては、やはり替本と御師との関係が基礎になる[34]。

　以上のような伊勢御師と現地の替本による為替のしくみは、伊勢御師の代官を介在として、参宮者、替本、代官、伊勢御師という信頼関係の連鎖が確保されており、御師から見た場合、代官発行の（あるいはその署名がある）切手の持参

人は、替本との関係を持つ参宮者であると強く推定できるし、その切手の真贋の判定も容易である。つまり、このしくみは、先に見た閉鎖的替銭と割符との比較で考えた場合、閉鎖的替銭のしくみといえる。一六世紀末期の為替衰退の時代に、伊勢御師が維持していた為替は、振出人の信用や力量によって新たな資金調達先の獲得が可能な開放的なしくみ―割符―ではなく、資金調達の範囲が限定されている閉鎖的なしくみだったのである。

２『一円日記』に見る野原荘の特質

一方、讃岐の野原荘における伊勢御師の活動を伝える史料として『一円日記』がある。『一円日記』の内容は、既に田中健二氏と藤井洋一氏によって翻刻がなされ(35)、また、佐藤竜馬氏等によって、史料上の地名の比定・整理も行われている(36)。それらの成果により、永禄八年(一五六五)において、野原荘とその周辺地域には伊勢信仰に属している旦那が散在しており、御師の活動拠点は、野原荘の中黒や浜や西浜という、後に高松城が築かれた地域を含んでいることも明らかにされた。『一円日記』では、伊勢御師が野原荘とその周辺地域で布施を入手した際の相手方、土産の種類、布施の品目と数量等が、大体、以下のような形式で記載されている。

〔史料15〕
（表紙）
「　　さぬきの道者一円日記
永禄八年　きのとのうし　九月吉日
　永禄八乙丑年ヨリ
写　安政三丙辰年迄　　　　岡田大夫
　凡二百九十二年ナル
」

一　さぬき　野原　なかくろ《中黒》里　一円
　数あふき《扇》百五十本入申候
正藤助五郎殿　やと《宿》　おひ《帯》あふき　米二斗
是　藤　殿　おひあふき　のし《熨斗》卅本　代二百文
　小刀　同百文
六郎兵衛殿　おひあふき　米二斗
助左衛門殿　同　米二斗
助兵衛殿　同　米二斗
二郎兵衛殿　おひあふき　米二斗
たんき《談義》所　いろなし《色無》の帯　大麻祓
　おふきとつかさ《鶏冠》　代百文
地善坊　おひあふき
　とつさか　代百文
ミつこん《蜜厳》坊　同　代百文
当日坊　同　代百文
ほうたい坊　同　代百文
多門坊　おひあふき　代百文
一　野原　はま《浜》の分　一円

こんや（紺屋）太郎三郎殿　おひあふき　米三斗
同　宗太郎殿　同　米二斗
助四郎殿　同　まめ（豆）二斗
助　六殿　同　代百廿文
三郎左衛門殿　同　まめ二斗五升
新　助殿　おひあふき　代百文
助　六殿　同　代百文
藤左衛門殿　同　米二斗
かもん（掃部）殿　同　代百文
喜衛門殿　同　代百文
孫五郎殿　同　米二斗
助一郎殿　おひあふき　米二斗
かちや（鍛冶屋）
与三左衛門殿　同　米二斗
同
五郎兵衛殿　同　代百文
太郎衛門殿　同　米二斗
（以下、略）(37)

ところで、この史料の中で注目すべきは「やと」(宿)と記されている正藤助五郎殿が「野原なかくろ《中黒》里」の筆頭に記載されていることである。

同様に、『一円日記』の中では、「いわふ《岩部》の里」の「神田肥前殿　九郎衛門殿　やと」、「上はやし《林》の里」の「岡の七郎衛門殿　やと」、「下はやし《林》の里」の「太郎三郎殿　やと」、「かた《方》本ノ里」の「源介殿　やと」、「むれ《牟礼》の里」の「六万寺　やと」、「あち《庵治》の里」の「川渕三郎太郎殿　やと」、「原の里」の「おく久衛門殿　やと」、「志度ノ里」の「ときや与三左衛門殿　やと」、「山崎の里」の「新左衛門殿　やと」とあり、宿と記載された人名は必ず各地区での筆頭の旦那となっている。[38] よって「宿」と記載された旦那は、御師(あるいはその代官)から見た場合、各地区においてより親密な関係にあったと考えられる。

一方、先の肥前国の参宮者に関する『御旦那証文』の中では、例えば、第1号文書の付箋では「此大泉寺宿也、替本也」とあり、為替取組の参画者である替本は「宿」でもある。同様に、第8号文書の付箋でも「高来郡伊左早之源左衛門宿也、替本也」とあるし、第16号文書の切手では「肥前之国いさはや上町　忠兵衛替本」とあり、その付箋で「国本ゟ之切手也、忠兵衛宿也」としているから、やはり宿の機能と替本の機能は一体となっている。伊勢御師の為替は、替本と御師を結ぶ信頼関係の上に成立するしくみである以上、この替本である宿は、御師や代官にとって関係が深い人物でなければならない。

その上で、再び『一円日記』に記載された「宿」の機能を考えるならば、各地区の筆頭に記載された彼らは、伊勢への参宮者に対して為替の取組を行う替本であるか、少なくとも替本となる資格能力を有していたことになる。おそらく、野原荘とその周辺一円で収納した多種多様の布施の価値を伊勢へ移転するにおいても、替銭による為替の取組がなされたであろう。[39] 伊勢御師による為替は、土佐でも天正一四年(一五八六)にもその事例があり[40]、また、肥前国での事例が慶長一五年（一六一〇）にも確認できるので[41]、各地と伊勢を結ぶ為替は、生駒入府の天正一四年まで存続していたのは確実である[42]。

四　生駒氏による野原荘選択と在地勢力

1　伊勢御師の為替のしくみの利用と在地勢力への妥協の不可避性

生駒氏の領国経済は、讃岐一国で自給自足的に完結するものではない。讃岐国内にある蔵入地からは、畿内方面への物資納入が義務付けられていたし[43]、戦時には、戦地への物資輸送が必要になる。そうした輸送は、金銀米等の現送によっても可能ではあるけれども、より円滑に物資の輸送調達を果たす上では、送付先の商人の讃岐における買付上の資金需要を利用して、彼等との間で為替を取組むという選択肢を確保しておくことが有益である。為替のしくみが確保されていれば、例えば、畿内での払出に急を要する場合にも、讃岐での将来の払出との交換という条件で畿内での資金の獲得が可能になるからである。また、軍事物資の調達においても、生駒氏自身では遠征先で即座に払出人や物資調達人を確保できない場合に、伊勢御師の為替のしくみやその連絡網を利用するならば、現地での資金獲得や物資調達を可能にする途が開ける。生駒氏入府以前にも、生駒氏は各地に転戦しており、こうした軍事上の必要からも、生駒氏が伊勢御師の為替に着目したとしても不思議ではない。

以上により、生駒氏が野原荘の海浜部を築城の地として選択した経済的背景が、明らかになる。その背景とは、一六世紀の後半期という、社会全体として為替のしくみが衰退していた時代に、野原荘には、伊勢御師の為替が維持されていたか、少なくとも潜在的に為替取組を可能にする能力を有していたという優位性の存在である。

もちろん、その送金の規模や能力は、参宮者の需要を満たすだけの細々としたものに過ぎなかったであろう。しかし、宗教的動機によって確実に伊勢との間で人々の往来が継続する中で、安定的な為替のしくみを維持していた伊勢御師達の連絡網は、情報入手や送金経路の確保の上で、利用価値が非常に高いとしなければならない。

反対に、これが、一五世紀のように、開放的替銭である割符のしくみが安定的に機能している時代であったならば、伊勢御師の閉鎖的替銭の利用価値はそれほど高くはない。生駒氏は、自らの信用と力量によって、開放的替銭である割符を利用して資金を調達し、あるいは送金を行えるからである。

結果的には、一七世紀以降平和が継続した。とはいえ、一六世紀末期の段階では、生駒氏とて、平和の到来と商業の発展を信じて、伊勢御師の為替利用のためだけに築城の場所を選定することはできない。軍事的動員はその後も続いていたし、政治的均衡が崩れた場合には、再び群雄割拠の時代へと後戻りする可能性すら想定したであろう。だからこそ、先述のように野原での築城の際に、軍事的観点からその立地が検証されたのである。しかしながら、それは、海に向かって開かれた野原荘が要害として最適だと述べたと解釈すべきではない。史料2には、「此山ナクハ城取ナリ難シ」とあるように、そこは、西側の山がなければ城はできない土地としており、本来的には、築城の最適地ではないことを認めているのである。それゆえ、それに続いて、北側の海や東側の干潟の存在により南側だけを防御すればよいというのも、野原荘は最善の場所ではないものの不適ではないというにとどまる。つまり、その言葉は、宇多津や他の地域との比較の上で、地理面や経済面では優位性が乏しかった野原荘を、伊勢御師の持つ送金網の利用という幾ばくかの優位性によって選択する際に(44)、軍事的な観点から立地の適性を確認したに過ぎなかったのである。

ところで、生駒氏が高松城の築城に際して、伊勢御師の為替の利用を考えて、野原荘に着目したとしても、為替のしくみを利用するというだけならば、伊勢御師を説得して、生駒氏にとってより都合のよい他の場所—例えば、引田や宇多津―に伊勢御師の活動場所を供与して、配下に組み込む方法はなかっただろうか。しかし、本稿で見てきた伊勢御師の為替の基盤は、旦那達の伊勢参宮に際して、地方での払込との交換に伊勢での払出を受ける権利を入手するというものである。伊勢御師の根拠地を野原荘以外の地域に移すことは、そうした旦那との結合を切断してしまうことになり、為替のしくみそのものを破壊してしまう危険すらある。仮に、旦那を含めて全員を他の地域に移住させるとしても、それは生駒氏自身にとっても、また旦那達にとっても負担が大きかっただろうし、そもそも旦那達の生活が地域社会の中で営まれている以上、旦那全体の移転は、為替の存立基盤を崩壊させることになる。なぜならば、為替成立の基盤である旦那達の日々の営みは、野原荘とその周辺との有機的結合の上に成り立っているからである。この点において、生駒氏は野原荘に対して、妥協を余儀なくされる。その意味では、高松城の建設は中世人の細々とした生活基盤の延長線上に位置することになる。

２『一円日記』に見える人名と近世の町名との関係

現在、高松市の中心部には、紺屋町・鍛冶屋町・磨屋町という町名がある。これらは、生駒時代末期の寛永一七年（一六四〇）の史料とされる『生駒家時代讃岐高松城屋敷割図』（高松市歴史資料館所蔵）の中でも確認できるから（図版１）、その町名は生駒時代にまで遡ることになる。これらの町名の由来について、通説は職人町としてそれぞれの職人が住んだためとしているけれど[45]、一六五〇年代の作品とされる『高松城下図屛風』（香川県立ミュージアム所蔵）では、そうした職人町の名称が付けられた町並の様子には、職種特有の風景が全く見出されない（図版２）。紺屋という染物業に関連すると考えられる風景は、むしろ紺屋町以外の場所で見出されるのである（図版３）。鍛冶屋町や磨屋町も同様で、『高松城下図屛風』でそれぞれに相当する町並には、鍛冶屋や磨屋の姿は認められないのである。紺屋町等が職人町であ

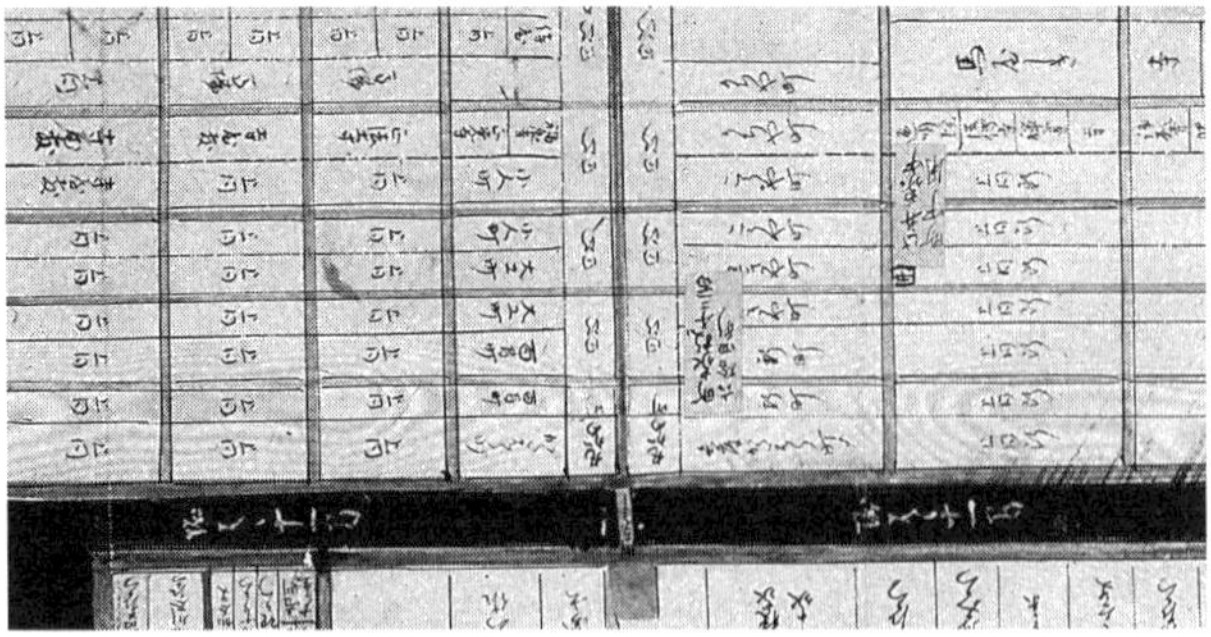

図版1　『生駒家時代讃岐高松城屋敷割図』に見える町名　中央に「丸かめ町」、その西側(右)に「ときや町」「こうや町」「かちや町」、東側に「かた原町」「百間町」「大工町」とある。図版はいずれも下側が北。

図版2　『高松城下図屏風』の中の紺屋町周辺の風景　左に見えるたての通りが丸亀町で、そこから西(右)へ出る通りが、下から磨屋町・紺屋町・鍛冶屋町である。

図版3　布の見える風景　『高松城下図屏風』の中では、片原町や大工町に染物に関する風景が見られる。

るという通説自体、もともと史料的根拠があるわけではない以上、これについても検討しておきたい。

既に本稿では、生駒氏が野原荘での築城を決定した一つの要因として、伊勢御師の為替利用の可能性を指摘した。また、そうした為替を利用する以上、伊勢参宮者―旦那―の生活基盤への配慮を余儀なくされることも述べた。

この上で、紺屋町等の地名について、再び『一円日記』を検証すれば、野原荘における伊勢御師の活動拠点の中心の一つである「野原はま《（浜）》」の筆頭には、「こんや《（紺屋）》太郎三郎殿」とあり、以下「同」として「宗太郎殿」他三名が名を連ねていた。また、「志度ノ里」の筆頭には「やと」（宿）として「ときや《（磨屋）》与三左衛門殿」が記されていた。よって、この紺屋と磨屋は、各地区において伊勢御師（もしくはその代官）との関係はより緊密であることになる。さらに、先の「野原はま」には、「かちや《（鍛冶屋）》与三左衛門殿」と「同　五郎兵衛殿」等の記載があり、鍛冶屋の存在も確認できる。

つまり、永禄八年（一五六五）当時、野原荘とその近隣地区には、紺屋・磨屋・鍛冶屋という屋号を持つ人物が実在しており、彼等は、伊勢御師との間でより近い関係にあったのである。

こうしたことから考えた場合、現在の高松市の中心地に残る紺屋町・磨屋町・鍛冶屋町という地名は、生駒氏が城下町を整備し、商工業者を統括していく上で、伊勢御師との関係が近い人物に各町の運営を委ねた結果、彼らの名称が反映されただけであり、もともと専門街としての職人町に由来するものではないと推定可能である。先述のように、生駒氏による野原荘の選択が、旦那達に対する一定の妥協を必要とする以上、城下町の運営においても、彼等への統制と並んで妥協も必要である。この際に、紺屋達が讃岐における経済的有力者であったか否かはさほど問題にはならない。たとえ、この時、彼らが微弱な経済力しか持たない信仰者に過ぎなかったにしても、生駒氏は、彼等を必要とする。なぜならば、野原を讃岐の中心として選択した以上、当面は、伊勢を中心とした為替のしくみの結節点の役割を担うべき人々との協力の上で、城下町の経済を構築していかざるをえないからである。

おわりに

本稿では、生駒氏の築城に際する野原荘選択の背景に関して、当時の特殊状況―為替制度の衰退と価値移転の現送化―における伊勢御師の為替の残存という優位性の存在を指摘した。中世を通じて港町として着実に発展を遂げていた野原荘の海浜部は、一六世紀末期の時点では、地理的条件や経済規模の上で必ずしも他の地域を凌駕するものではなかったものの、伊勢を中心とした為替網によって全国に向けた為替の利用を可能にする場所であった。この優位性こそが、生駒氏をして野原荘を選択せしめた要因の一つである。その選択は、後に近世大名が自己の領地から大坂や江戸に向けて安定した為替のしくみを獲得する以前の、為替制度低迷の時代に、新参の大名が新領地において送金確保のためにとった一種の妥協である。しかし、この消極的決定こそが、高松城―水城―を成立させ、野原荘の海浜部を近世的支配の中心地にしたのである。

註

（1）香川県歴史博物館編『海に開かれた都市―高松―港湾都市九〇〇年のあゆみ―』（香川県歴史博物館、二〇〇七年）の市村高男「中世讃岐の港町と瀬戸内海海運―近世都市高松を生み出した条件―」他諸論文。

（2）註（1）市村論文、八～一二頁。また、渋谷啓一「古・高松湾と瀬戸内世界」（市村高男他編『中世讃岐と瀬戸内世界』岩田書院、二〇〇九年）七三～九〇頁。

（3）註（1）市村論文、一三頁。

(4) 木原溥幸「生駒藩の成立」(香川県編『香川県史』第三巻　通史編　近世I、香川県、一九八九年)一五〜一六頁。

(5) 角川日本地名大辞典編纂委員会編『角川日本地名大辞典』三七香川県(角川書店、一九八五年)四八一頁。

(6) 香川県編『香川県史』第九巻　資料編　近世史料I(香川県、一九八七年)二九頁。

(7) 註(1)市村論文、一三頁。

(8) 近藤圭造編『改定史籍集覧』第七冊(臨川書店、一九八三年)四三九頁。

(9) 香川県教育委員会編『香川県中世城館跡詳細分布調査報告書』(香川県教育委員会、二〇〇三年)一五九〜一六二頁。

(10) 新説は、新たな発掘成果をもふまえて、野原の港町の発展を実証したが、発掘調査は公共事業に伴うものであることにも留意すべきである。なぜならば、その地区は、高松が四国の玄関としての地位を喪失した後も、優先的に莫大な公的資金が投入されて再開発が行われるために発掘成果が蓄積するのに対して、そうした恩恵に与らない他の地域には考古学的成果も期待できないからである。それゆえ、その地区の考古学的成果は、他の地域との数量比較の上では、多少割引いておく必要がある。

(11) 西山克『道者と地下人』(吉川弘文館、一九八七年)一六四頁、久田松和則『伊勢御師と旦那—伊勢信仰の開拓者たち—』(弘文堂、二〇〇四年)一一〜一二頁。

(12) 井上正夫「一一世紀の日本における送金為替手形の問題について」(『東洋文化研究所紀要』第一五五冊、二〇〇九年)一三三〜一六九頁。

(13) 勝山清二『中世年貢制成立史の研究』(塙書房、一九九五年)一〇四頁。

(14) 山内譲「凝念と金沢氏」(山内譲編『瀬戸内海地域史研究』第八輯、文献出版、二〇〇〇年)一八三〜一九六頁。

(15) 愛媛県史編さん委員会編『愛媛県史』資料編　古代・中世(愛媛県、一九八三年)四二三号。

(16) 佐藤進一「凝念自筆仏書の紙背文書(抄)」(『中央史学』第二号、一九七九年)五六頁。
(17) 註(16)佐藤論文、五五頁。
(18) 『愛媛県史』四二一号。
(19) 『愛媛県史』四二五号。
(20) 『愛媛県史』四二四号。
(21) 保立道久「切物と切銭」(『三浦古文化』第五三号、一九九三年)二〇頁。
(22) 桜井英治「中世の貨幣・信用」(桜井英治他編『流通経済史』山川出版社、二〇〇二年)六〇頁。
(23) 井上正夫「割符のしくみとその革新性―割符の割印を手がかりにして―」(『史学雑誌』第一二〇編第八号、二〇一一年)四七~五一頁。ただし、「預り文言の割符」のしくみは異なる。
(24) 『熊野那智大社文書』第四(永島福太郎・小川基彦校訂、続群書類従完成会、昭和五一年)一七一頁。
(25) 註(22)桜井論文、六二~六四頁、また、澁谷一成「一五・一六世紀の北陸における手形類の動向と機能」(『洛北史学』第五号、二〇〇三年)四七~五一頁の表1から表4。
(26) 川戸貴史『戦国期の貨幣と経済』(吉川弘文館、二〇〇八年)五六~五七頁の表4。
(27) 下村効『戦国・織豊期の社会と文化』(吉川弘文館、一九八二年)、荻野三七彦『古文書研究：方法と課題』(名著出版、一九八二年)、註(11)西山論文、横山智代「中世末期伊勢御師の為替」(『日本女子大学大学院文学研究科紀要』第七号、二〇〇〇年)、註(11)久田松論文等。
(28) 註(11)久田松論文、二三七~二九四頁。
(29) 本稿における『御旦那証文』の文書の引用は、三重県編『三重県史』資料編 中世一 下(三重県、一九九九年)のうち、

『肥前国藤津郡・彼杵郡・高来郡御旦那証文』の文書番号による。

(30) この付箋は近世前期に付けられた（註(29)『三重県史』、一〇三二頁）。

(31) なお、『三重県史』は、この史料の発信人を「藤津町小林勝兵衛」と翻刻しているが、本稿では、久田松氏が「藤津町小楠善兵衛」（註(11)久田松論文、二七〇頁）としたのに従う。

(32) 註(11)久田松論文、二七一頁。

(33) 『為替日記』の性格について、久田松氏はそれを現金出納帳として立論し、取引記帳に「かわし」の記載があるものを現金払出、その記載のないものを現金受入の取引記帳とした（註(11)久田松論文、二三八、二四一～二四二頁）。その上で、『為替日記』に、

いのとし

壱貫二百文　神楽料　肥前之国いさはい西郷石見守殿

御代官参　折紙有　一人七月廿三日

とある記録も、神楽料の受入記帳としている（註(11)久田松論文、二五七頁）。

しかし、久田松氏自身が、この記録と対応するとした49号文書の「西郷純堯書状」には、

態用㆓啓書㆒候、仍依㆓且者遠方、且者去年以来爰元不慮之弓箭㆒、不㆓申通㆒候、曽非㆓心疎之儀㆒候、随而存旨候条、於㆓太神宮㆒致㆓立願㆒候、一貫二百之神楽被㆑成㆓御成就㆒、可㆑被㆑懸㆓御意㆒候、其謂為可㆔申㆓入一人差登㆒候、御取成憑存候、料物雖㆘可㆓差登㆒候㆖、途中之儀、難㆑尋候、定至㆓此表㆒御使可㆑被㆓差下㆒候間、其刻不㆑可㆑有㆓無沙汰㆒候、猶口上可㆓相達㆒候、恐〻謹言

六月十七日　　純尭（花押）

太神宮
宮後三頭大夫殿　御宿所
西郷石見守
(包紙ウワ書)
「太神宮
宮後三頭大夫殿　御宿所　　純尭」

とあり、また、その付箋には、「天正三年高来郡伊左早西郷石見守殿ゟ御代参之時被ㇾ下候状也、参帳ニ有」とあり、その内容は、「伊勢が遠方にあり、去年こちらで不慮の合戦があり、連絡が取れませんでしたが、疎遠になったというわけではありません。そこで、考えていることを伊勢神宮にお願いするのに、一貫二百文の神楽の奉納ができますように、お世話をお願いしたい。その申し込みのために、一人差し登して下さい。料物もお送りしたいが、(肥前から伊勢への)道中のことが難しいのです。きっとこの手紙がつくと、御使を差し下されることになるでしょうから、その時には、無沙汰ということはありえません。なお連絡はお互いすべきです」というものであろう。

これからすると、七月二三日に『為替日記』に「折紙有」として記帳された取引は、手紙の内容と時間の経過から見て、一貫二〇〇文の受入記帳ではなさそうである。むしろ、一貫二〇〇文は、伊勢山田宮後三頭大夫が西郷純尭の依頼を受けて、神楽料を立替えたものと見るべきで、先の『為替日記』の記事は、西郷純尭に対する「債権の増加」を意味するのではなかろうか。つまり、『為替日記』の「かハし」の記載の有無については、替本との間で取組まれた為替は、「かハし」として記載し、西郷純尭のように替本と認識されていない場合には、「かハし」とは記載しなかったと考えられる。

(34)　なお、42号から45号の切手は代官を介在としていないので、為替の取組に代官の介在が必須というわけではない。

(35)　田中健二・藤井洋一「冠纓神社所蔵永禄八年『さぬきの道者一円日記』(写本)について」(『香川大学教育学部研究報告』第Ⅰ部第九七号、一九九六年)九七〜一四一頁。

(36) 佐藤竜馬「戦国期伊勢御師の軌跡をたどる」(佐藤竜馬他編『港町の原像』四国村落遺跡研究会、二〇〇七年)一六九〜一九〇頁、また、註(35)田中・藤井論文、一二七〜一三二頁。

(37) 註(35)田中・藤井論文、一四三〜一四四頁。

(38) 註(35)田中・藤井論文、一四六〜一五三頁。

(39) 久田松氏は、肥前から伊勢への価値移転について、現送の他に別の為替の存在の可能性にも言及している(註(11)久田松論文、二七八〜二八一頁)。

(40) 註(27)下村論文、二一〇頁。

(41) 註(11)久田松論文、三三八頁。

(42)『一円日記』では、讃岐現地での払出の資金となるべき布施として、銅銭、米、豆他、「悪銭」の記載がある。悪銭の流通は、一六世紀以降、全国的に増大しており、当時、讃岐でも悪銭が流通していたことがわかる。ただし、その布施となった悪銭の金額の数値は、善銭建ての金額とそれほど差がないので、この悪銭の価値はそれほど低くないと考えられる。

その他、『一円日記』の中で、経済史上興味深い記事として、布施の金額に散見する「代百十二文」という数値がある。この一一二文という中途半端な数字は、当時の一斤＝一六両という重量体系の中で、一六の約数の一つである「八」が、重量の分割上で意義を有していたことの反映であろう。つまり、重量単位として貫文という銅銭の数量を示す単位が使用されていることは、重量の比較的均質な銅銭が重量基準に利用されていた証であり、中世末期の讃岐においても、銅銭九六枚前後の重量が重量単位として利用されており、先の八という約数に対応する形で、一二枚(96÷8)という枚数が一つの単位として認識されていたことを示すのである。

（43）　註（4）木原論文、一四～一五頁。

（44）　同様の為替の構造を持ちうる勢力として熊野御師があり、讃岐の他の地域における熊野御師の利用の可能性も考えれば、野原荘の優位性はより低いものであったかもしれない。しかし、この頃の熊野御師の在地化という傾向により（唐木裕志「民衆と信仰」（香川県編『香川県史』第三巻　通史編　近世Ⅰ、香川県、一九八九年、六四九頁）、讃岐と熊野方面を結ぶ熊野御師の往来が次第に衰退していったとするならば、熊野御師の利用価値は低下せざるをえない。こうした変化も、生駒氏が拠点選択を迷った一因となりうる。

（45）　註（5）『角川日本地名大辞典』四七一、七七二、七七四頁。

付記　本稿は、平成二六年度に交付を受けた松山大学特別研究助成による成果の一部である。

発掘成果に見る高松城跡

大嶋　和則

はじめに

高松城は瀬戸内海に面して築かれ、内堀・中堀・外堀の三重の堀を有し、日本三大水城の一つに数えられる城である。中堀より内側の大部分が国史跡に指定されているが、往時の姿に比べると、約八分の一の面積となっている。高松城については文献史学による研究が先行していたが、一九九五年以降、史跡指定地外の開発に伴う発掘調査が相次ぎ、さらに史跡整備に伴う発掘調査によってその実態が明らかになりつつある。

高松城の築城に関しては、一次史料が無く、香西成資が古老の話を元に寛文三年（一六六三）に『南海治乱記』として成稿し、以後五〇余年かけて増補修正し、享保三年（一七一八）に奉納された『南海通記』の記述が最も詳しい。(1)同書では築城直前の状況について、西側と東側に海が湾入しており、その間の砂州（陸地）が海に向かって突き出す様子が、あたかも一筋の矢のようであることから箆原（野原）郷と称され、郷内には西浜、東浜という漁村があったと記載されている。この記述からこれまでさびれた漁村に高松城が突如築城されたイメージが持たれてきた。築城前の「野原」という地名もその響きからより一層、何も無いようなイメージを植えつけてきた。高松城跡内において初めて発

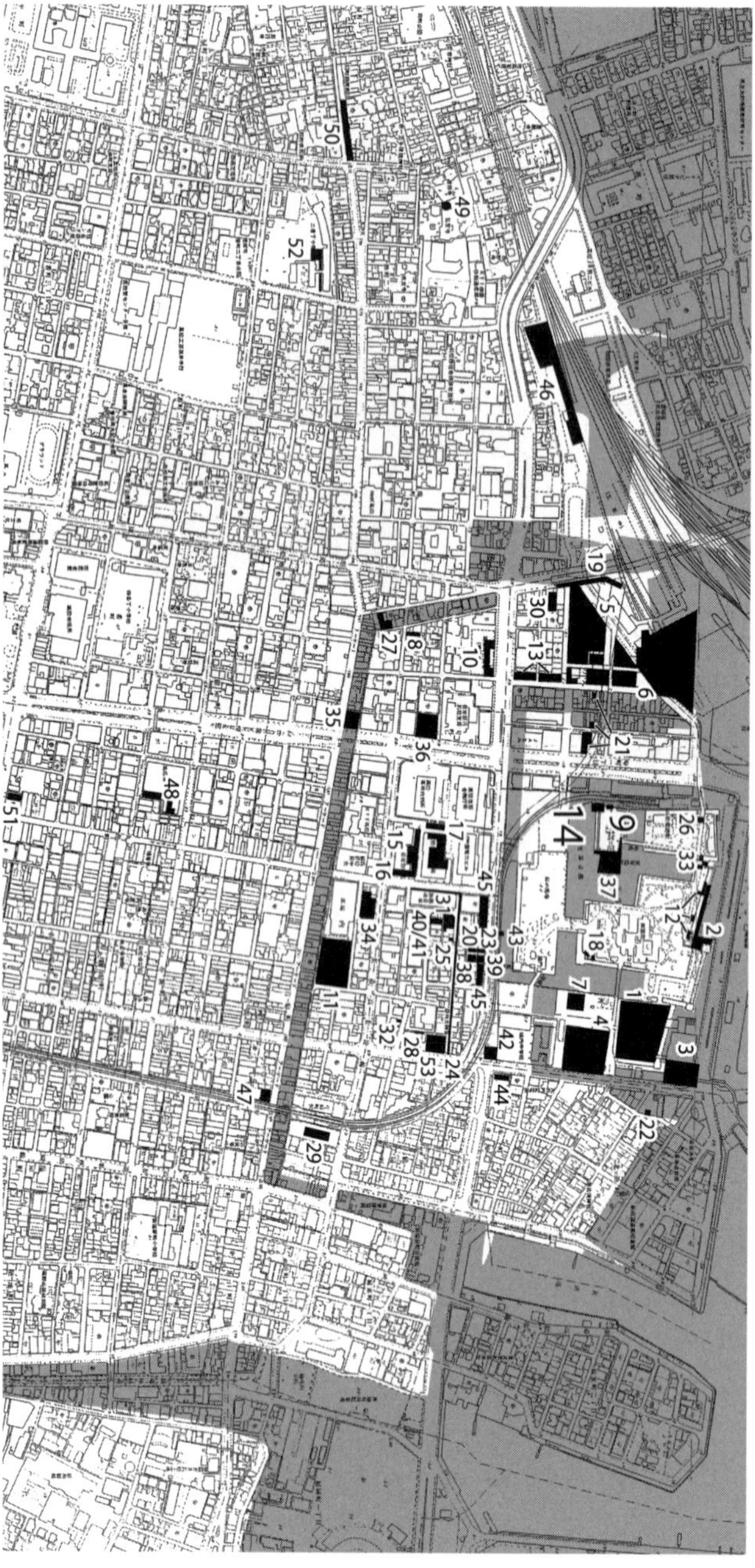

図1　高松城跡発掘調査位置図

表1　高松城周辺発掘調査一覧表

番号	調査地区名／遺跡名	調査期間	面積（㎡）	調査原因
1	東ノ丸跡	1985.04.15～1986.05.31	6047	県民ホール建設
2	水手御門	1990.05.14～1990.06.05	2000	公園整備
3	県民小ホール地区	1995.02.07～1995.03.31	1000	県民小ホール建設
4	県立歴史博物館地区	1995.04.01～1996.03.31	5000	県立歴史博物館建設
5	西の丸町地区Ⅱ	1995.12.01～1997.03.31	4539	サンポート高松総合整備事業
6	西の丸町地区Ⅲ	1997.06.01～2000.12.31	10052	サンポート高松総合整備事業
7	作事丸	1997.11.20～1997.12.25	300	事務所建設
8	西内町	1997.07.10	47	PTA会館建設
9	地久櫓	1997.12.03	4	史跡整備
10	高松北署地区	1998.04.01～1998.06.30	900	高松北警察署建設
11	内町	1998.04.16	65	店舗建設
12	三の丸	1998.07.08～1998.08.11	14	史跡整備
13	西の丸町地区Ⅰ	1999.04.01～2000.12.22	390	サンポート高松総合整備事業
14	地久櫓台	1999.10.25～2004.03.23	170	史跡整備
15	丸の内地区	2001.04.01～2001.09.30	488	家庭裁判所建設
16	松平大膳家中屋敷跡	2002.02.01～2002.03.25	99	弁護士会館建設
17	松平大膳家上屋敷跡	2002.04.15～2002.09.01	970	ビル建設
18	三の丸、竜櫓台北側	2002.10.07～2002.10.10	8	公園整備
19	西の丸町Ｄ地区	2002.10.10～2002.10.30	131	サンポート高松総合整備事業
20	丸の内	2002.11.28～2002.11.29	10	ビル建設
21	寿町一丁目（無量寿院跡）	2002.11.28～2003.03.14	490	都市計画道路高松駅南線建設
22	中堀、北浜町	2003.05.13	14	共同住宅建設
23	丸の内、都市計画道路高松海岸線街路事業	2003.06.11	23	都市計画道路高松海岸線建設
24	丸の内、再生水管布設工事	2003.08.18～2003.09.22	296	再生水管布設
25	丸の内、個人住宅建設	2003.08.25～2003.08.26	22	個人住宅建設
26	二の丸、玉藻公園西門料金所整備工事	2003.08.26～2003.09.04	10	公園整備

番号	調査地区名／遺跡名	調査期間	面積(㎡)	調査原因
27	外堀、西内町、共同住宅建設	2003.10.08～2003.10.09	30	共同住宅建設
28	丸の内、共同住宅	2003.11.12～2003.11.19	50	共同住宅建設
29	東町奉行所跡	2003.12.08～2004.03.15	511	共同住宅建設
30	西の丸町	2004.07.13～2004.07.19	6	ビル建設
31	丸の内	2004.07.21	19	ビル建設
32	丸の内	2004.11.09	48	個人住宅建設
33	鉄門	2005.01.24～2005.08.19	62	史跡整備
34	厩跡	2005.02.21～2005.05.12	511	立体駐車場建設
35	外堀，兵庫町	2005.05.11～2005.05.12	320	ビル建設
36	寿町二丁目地区	2006.01.12～2006.03.28	550	ビル建設
37	天守台	2006.11.01～2008.08.31	1530	史跡整備
38	江戸長屋跡Ⅰ	2007.06.18～2007.07.31	84	都市計画道路高松海岸線建設
39	江戸長屋跡Ⅱ	2008.04.01～2008.04.28	70	都市計画道路高松海岸線建設
40	丸の内	2008.11.19	4	共同住宅建設(試掘)
41	丸の内	2009.03.02～2009.03.19	45	共同住宅建設
42	城内中学校	2009.04.09～2009.07.13	230	シールド掘進機発進立坑掘削
43	中堀南岸石垣	2009.10.16	3	石積復旧工事
44	本町	2010.02.16	32	事務所建設
45	丸の内	整理作業中		都市計画道路高松海岸線建設
46	浜ノ町遺跡	2000.02.15～2002.03.31	4992	サンポート高松総合整備事業
47	片原町遺跡	2000.06.15～2005.06.22	120	ビル建設
48	紺屋町遺跡	1985.01.16～1986.01.07	200	市立美術館建設
49	生駒親正夫妻墓所	－	－	－
50	扇町一丁目遺跡	2005.10.26～2005.11.10	88	都市計画道路
51	亀井戸跡	2010.07.26～2010.09.30	890	第一種市街地再開発事業
52	二番丁小学校遺跡	2009.05.01～2009.06.30	467	新設統合第二小学校建設
53	丸の内、共同住宅	2014.04.21～2014.06.30	350	共同住宅建設

掘調査が実施された県民ホール建設に伴う東ノ丸跡の調査では、一五世紀頃と考えられる海岸線と火葬墓が検出されており、(2)築城以前に城の北端付近まで陸地であったことがうかがえたが、従来からの「さびれた漁村」のイメージは払拭されることはなかった。

しかし、一九九五年に開始されたサンポート高松総合整備事業に伴い実施された西の丸町地区や浜ノ町遺跡の発掘調査において、一二世紀から一三世紀後半の港湾施設が検出されたことを契機に「港町」であったことが判明した。(3)その後も現在まで数多くの発掘調査（図1）が行われており、中世後半では無量寿院や区画溝を有する屋敷地などの検出例もあり、「経済基盤の整った港町」という本来の景観が明らかになりつつある。(4)また、高松城の歴史についても、文献や絵図から高松城の変遷が研究されており、(5)それらの記録と一致する発掘調査成果が得られる一方、文献や絵図には記載のない事実も判明しつつある。ここで高松城跡のこれまでの発掘調査成果を整理し、紹介することとしたい。

一　高松城跡周辺の地盤の形成過程

高松平野の地形復元については、高橋学氏による研究がある。高松城跡周辺は高松城及び城下の建設に始まる市街化により旧状を復元することは困難であったが、現在のＪＲ軌道とほぼ同位置・同方向に砂堆が存在すると考えられていた。(6)これまでの高松城跡周辺の調査では一一世紀後半以降の遺構・遺物が検出されており、既に中世前半には安定した地盤が面的に形成されたと考えられており、(7)これら微高地の最北端が高橋氏の想定した砂堆と考えられ、浜ノ町遺跡などにおいてその存在が明らかとなった。(8)また、東ノ丸跡や浜ノ町遺跡、西の丸町地区の発掘調査成果を考慮すると、この砂堆は現在のＪＲ高松駅付近で最も海側に突出すると見られ、やや南に湾曲して東ノ丸北半へと連続するようで、中世を通じて堆積が進んだことをうかがわせるデータが得られている。

その中でも特に、大手筋は周辺より標高が高いことから、微高地状を呈した比較的安定した土地であった可能性が考えられている(9)。その堆積過程は丸の内地区において、詳細に報告されている(10)。それによると、黄灰色砂質シルト層を基調とする中・近世の基盤層は弥生土器や須恵器を含み、その直上から九～一〇世紀の遺物が出土していることから、九～一〇世紀以前に堆積したと考えられている。また、花粉分析から、この堆積過程においても周辺に照葉樹林が成立し、一部には落葉広葉樹林も広がっていたことが推測されており、周辺地域は九～一〇世紀以前にも安定した地盤が形成されていたことがうかがえる。なお、丸の内地区の北側に位置する松平大膳家上屋敷跡においては、丸の内地区に見られた黄灰色砂質シルト層と同じ堆積層と考えられる土層の直上から八世紀末～九世紀と考えられる溝が検出されており、さらに下層の標高〇・二～〇・三ｍに所在した砂層の上面で弥生時代終末期と考えられるピット群が見られ(11)、微高地の形成がさらにさかのぼる可能性が考えられる。

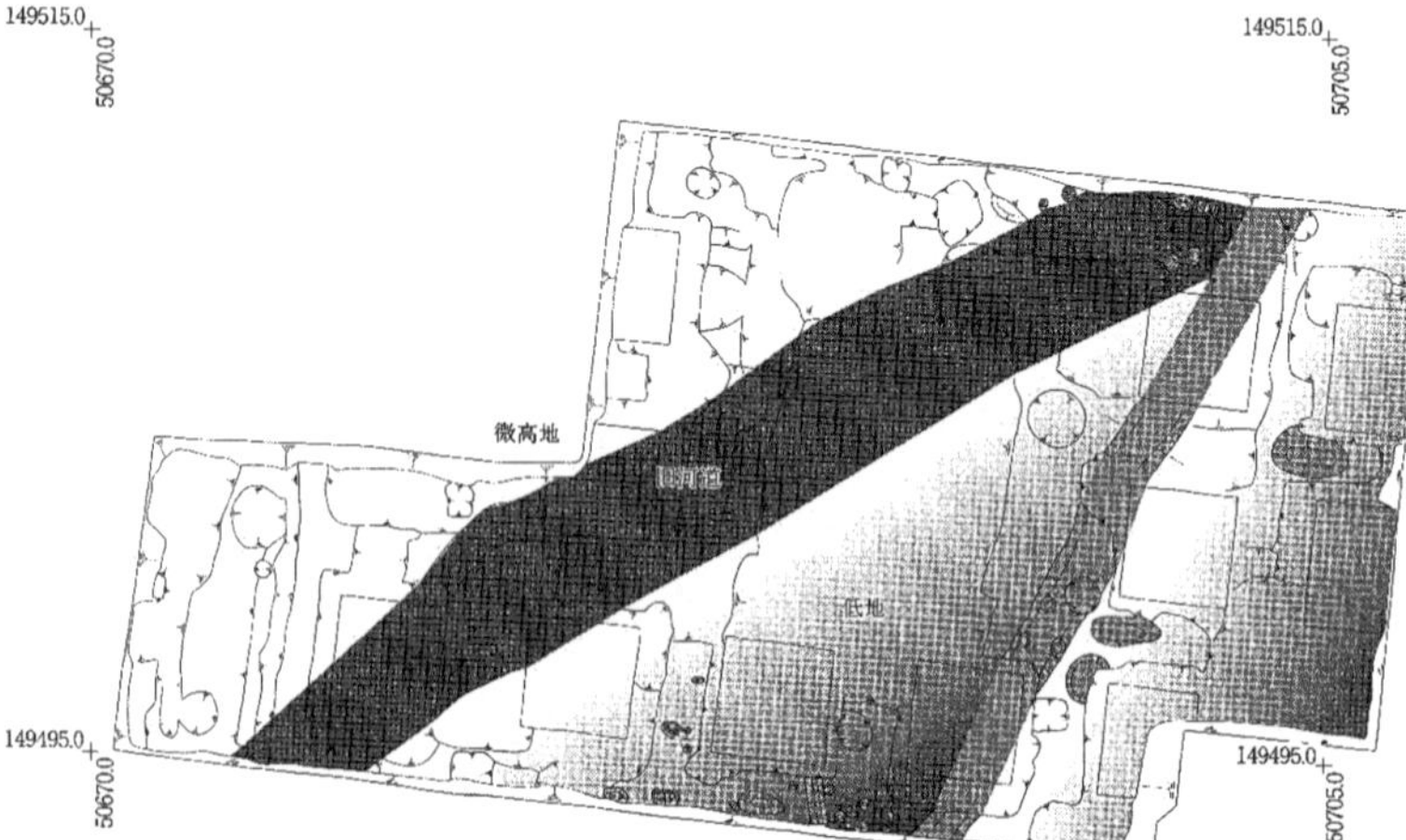

図2　高松城跡（厩跡）検出旧河道（註12文献より転載）

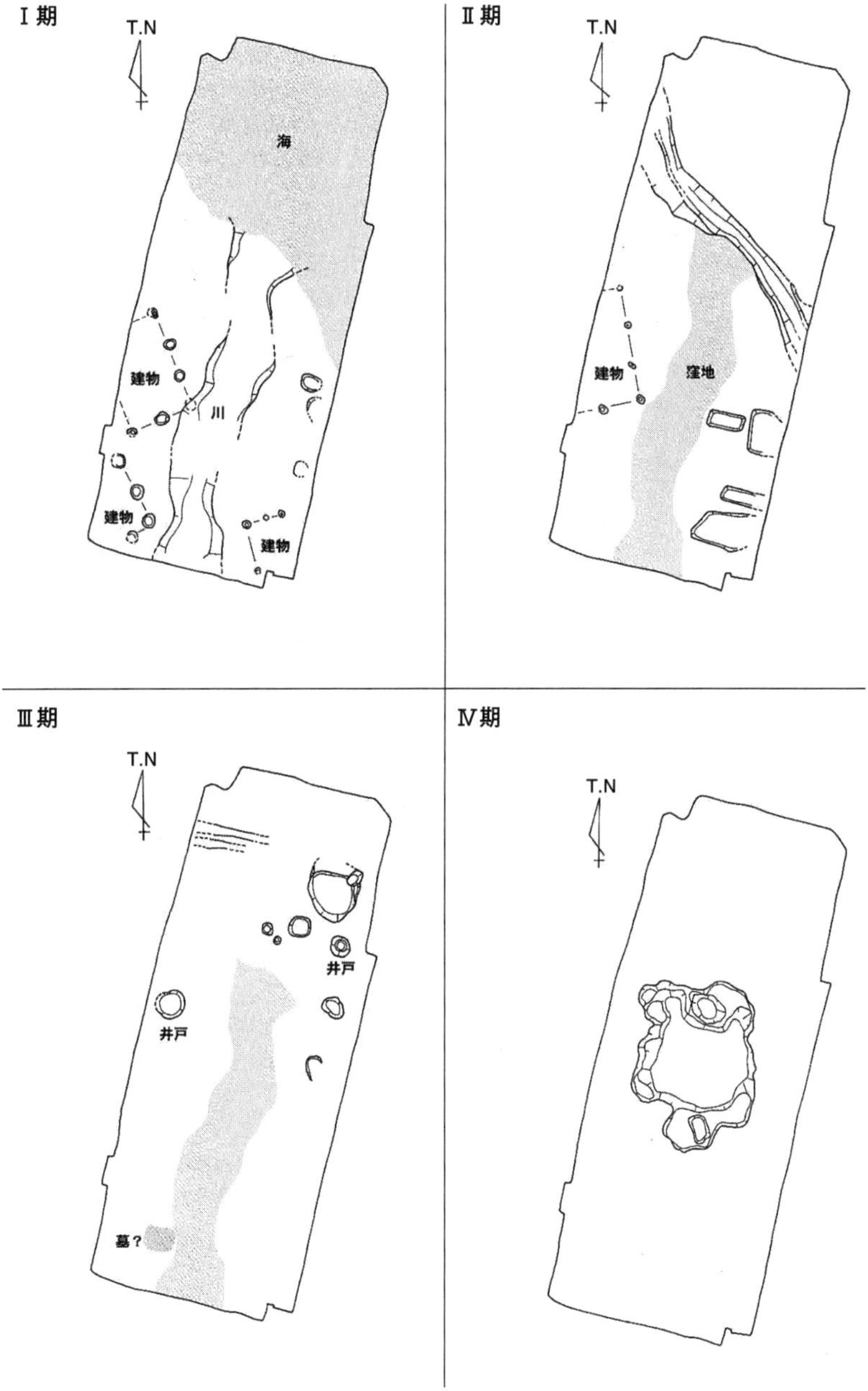

図3　高松城跡（東町奉行所跡）遺構変遷図（註13文献より転載）

また、高松城を描いた絵図からも地形を読み取ることができる。『讃岐高松丸亀両城図高松城図』（前田育徳会尊敬閣文庫蔵）等によると高松城の東西は大きく湾入して描かれており、『南海通記』に記された地形状況と合致する。このことから、高松城を挟んで西側が「西浜」、東側が「東浜」に該当する。

一方、厩跡(12)や東町奉行所跡(13)では中世前半の旧河道が検出されている（図2・図3）ことから、少なくとも中世前半には旧河道が数条存在したことが判明している。また、中・近世遺構面を形成する堆積層は調査地ごとに変化しており、その形成過程が一様でないことを示すものであり、低地に囲まれた微高地が点在した可能性が考えられる。複数の流路や低地の存在は高松城築城以前の「八輪島」と呼ばれた景観を示唆するものである。

二　高松城跡周辺の古代から中世の歴史的景観

高松城跡周辺では、古代にさかのぼる遺構はわずかで、先述の松平大膳家上屋敷跡において弥生時代終末期と八世紀末～九世紀と考えられる遺構がわずかに検出されているのみである。ただし、発掘調査における弥生土器や須恵器等の出土量は少ないとは言えず、先述のとおり高松城の大手筋の地盤形成過程が他所より早く、遺跡が所在する可能性は否定できない。なお、古代では平安期の『和名抄』に見られる香川郡一二郷の一つである笑原（野原）郷に属していたと考えられる。

中世の野原の状況については、文献史料及び発掘調査から判明しつつある。野原郷では、応徳三年（一〇八六）、白河天皇の退位に伴い、郷内の勅旨田が立券されて野原庄が成立し、後に妙法院門跡領となっている(14)。発掘調査では、西の丸町地区で一二世紀～一三世紀前半の礫敷遺構と木製碇が検出されており(15)、西浜に港が所在したことが明らかになっている。搬入された土器も高比率で出土しており[16]、他地域との交易が活発であったことがうかがえる。また、東町奉行所跡においても一三世紀の礫敷遺構が検出され、舟入の可能性が考えられている[17]。浜ノ町遺跡にはやや劣るものの、高比率で搬入土器が認められることから[18]、東浜にも港があった可能性が考えられる。一方、当該期の集落はほとんど検出されておらず、港と集落の関係は不明である。これらの中世前半の港湾施設は一三世紀には埋没しているが、文安二年（一四四五）の『兵庫北関入船納帳』[19]に野原を船籍地としたものが見られ、港の位置を史料から読み取ることは難しいが、中世後半にも野原に港が所在したことがうかがえる。

さらに、応永一九年（一四一二）に虚空蔵院（與田寺）の僧増範が願主となって勧進書写した『北野経王堂一切経』の奥書に野原の寺院として無量寿院・極楽寺・福成寺が見られることから、野原に寺院が多く所在していたことがうかがえる[20]。これらの寺院のうち、無量寿院が発掘調査によってその跡地が検出されている。「野原濱村无量壽院　天文（以下欠損）九月（以下欠損）」と刻まれた瓦が寿町一丁目地区の下層（無量寿院跡）から出土している[21]。同寺は寺の由緒書である『無量壽院随願寺記』等によると、天平一一年（七三九）に坂田郷室山の麓に建立された寺で、天文年間（一五三二～五五）に兵火にかかり野原郷八輪島に移転しており、高松城築城に際して再度移転している[22]。「天文」と刻まれた瓦や同地の出土遺物が一六世紀後半を主体とすることは寺記の記載と一致する。なお、高松城の北端付近に位置する鉄門の調査では、わずか七一㎡の調査において五輪塔二九個と石仏一個が出土しており[23]、天守台石垣の栗石層からも多種多様な石造物が出土しており、中世段階に周辺に寺院や墓地の存在が推定できる[24]。

また、浜ノ町遺跡では一三世紀末～一五世紀末の集落が検出されているほか[25]、片原町遺跡においても屋敷地（居館）を囲む一五～一六世紀のL字形の大溝が検出されている[26]。野原に基盤を置いた中世の領主層については、『南海通記』に記載が見られる。佐藤竜馬氏の研究によれば[27]、「永正五年（一五〇八）の香西氏圍山田郡三谷城記では、「土居構ノ小城持」として真部・楠川・雑賀、「塹セヲ構ヘタル者」として唐人弾正・片山玄蕃・仲備中・岡本(岡田の誤りか?)・藤井が挙げられている。また元亀二年(一五七一)の香西宗心備州兒嶋陣記では、「城持ノ旗下」として藤井・雑賀・岡田丹後・真部、「其村持タル者」として楠川太郎左衛門、「香西城下名アル村主」として唐人弾正・片山志摩・藤井太郎左衛門尉・仲飛驒守が挙げられる」とされている。以上から、中世後半の野原は多くの寺院や小領主を抱えることができる経済的基盤を有した港町であったと考えられている。

三　高松城の築城過程

高松城は天正一五年(一五八七)に豊臣秀吉から讃岐国一国を与えられた生駒親正によって翌一六年に築城が開始され、その縄張りは黒田孝高、藤堂高虎によるということが通説であった。これらは『南海通記』の記述を根拠としたものと思われる。このほかにも『南海通記』とほぼ同時期に著されたと見られる『生駒記』[28]や天保四年(一八三三)に著されたものではあるが、生駒家自身の由緒書である『讃羽綴遺録』[29]では、縄張りは黒田孝高あるいは細川忠興によるとされている。高松城の築城年については、多くの近世史料において天正一六年であることが記述されており、これを否定するだけの根拠はない。一方、高松城の完成は天正一八年とする伝承が残り、これが一般的に流布しているが、その根拠となる史料はない。このため築城過程はこれまで不明であった。

これまで通説となっていた『南海通記』は、藤堂高虎の履歴に矛盾があることや、筆者の香西成資が黒田家家臣であることから黒田孝高の事跡を過大評価した可能性が指摘されており[30]、その記述を完全に信用することの是非はあるが、現状で手がかりとなりうる文献史料と考えられる。同書によると、天正一五年に讃岐一国を与えられた生駒親正は、まず引田城に入り、宇多津の聖通寺山城に移り、翌一六年に西浜・東浜といった漁村がある野原の地に築城したと記載されている。また、『讃羽綴遺録』によると、このほか那珂郡津森庄亀山や山田郡由良山なども候補とされている。『讃羽綴遺録』では、領内の端まで一日で行くことができることが城地選定の決め手となっているが、中世の港町であった引田・宇多津といった港町に入ったことは重要で、その延長線上に経済的基盤の整った港町「野原」の選定があったと考えられている。(31)

また、『南海通記』では、天正一七年に生駒親正は藤堂高虎に城地の見分を依頼し、高虎が黒田孝高と高松へ訪問するよう段取りをしていることが分かる。親正は既に城地の選定について意見を求めているだけであり、孝高が来高したとしても助言の域を出なかったと考えられる。(32)また、孝高と高虎の城地見分に際し、「西浜東浜ノ間ニ仮屋形ヲ造リ」という記述がある。『南海通記』の記述を信じれば、築城開始一年後で仮屋形が整備されたにすぎず、さらに孝高の意見を聞いて城地に定めたとあり、これ以降に本格的な築城があったと見ることができる。その後も天正一八年には小田原攻め、文禄元年（一五九二）及び慶長二年（一五九七）には朝鮮出兵などもあり、高松城の築城作業は進んでいなかった可能性が考えられる。(33)

高松城の天守台石垣は、隅角部を算木積で構築しており、天正年間ではあまり例を見ない積み方で、その完成度も高いことから、後年に改修されたことを想定していた。一方で、発掘調査では石垣改修の痕跡は認められておらず、天正一六年という築城年代と石垣構築技術の間に差異が認められ、築造年代が下る可能性がでてきた。(34)

天守台の築造年代を知る手がかりとして、生駒家の家紋「波引車」が挙げられる。『讃羽綴遺録』によると、生駒家は三亀甲と丸車を家紋として使用していたが、朝鮮出兵の渡海時に船に陣幕を張っていたところ、波によって丸車が半分に見え、またその時に戦功があったことから、以後半分の車の形を家紋とし、「波引車」と称するようになったとされている。なおその時期については、同書には朝鮮半島へは三回渡海しており、そのいずれの時かは不詳であるとしているが、文禄元年から慶長三年の間ということになる。石垣解体時に「波引車」の刻印が石垣内部から発見されており、かつ改修の痕跡がないということは、『讃羽綴遺録』の記述が正しいとすれば、少なくとも最初に朝鮮半島へ渡った文禄元年以降の築造ということになる。一方で、二ノ丸の裾部の石垣においては算木積みが見られず、勾配も緩いなど城内では最も古相な状況を呈しており、天正年間から築城が開始されていた可能性を示唆する。

城下町の形成過程に関する佐藤氏の研究によると[35]、城下の寺院のうち、法泉寺や弘憲寺が慶長年間に現在地に移されたことが寺記に残っている。また、大手の正面にあたる「丸亀町」についても、『讃羽綴遺録』によると慶長一五年に生駒正俊が高松城へ入る際に丸亀から商人を移して造ったとされる。このような都市計画が慶長年間に行われていることから考えると、高松城の築城の最盛期は慶長五年の関ヶ原の戦い以降の慶長年間頃で、二代藩主一正によるものと考えられる。

同様に佐藤氏の研究によれば[36]、生駒時代に完成した高松城は本丸を中心に右回りに二ノ丸・三ノ丸・桜ノ馬場・西ノ丸を配し、さらにその外側に外曲輪が巡る、いわゆる「連郭式＋梯郭式」の曲輪配置である。やや時代が下るが、一七世紀中葉に描かれたとされる『高松城下図屏風』によると、城下の南端として表現された寺町の外側（南側）に東西方向の堀状の水路が描かれている。これは、ほぼ同時期成立と見られる『讃岐高松丸亀両図 高松城下図』でも描写されており、一九世紀前半の絵図でも確認でき、城下東辺を画する仙場川に繋がっている。『高松城下図屏風』をより仔細に観察すると、堀状の水路は北半が埋め立てられて馬場（古馬場）となっており、一七世紀中葉には既に本来の形態から改変された状況であったことがうかがえる。つまり、本来の水路幅は外堀に匹敵する規模であったことが推測でき、しかも水路北側（城から見て内側）に寺町が展開すること、また大手筋の町名が水路より北側で「丸亀町」、南側で

「南新町」となることが指摘できることから、この「水路」は城下を囲繞した総構えの名残である可能性が高いとされる。

四　中世野原と高松城の地割

高松城の縄張りは、現在の地割と絵図から推定復元が可能であり、一部ではあるが発掘調査でも推定位置で堀が検出されている。高松城の縄張りを観察すると、中堀と外堀が同方位でないことに気付く。中堀や内堀は概ね北から東方向へ二度傾いた方位及びそれに直交する地割（地割①）であるのに対し、南側外堀では北から東方向へ一〇度傾いた方位に直交する方位（地割②）であり、外堀よりさらに南側の城下町では地割②が現地形から読み取れる。また、西側外堀も他の地割と大きく異なり、北から西方向へ一三度傾いた方位（地割③）となっている。中堀の内部の比較的統一された地割と対照的である。

高松城の南東端に位置する東町奉行所跡（図3）では、一二世紀～一三世紀初頭にかけての海岸線が北西から南東方向に推定されており、同時期の掘立柱建物跡の方位と一致する。続く一三～一四世紀の掘立柱建物跡は西方向へ五度傾いた方位となっており[37]、地割の基準が何に起因するかは不明であるが、想定される海岸線からさほど遠くないことを考えると、海岸線等の周辺地形に制約されることが予想される。一方、一六世紀には調査区の北端で地割②の方位の溝が検出されるとともに、ほぼ同方位の墓も検出されている。地割②は高松平野（香川郡）の条里地割と同方位であり、当該地の地割がその方位を指向するということは、南方から条里地割が延伸されたことが考えられる。また、片原町遺跡（図4）においても、立会調査であったため正確な方位は不明であるが、地割②を指向した一五～一六世紀の屋敷

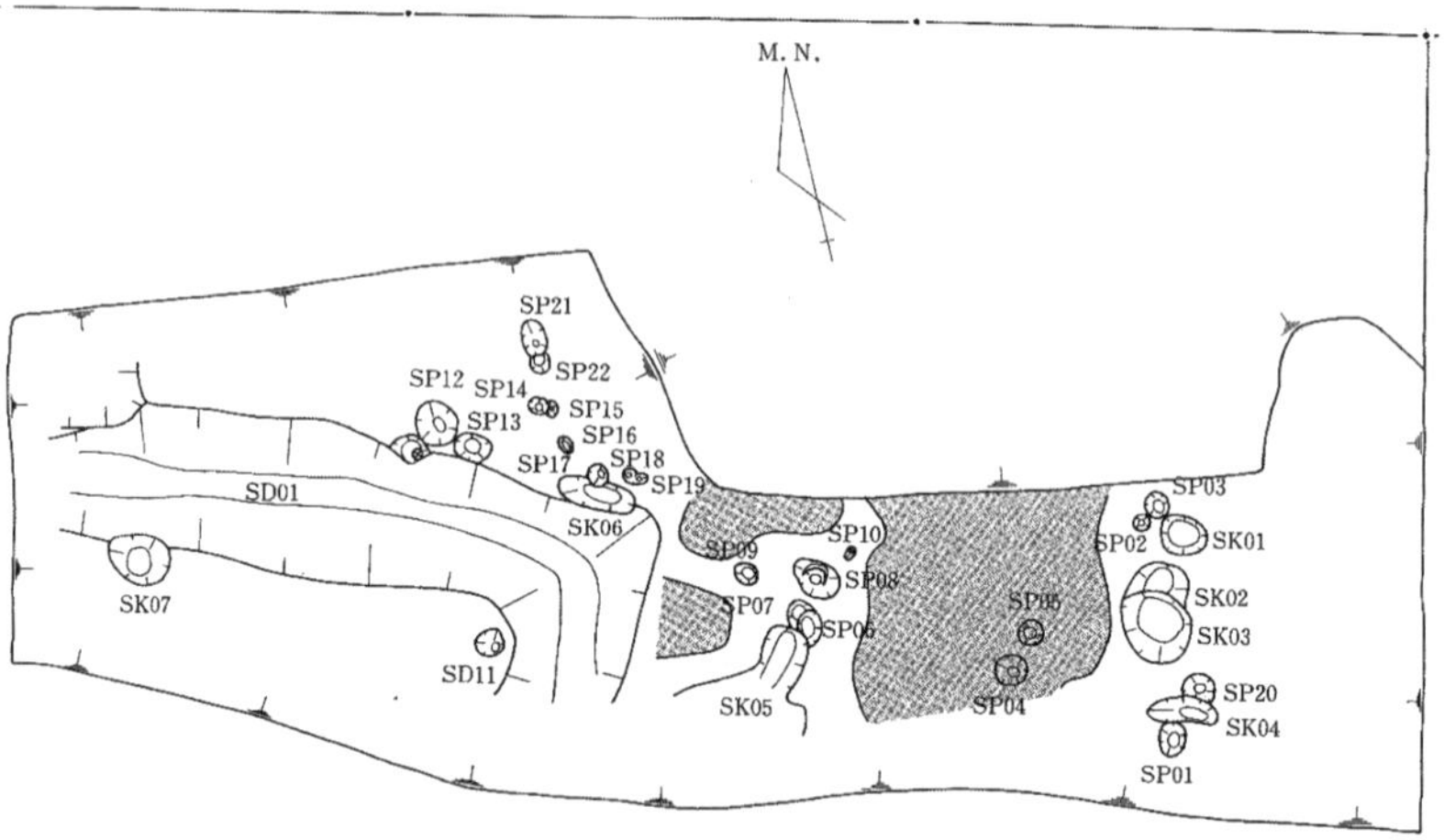

SD01：上層部-2.5Y4/2暗灰黄色シルト（地山を含む）下層部-2.5Y4/1黄灰色砂混じりシルト　SP17〜19，SK06：2.5Y3/1黒褐色シルト
SK01：上層部-5YR5/3にぶい赤褐色シルト（炭混じり）　-2.5Y4/1黄灰色シルト　その他は全て2.5Y4/1黄灰色砂混じりシルト
地山：5Y6/4オリーブ黄色砂　網かけ箇所：攪乱範囲

図4　片原町遺跡平面図（註26 文献より転載）

地区画溝が検出されている[38]。これらの発掘成果から高松城南東付近では、一四世紀頃までは海岸線及びそこに形成された微高地の地形や方位に影響を受けた地割であったのに対し、一五〜一六世紀頃までには南方から延伸された条里地割に取り込まれていく様子がうかがえる。高松城築城に際して南側外堀の方位はこの条里地割に基づいたことが予想される。なお、東ノ丸跡においては明瞭な中世の地割は検出されておらず、縄張りとの関係は不明である。しかしながら、やや方位にばらつきが見られるが、中世墓が検出されており[39]、条里地割に近い方位を指向しているように見える。

一方、高松城の中堀の内側に位置する寿町一丁目地区（無量寿院跡）（図5）では、一二〜一三世紀の溝と無量寿院の瓦が出土した一六世紀の溝が検出されている[40]。一二〜一三世紀の溝は北から西方向へ五度傾いた方位に直交するが、一六世紀の溝では地割①と一致している。また、高松城南部で見られる条里地割と同方位の地割②は現在のところ検出されておらず、条里地割の延伸が及んでいなかった地域で

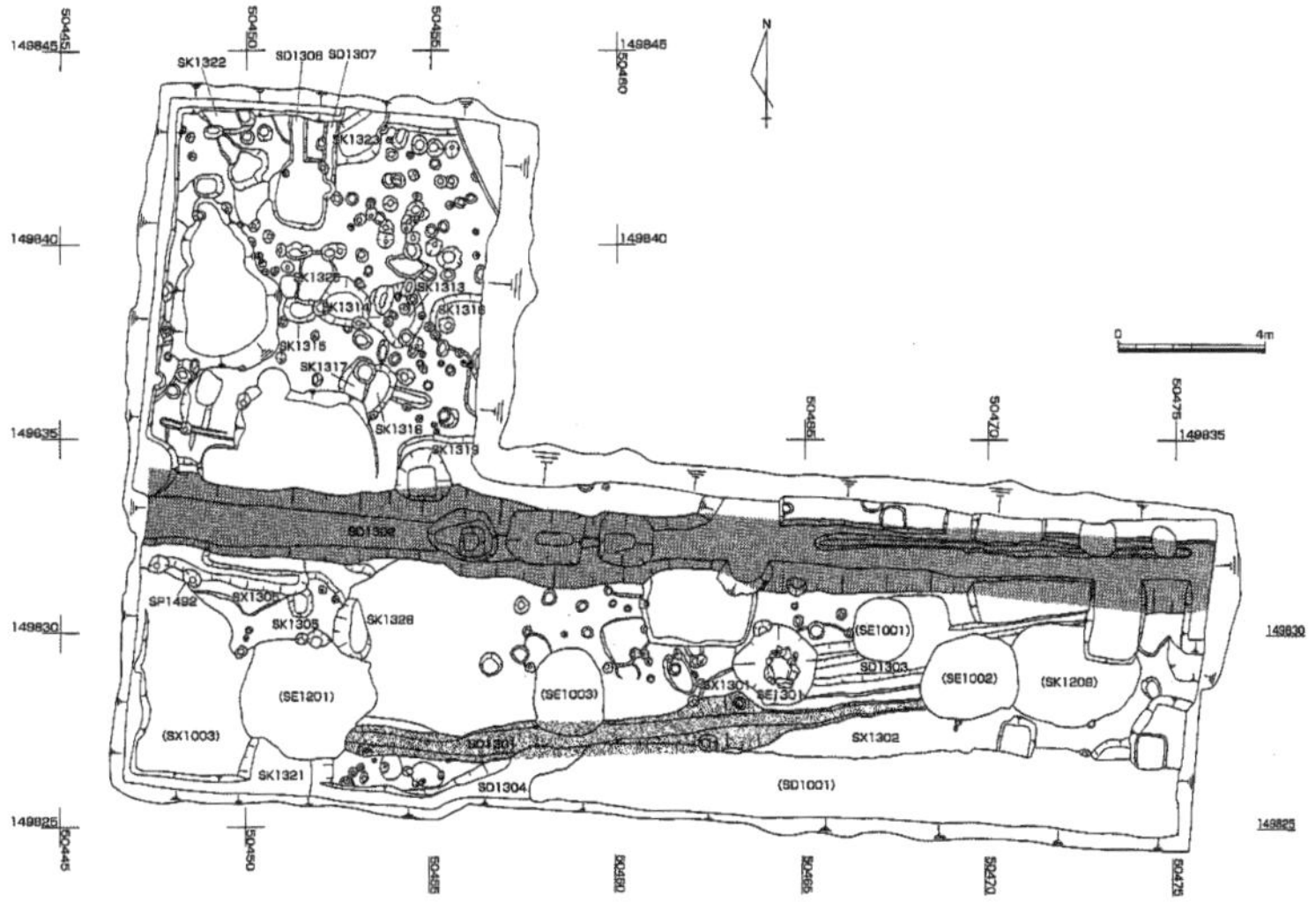

図5　高松城跡（寿町一丁目）下層遺構面平面図（註21 文献より転載・加筆）

海岸線等の周辺地形の影響を受けた地割と考えられる。無量寿院の瓦が出土した地割①と同方位の溝は高松城の中堀内の地割と一致することから、中堀より内側では遅くとも一六世紀中葉に形成された地割に影響を受けて縄張りされた可能性が考えられる。

二つの異なる方位の堀に挟まれたことにより、中堀と外堀の間の外曲輪では西側より東側が広くなる現象が見られる。これに伴い、外曲輪部分を細分する地割も中堀と外堀の間を整合するように、徐々に方位を修正していることが現地割から読み取れる。中堀と外堀の間に位置する寿町二丁目地区（図6）は、一六世紀末～一七世紀初頭と推定される溝や掘立柱建物跡は条里地割を指向しているのに対し、一七世紀前葉以降には現地割に合致する北から東方向へ五度傾いた方位となっており、徐々に中堀と外堀の間の地割の整合が行われたことがうかがえる。[41]

また、高松城の西側に位置する浜ノ町遺跡（図7）では一三世紀末～一五世紀末の集落において、地割③と同方位の溝が検出されている。[42] この地割も想定される海岸線からさ

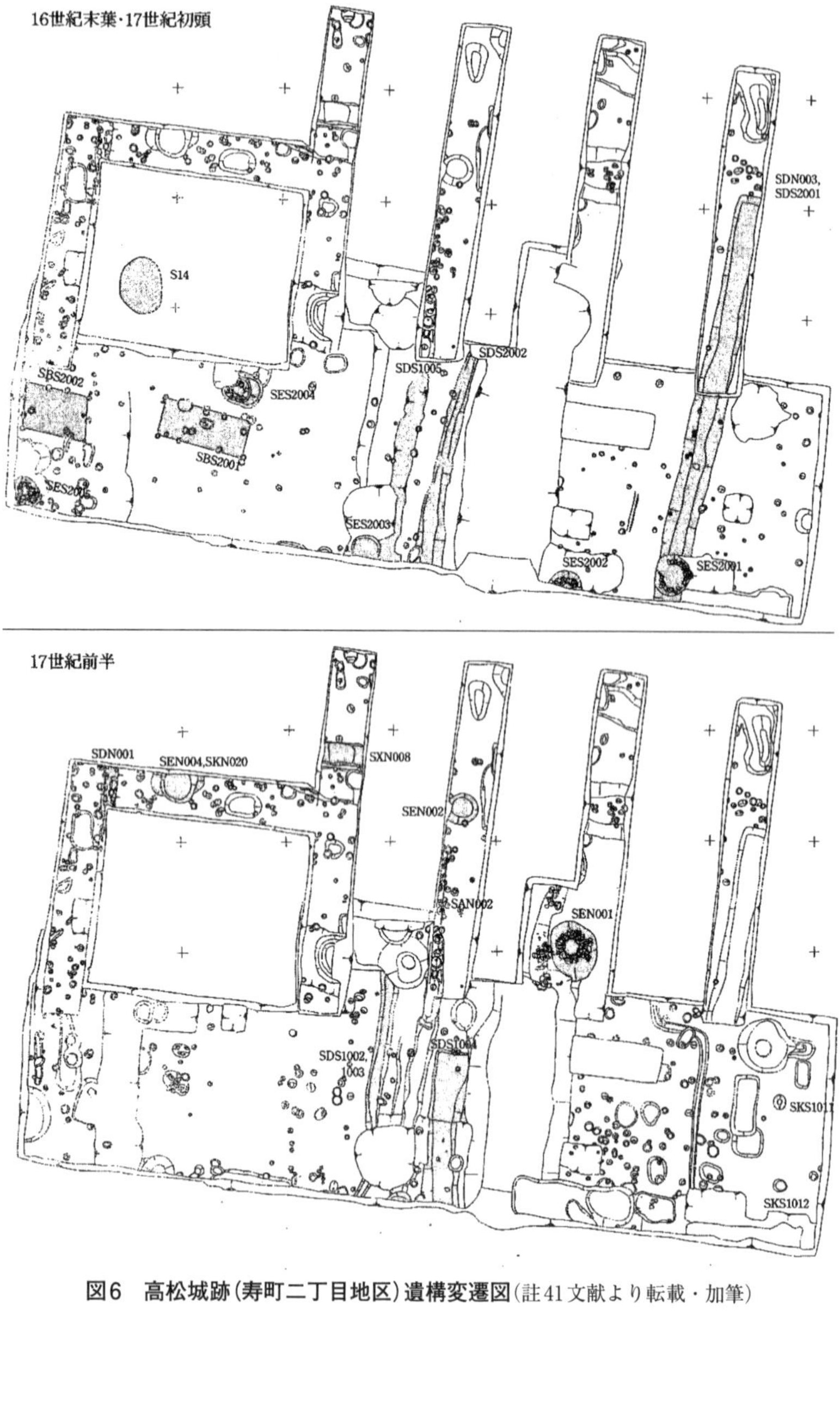

図6　高松城跡(寿町二丁目地区)遺構変遷図(註41文献より転載・加筆)

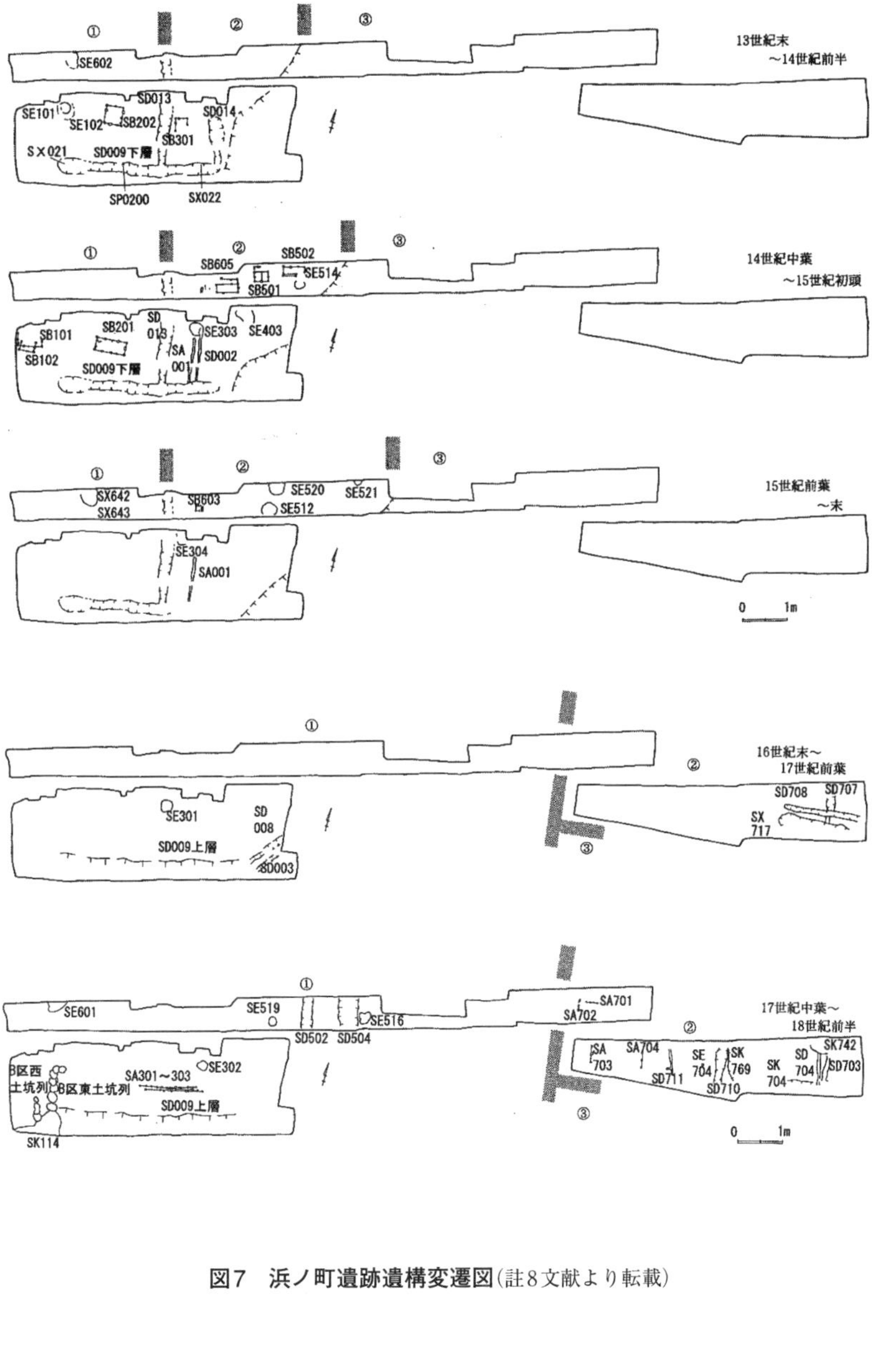

図7　浜ノ町遺跡遺構変遷図（註8文献より転載）

ほど遠くないことを考えると、海岸線等の地形に制約されたと予想される。

以上から、中世前半の野原では旧海岸線等の地形や方位に影響を受けた地割が採用されていたと考えられ、中世後半には南部から徐々に条里地割の延伸が進んでいくが、より海浜部に近い高松城北部や独立した砂堆と考えられる浜ノ町遺跡付近までは延伸が及ばなかった過程が想定でき、これら中世後半の地割や地形が高松城の縄張りに影響を与えた可能性が考えられる。

また、天正一六年（一五八八）の生駒氏の高松築城開始を契機に人々が集住し、ある程度規格性を持った土地利用の在り方が開始されるものの、屋敷地の区画施設が共有されないなど、敷地の造営においては在地の中世段階のスタイルが用いられており、近世段階に至ってもそのスタイル持ち越しが行われていた。(43)

五　高松城の改修及び城下の状況

高松城を築城した生駒氏の治世は四代続くが、寛永一七年（一六四〇）に家臣団同士による騒動により改易され、出羽国矢島一万石を堪忍料として与えられた。生駒家の後、一時的に讃岐一国は伊予三藩により分治され、高松城は大洲藩加藤泰興に預けられるが、寛永一九年、徳川御三家の水戸藩主徳川頼房の長子松平頼重が東讃岐一二万石の領主となった。『小神野筆帖』等によると、頼重は正保三年（一六四六）以降石垣の修築を順次行い、寛文一〇年（一六七〇）にはそれまでの三重であった天守を三重五階（三重四階＋地下一階）に改築したとされる。さらに頼重と二代藩主頼常は寛文一一年から延宝五年（一六七七）に北ノ丸・東ノ丸の造営を行い、月見櫓や艮櫓を建築した。(44)これに伴いそれまでの御殿と対面所に分掌されていた政庁機能を一本化し、三ノ丸に御殿が建築され、南面に所在した大手が南東側へ移動された。[45] その後、石垣や堀浚え等の許可の記録は見られるが、大幅な縄張りの改変もなく、松平氏の治世は明治維新まで続くことになる。

発掘調査では、頼重・頼常による大改修に伴う遺構が多数検出されている。東ノ丸跡では東ノ丸の新造に際して新たに開削した中堀を検出している。[46] さらに、平成一八年度の天守台の発掘調査では天守の地下一階が検出された。その床面では礎石が五八個検出され、入口の六個を除く五二個の礎石は「田」の字状に並んだ状態で検出されている。礎石の上面では天守の内部構造を解明する上で重要な痕跡が検出されている。まず、南東隅の礎石上面には南北方向に約三〇㎝の直線が刻まれており、礎石上部に据える土台の設置位置を示す可能性が考えられる。また、北西部の礎石にも土台痕跡と考えられる変色や破損が認められる。この線刻と土台痕跡の間は東西約一一・八ｍを測る。なお、地下一階は『小神野筆帖』では「東西六間南北五間」と記載されており、東西は一一・八二ｍであり、一間が六尺五寸とすると文献の記載が正しいと言える。さらに、「田」の字状に並んだ礎石の空白部分の四箇所において柱穴が検出され、北西と南東の柱穴には直径三〇㎝のツガ科の丸柱が残存していた。柱材は放射性炭素Ｃ14年代測定法による年代測定において、西暦一六三〇～一六六〇年の可能性が高いことが示され、松平頼重による改築時に伐採されたと考えられる。[47]

また、外曲輪において多くの発掘調査が行われ、絵図や文献との整合が確認されている。内曲輪の旧大手前面に所在した藩主連枝の松平大膳家の屋敷地では『高松市街古図』に描かれた位置で門を検出したほか、同家の家紋をあしらった理兵衛焼や瓦が出土している。[48] 同様の事例は、西の丸町地区の発掘調査において、『高松城下図屏風』に描かれた鍵型の道路が検出され、生駒期には上坂勘解由、松平期には大久保家の屋敷地であり、そのことを示す木簡や家紋瓦が出土している。[49] また、外曲輪南辺では『高松城下町屋敷割図』に「井戸址」という記載が見え、同位置で生駒家の家紋が刻印された石材を使用した大型井戸が検出されている。[50]さらに、東町奉行所跡では奉行所を囲む堀跡と考えられる遺構が検出されている。[51]城下についての調査例は多くはなく、二番丁小学校遺跡において武家屋敷が検出されている。[52]町屋では江戸時代には紺屋町と鍛冶屋町に比定される紺屋町遺跡において鍛冶屋町に相当する場所からふいご羽口や鉄滓が出土しているほか、[53]城下の水源地である亀井戸の一部が発掘されている。[54]

おわりに―今後の課題―

高松城周辺の発掘調査では多大な調査成果が得られ、年々その成果が蓄積されている。考古学は考古資料によって歴史を考えるということを前提にすれば、まだまだ十分に説明できない点が多く、我々に与えられた課題は大きいと言える。例えば一二世紀〜一三世紀前半の港湾施設は検出されてはいるものの、集落域が検出されていない。また、一五世紀の文献史料である『兵庫北関入船納帳』に記載された野原の港湾施設の位置も不明である。港湾施設とそれに付随する集落の変遷を考古学的に説明することが重要であり、今後の発掘調査成果に期待したい。

註

（1）『南海通記』の記述内容を批判的に検討することで、高松城跡の景観を論じようとした先駆的試みに佐藤竜馬氏の研究がある。佐藤竜馬「遺跡の立地と環境」（『サンポート高松総合整備事業に伴う埋蔵文化財発掘調査報告　第四冊　高松城跡（西の丸町地区）Ⅱ』、香川県教育委員会・香川県埋蔵文化財調査センター、二〇〇三年）。

（2）渡部明夫ほか『高松城東ノ丸跡発掘調査報告書』（香川県教育委員会、一九八七年）。

（3）佐藤竜馬ほか『サンポート高松総合整備事業に伴う埋蔵文化財発掘調査報告　第四冊　高松城跡（西の丸町地区）Ⅱ』（香川県教育委員会・香川県埋蔵文化財調査センター、二〇〇三年）。松本和彦ほか『サンポート高松総合整備事業に伴う埋蔵文化財発掘調査報告　第五冊　高松城跡（西の丸町地区）Ⅲ』（香川県教育委員会・香川県埋蔵文化財調査センター、二〇〇三年）。乗松真也『サンポート高松総合整備事業に伴う埋蔵文化財発掘調査報告　第六冊　浜ノ町遺跡』（香川県教育委員会・香川県埋蔵文化財調査センター、二〇〇四年）。

（4）香川県歴史博物館『海に開かれた都市　高松―港湾都市九〇〇年のあゆみ』（二〇〇七年）。四国村落遺跡研究会『港町の原像―中世港町・野原と讃岐の港町―』（二〇〇七年）。香川県歴史博物館「特集Ⅰ　海に開かれた都市」（『調査研究報告　第四号』、香川県歴史博物館、二〇〇八年）。市村高男ほか編『港町の原像　上　中世讃岐と瀬戸内世界』（岩田書院、二〇〇九年）。

（5）森下友子「高松城下の絵図と城下の変遷」（『研究報告Ⅳ』香川県埋蔵文化財調査センター、一九九六年）。香川県歴史博物館「特集Ⅰ　高松城下図屏風の総合研究」（『調査研究報告　第3号』、香川県歴史博物館、二〇〇七）。御厨義道「高松城における浜辺利用の変遷について」（『調査研究報告　第4号』、香川県歴史博物館、二〇〇八年）。

（6）高橋学「高松平野の地形環境―弘福寺領山田郡田図比定地付近の微地形環境を中心に―」（『讃岐国弘福寺領の調査　弘福寺領讃岐国山田郡田図調査報告書』、高松市教育委員会、一九九二年）。

（7）佐藤竜馬ほか『サンポート高松総合整備事業に伴う埋蔵文化財発掘調査報告　第四冊　高松城跡（西の丸町地区）Ⅱ』（香川県教育委員会・香川県埋蔵文化財調査センター、二〇〇三年）。

（8）乗松真也『サンポート高松総合整備事業に伴う埋蔵文化財発掘調査報告　第六冊　浜ノ町遺跡』（香川県教育委員会・香川県埋蔵文化財調査センター、二〇〇四年）。

（9）註（1）に同じ。
（10）松本和彦『高松家庭裁判所移転に伴う埋蔵文化財発掘調査報告　高松城跡（丸の内地区）』（香川県教育委員会・香川県埋蔵文化財調査センター、二〇〇三年）。
（11）小川賢ほか『新ヨンデンビル別館建設に伴う埋蔵文化財発掘調査報告　高松城跡（松平大膳家上屋敷跡）』（高松市教育委員会・四電ビジネス、二〇〇四年）。
（12）小川賢ほか『丸亀町商店街A街区第一種市街地再開発事業に係る隔地駐車場建設に伴う埋蔵文化財発掘調査報告　高松城跡（厩跡）』（高松市教育委員会・高松市丸亀町商店街A街区市街地再開発組合、二〇〇六年）。
（13）小川賢ほか『共同住宅建設（コトデン片原町パーキング跡地）に伴う埋蔵文化財発掘調査報告　高松城跡東町奉行所跡）』（高松市教育委員会・高松琴平電気鉄道、二〇〇五年）。
（14）香川県『香川県史』1原始・古代（一九八八年）第八章。香川県『香川県史』2中世（一九八九年）第二章。
（15）註（3）に同じ。
（16）佐藤竜馬「中世礫敷き遺構と野原郷」（『サンポート高松総合整備事業に伴う埋蔵文化財発掘調査報告　第四冊　高松城跡（西の丸町地区）Ⅱ』、香川県教育委員会・香川県埋蔵文化財調査センター、二〇〇三年）。松本和彦「中世礫敷遺構について」（『サンポート高松総合整備事業に伴う埋蔵文化財発掘調査報告　第五冊　高松城跡（西の丸町地区）Ⅲ』、香川県教育委員会・香川県埋蔵文化財調査センター、二〇〇三年）。
（17）註（13）に同じ。
（18）乗松真也「中世の浜ノ町遺跡について」（『サンポート高松総合整備事業に伴う埋蔵文化財発掘調査報告　第六冊　浜ノ町遺跡』、香川県教育委員会・香川県埋蔵文化財調査センター、二〇〇四年）。

（19）林屋辰三郎編『兵庫北関入船納帳』（中央公論美術出版、一九八一年）。
（20）上野進「中世野原をめぐる寺社領と領主」（『中世讃岐と瀬戸内世界　港町の原像　上』、岩田書院、二〇〇八年）。
（21）中西克也ほか『市街地再開発関連街路事業（高松駅南線）に伴う埋蔵文化財発掘調査報告書　第一冊　高松城跡（無量壽院跡）』（高松市教育委員会、二〇〇五年）。
（22）香川県『香川叢書』第一（名著出版、一九七三年）。
（23）大嶋和則『史跡高松城跡整備報告書　第一冊　鉄門石垣調査・保存整備工事報告書』（高松市・高松市教育委員会、二〇〇七年）。
（24）大嶋和則ほか『高松城跡（天守台）―石垣解体・修理編―』（高松市・高松市教育委員会、二〇一三年）。
（25）註（8）に同じ。
（26）小川賢「片原町遺跡」（『香川県埋蔵文化財調査年報　平成一二年度』、香川県教育委員会、二〇〇二年）。
（27）註（1）に同じ。
（28）丸亀市『新編丸亀市史』4（一九九四年）。
（29）香川県『香川県史』9近世史料Ⅰ（一九八七年）。
（30）（31）（32）胡光「「高松城下図屏風」の歴史的前提」（『調査研究報告』第3号、香川県歴史博物館、二〇〇七年）。
（33）大嶋和則「高松城築城および城下の形成について」（『文化財協会報平成二二年度特別号』、香川県文化財保護協会、二〇一一年）。
（34）大嶋和則ほか『高松城跡（天守台）―発掘調査編―』（高松市・高松市教育委員会、二〇一二年）。
（35）（36）佐藤竜馬「初期高松城下町の在地的要素」（『港町の原像―中世港町・野原と讃岐の港町―』、四国村落遺跡研究会、二〇〇七年)。
(37) 註(13)に同じ。
(38) 註(26)に同じ。
(39) 註(2)に同じ。
(40) 註(21)に同じ。
(41) 小川賢ほか『寿町二丁目テナントビル建設に伴う埋蔵文化財発掘調査報告　高松城跡(寿町二丁目地区)』(香川トヨタ自動車・高松市教育委員会、二〇〇七年)。
(42) 註(8)に同じ。
(43) 佐藤竜馬「高松城・城下の屋敷地と区画施設」(『第七回四国城下町研究会　近世の屋敷地とその周辺』、四国城下町研究会、二〇〇六年)。
(44) 香川県『香川県史』３近世Ⅰ(一九九〇年)第一章。
(45) 註(3)に同じ。
(46) 北山健一郎『香川県歴史博物館建設に伴う埋蔵文化財発掘調査報告　高松城跡』(香川県教育委員会・財団法人香川県埋蔵文化財調査センター、一九九九年)。
(47) 註(34)に同じ。
(48) 大嶋和則『香川県弁護士会会館建設に伴う埋蔵文化財発掘調査報告　高松城跡(松平大膳家中屋敷跡)』(高松市教育委員会・香川県弁護士会、二〇〇二年)。
(49) 註(7)に同じ。

(50)　註(12)に同じ。
(51)　註(13)に同じ。
(52)　渡邊誠ほか『新設統合第二小学校建設事業に伴う埋蔵文化財発掘調査報告書　二番丁小学校遺跡』(高松市教育委員会、二〇一一年)。
(53)　末光甲正『紺屋町遺跡』(高松市教育委員会、二〇〇三年)。
(54)　波多野篤ほか『高松丸亀町商店街区第一種市街地再開発事業に伴う埋蔵文化財発掘調査報告書　亀井戸跡』(高松市教育委員会、二〇一二年)。

あとがき

『港町の原像 上』が刊行されたのは、二〇〇九年一二月であった。それから七年近く経過し、その下巻に当たる本書がようやく日の目を見ることになった。七年もかかるとは、私たち編集委員にとっても予想外のことであった。八年前、私たちは高松港町シンポの成果を全国に発信しようと、熱い思いで原稿執筆に取り組み、そして編集作業を進め、その一年後に『港町の原像 上』を世に送り出し、高松市内で祝杯を挙げた。そのときは、このあと一年くらいで下巻の刊行が実現するだろう、と考えていた。しかし、現実は厳しかった。

早々と原稿を書いて下さった方がいる一方で、次第に多忙化する仕事や職場の異動など、様々な要因に制約されて、なかなか原稿を完成できなかった方々もいた。四、五年が経過し、早めに執筆された方の中から、他の雑誌や本に投稿・掲載を希望される人も現れ、事態はますます厳しくなり、いつしか「もう下巻は出ないだろう」との噂も流れはじめた。しかし、そのまことしやかな噂が私たちの静かな闘争心に火を付けることになった。もし噂通りに下巻の刊行が実現しなければ、私たちが上巻を世に送り出した意味が半減してしまう。なんとしても刊行してみせようではないか。

そんな思いで仕切り直し、原稿未提出の方々に改めて御願いの連絡をし、別の雑誌等に投稿された方々にも代わりの原稿を御願いした。その結果、執筆していただけなかった一部の方々を除き、執筆予定者の大半のご協力を得て、原稿を取り揃えることができた。なかには大変な労作を寄せて下さった方もおり、頁数がふくれあがるなど予想外の出来事もあったが、編集委員が原稿を書き控えて対応し、なんとか刊行への道筋が見えるようになった。また、早々とご執筆下さった方々には、いったん原稿をお返しし、ご自由に加筆・修正を御願いして、その後の研究の進展に対応していただき、ようやく入稿の運びとなった。

『港町の原像 下巻』は、讃岐に焦点を当てた上巻とは異なり、中世港町の全体像を描き出すべく、讃岐や瀬戸内海世界を越えた内容を持つ論考を多く収録した。この七年間に中世港町に関する論集は少なからず刊行されているが、それらの諸成果の中にあっても、本書は引けを取らない内容になっていると思う。

思えば、長い道のりであった。その間、私たちの中にも、少なからぬ変化があった。それでも上巻を刊行すべく頑張った七年前を回想し、日本一小さな県である香川県からでも大きな情報発信ができること、そして歴史・考古学界にそれなりのインパクトを与えられることを、改めて提示しようと務めた。人文科学が軽視される昨今、香川県はもとより全国の若手研究者が発憤し、そうした悪しき風潮を打破して新たな研究の流れを生み出す礎になれば、と考えるからである。

最後になったが、長い間、気長に待って下さった岩田書院の岩田博さんに、衷心からお礼を申し上げたい。

二〇一六年三月吉

編集委員会
市村　高男
上野　進
渋谷　敬一
松本　和彦

【編者・執筆者紹介】 50音順（＊は編者）

＊市村 高男（いちむら・たかお）1951年生
東京都立大学大学院人文科学研究科博士課程単位取得退学　日本中世史
大阪産業大学人間環境学部特任教授

伊藤 裕偉（いとう・ひろひと）1965年生
三重大学大学院人文社会科学研究科修士課程修了　考古学・中世史
三重県教育委員会事務局社会教育・文化財保護課有形文化財班長

井上 正夫（いのうえ・まさお）1964年生
京都大学大学院経済学研究科博士課程修了　東アジア貨幣金融史
松山大学経済学部准教授

＊上野　進（うえの・すすむ）1967年生
大阪大学大学院文学研究科博士後期課程単位取得退学　日本中世史
香川県政策部文化芸術局文化振興課主任

大嶋 和則（おおしま・かずのり）1971年生
奈良大学文学部文化財学科卒業　日本考古学
高松市創造都市推進局文化財課課長補佐　高松市埋蔵文化財センター館長

佐藤 亜聖（さとう・あせい）1972年生
奈良大学大学院文学研究科博士前期課程修了　日本考古学
元興寺文化財研究所主任研究員

佐藤 竜馬（さとう・りゅうま）1966年生
関西大学文学部史学地理学科卒業　日本考古学・近現代建造物
香川県立ミュージアム学芸課長

＊渋谷 啓一（しぶや・けいいち）1967年生
東京大学大学院人文社会系研究科日本文化研究博士課程中退　日本古代史
香川県立ミュージアム学芸課主任専門学芸員

鈴木 康之（すずき・やすゆき）1959年生
広島大学大学院文学研究科博士課程後期単位取得退学　日本考古学
県立広島大学人間文化学部准教授

永井 孝宏（ながい・たかひろ）1975年生
別府大学文学部史学科卒業　日本考古学
熊本県多良木町教育委員会社会教育係長

＊松本 和彦（まつもと・かずひこ）1973年生
奈良大学文学部文化財学科卒業　日本考古学
香川県埋蔵文化財センター主任文化財専門員

中世港町論《みなとまちろん》の射程《しゃてい》　港町の原像：下

2016年（平成28年）9月　第1刷　600部発行　**定価［本体5600円＋税］**

編　者　市村高男・上野 進・渋谷啓一・松本和彦 ©

発行所　有限会社 岩田書院　代表：岩田　博　http://www.iwata-shoin.co.jp

〒157-0062　東京都世田谷区南烏山4-25-6-103　電話03-3326-3757 FAX03-3326-6788

組版：伊藤庸一　　印刷・製本：シナノパブリッシングプレス

ISBN978-4-86602-964-1 C3021 ¥5600E

Printed in Japan